文武民国

常智山 孙建伟◎编著

西苑出版社

图书在版编目（CIP）数据

文武民国／常智山、孙建伟著.—北京：西苑出版社，2011
ISBN 978-7-5151-0126-2

Ⅰ.①文…　Ⅱ.①常…　②孙…　Ⅲ.①名人—生平事迹—中国—民国
Ⅳ.①K820.6

中国版本图书馆CIP数据核字（2011）第232562号

文武民国

著　　者　常智山　孙建伟
出版发行　西苑出版社
通讯地址　北京市海淀区阜石路15号　　邮政编码：100143
　　　　　电　　话：010-64210030　　传　　真：010-64283954
网　　址　www.xycbs.com　　E-mail：xycbs8@126.com
印　　刷　北京龙跃印务有限公司
经　　销　全国新华书店
开　　本　710mm×1000mm　1/16
字　　数　180千字
印　　张　17.5
版　　次　2012年2月第1版
印　　次　2012年2月第1次印刷
书　　号　ISBN 978-7-5151-0126-2
定　　价　29.80元

序言

民国时期，军阀遍地，大师云集。

从晚清帝国崩溃到民国政府统一中国，由帝制走向“共和”，这段转型史，是贯通中国古今的关键环节，也是理解近现代中国政治的一把钥匙。它是帝制的终结和“共和”的开始，古老中国从漫长的帝制中挣扎出来，摸索着向“共和”奔去，其意义重大，影响深远。这一时期是革故鼎新之际，宪法、国会等出现，现代警察制建立，新式学校普及，新闻舆论形成等，许多制度直接启发着后来的历史。

在民国的大幕开启之后，作为武夫的军阀们，大多崛起于草莽之间，贫穷之家，却制造了一个个令人难以置信的神话，演绎了一件件惊世骇俗的传奇故事。他们在民国版图上合纵连横，拥兵自重，呼风唤雨，权倾朝野，威震四方，显赫一时。城头变幻大王旗，各领风骚三五年，制造了一桩桩称霸民国的“神话”，演绎了一件件封疆裂土的“事变”。在这段特殊的历史时期，拂去遮在他们身上的尘埃，我们发现，原来历史还有另外的一面：北洋之虎段祺瑞，两造共和，醉心权术，为何了无家产？常胜将军吴佩孚，信奉四不主义：不住租界、不借外债、不积私财、不纳妾；讲气节，拒当汉奸，其死因众说纷纭。东北王张作霖，土匪出身，怎样成为权倾一方的大军阀？北洋战将孙传芳，因何拳打冈村宁次，血溅佛堂……他们各具个性，极富传奇色彩。他们个个都有生动的故事，丰富的人生；他们因缘际会，实践着自己的治国梦想！

往事已矣，如过往烟云。民国是一个思想自由、学术活跃的时代，大师辈出。他们曾经的理想，他们的风度、气质、胸襟、学识、言行和情趣，无不令人高山仰止。他们用自己的知识和才情，书写了属于自己的伟岸人格，发出了超凡绝俗的时代巨响。中国历史的某些方面的改观，因为他们的参与而加快了进程。他们外表朴素而内心高贵，心怀天下而汲汲于行。他们那么平凡地生活在芸芸大众之中，却无时不关注着全民族的命运，他们钻研于学问之里，却笑谈于人际之外。他们的思想离凡常生活很远，却关乎家国命运。作为文明的标杆，他们让文化立体化，让精神自由化，他们的理想抱负带有明显的时代烙印，而书卷气息却难以掩饰，也不需要掩饰；否则，他们，就不是他们了。凝望那些背影，我们可以真切地感受到，站起来不仅是身体，还有永远屹立的精神。他们用自己的行为，诠释着“真名士自风流”的传说……

重读历史，令人心生热望。本书轻松地刻画出了民国一大批武夫与文人的群体雕像，揭露了大量鲜为人知的隐闻秘事。历史的真相究竟在何处，这是人们重温历史时应思考的问题。不同的执笔人从不同的角度，对相同的一个事件会有不同的评价，而这也会直接影响到读者对那段历史的看法。我们只是从一个新的视角，梳理史料，对这段历史进行重新的审视，期望抛砖引玉，以便更多的人们关注民国那一个个特立独行的名字……

智　山

2011年10月

于京北博雅堂

目录

上篇 武夫当国梦

作为武夫的军阀们，大多崛起于草莽之间，贫穷之家，却制造了一个个令人难以置信的神话，演绎了一件件惊世骇俗的传奇故事。他们在民国版图上合纵连横，拥兵自重，呼风唤雨，权倾朝野，威震四方，显赫一时。城头变幻大王旗，各领风骚三五年，制造了一桩桩称霸民国的“神话”，演绎了一件件封疆裂土的“事变”。在这段特殊的历史时期，拂去遮在他们身上的尘埃，我们发现，原来历史还有另外的一面：北洋之虎段祺瑞，两造共和，醉心权术，为何了无家产？常胜将军吴佩孚，信奉四不主义；不住租界、不借外债、不积私财、不纳妾；讲气节，拒当汉奸，其死因众说纷纭。东北王张作霖，土匪出身，怎样成为权倾一方的大军阀？北洋战将孙传芳，因何拳打冈村宁次，血溅佛堂……他们各具个性，极富传奇色彩。他们个个都有生动的故事，丰富的人生；他们因缘际会，实践着自己的治国梦想！

下篇 名士自风流

身历民国那样波诡云谲的历史时期，那些关注国家与民族命运的，是真正的大家，是令人景仰的大师。他们用自己的智识和才情，书写了属于自己的伟岸人格，发出了超凡绝俗的时代巨响。中国历史在某些方面因为他们的参与而加快了进程。他们外表朴素而内心高贵，心怀天下而汲汲于行。他们平凡地生活在芸芸大众之中，却无时不关注着全民族的命运；他们钻研于学问之里，却笑谈于人际之外；他们的思想离凡常生活很远，却关乎家国命运。作为文明的标杆，他们让文化立体化，让精神自由化，他们的理想抱负带有明显的时代烙印，而书卷气息却难以掩饰，也不需要掩饰；否则，他们，就不是他们了。凝望他们的“背影”，我们可以真切地感受到，站起来不仅是身体，还有永远屹立的精神。他们用自己的行为，诠释着“真名士自风流”的传说……

上篇 武夫当国梦

作为武夫的军阀们，大多崛起于草莽之间，贫穷之家，却制造了一个个令人难以置信的神话，演绎了一件件惊世骇俗的传奇故事。他们在民国版图上合纵连横，拥兵自重，呼风唤雨，权倾朝野，威震四方，显赫一时。城头变幻大王旗，各领风骚三五年，制造了一桩桩称霸民国的“神话”，演绎了一件件封疆裂土的“事变”。在这段特殊的历史时期，拂去遮在他们身上的尘埃，我们发现，原来历史还有另外的一面：北洋之虎段祺瑞，两造共和，醉心权术，为何了无家产？常胜将军吴佩孚，信奉四不主义；不住租界、不借外债、不积私财、不纳妾；讲气节，拒当汉奸，其死因众说纷纭。东北王张作霖，土匪出身，怎样成为权倾一方的大军阀？北洋战将孙传芳，因何拳打冈村宁次，血溅佛堂……他们各具个性，极富传奇色彩。他们个个都有生动的故事，丰富的人生；他们因缘际会，实践着自己的治国梦想！

袁世凯：北洋教父，最具争议

袁世凯是近代史上最具争议的人物，一直以来，人们总认为他是乱世奸雄、窃国大盗。他是晚清重臣，叱咤风云于民国初创，虽有治国之才，却终以称帝败亡。他幼时游山玩水、练拳习武，乐而不倦；青年时投笔从戎，随军入朝，以军功步入仕途；小站练兵，创建了一支近代化的中国陆军；担任直隶总督兼北洋大臣期间，兴办新式学堂，首创中国近代公、检、法体制；新政中力推“君主立宪”，被视为“全国立宪之首”。武昌起义后，逼清廷退位，接任大总统；后复辟帝制，穷途末路而终。

总督朝鲜，创立新军

袁世凯，字慰庭，号容庵。1859年9月16日，出生于河南项城县一个世代官宦的大家族。父祖多为清朝显贵，权重一方。袁世凯的曾祖父袁耀东是庠生，生子四人，袁树三是廪贡生，曾署陈留县训导兼教谕；袁甲三是进士，官至钦差大臣漕运总督；袁凤三是庠生，曾任禹县教谕；袁重三是生员。袁树三有子二人，长子袁保中是附贡生；次子袁保庆是举人，官至盐法道。

袁保中捐纳同知，未出仕，在家经营田产。生有两女六子，袁世凯为其第四子。当捻军王庭桢部占领项城城东新兴集、尚店等地，扬言将攻打县城

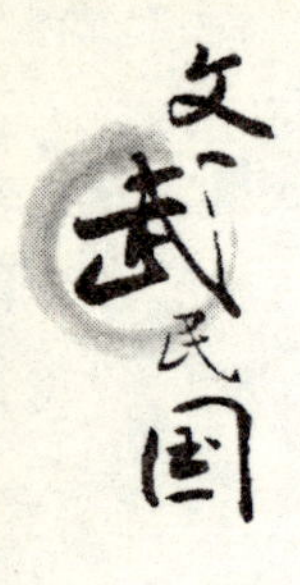

时，袁保中组织团练对抗，在城东北 40 里险要处另筑袁寨，举家迁入。

袁保庆于同治五年（1866 年）从家赴山东济南候补知府时,因年老无子，便过继袁世凯为嗣。袁世凯从小过的是寄生安逸的生活，任性而为，上学后仍顽劣如故，对读书毫无兴趣，却养成了纨绔子弟的习性。不过他对拳术比较热衷，练出了颇精的骑术，以致后来弃文习武。

7 岁时，袁世凯随袁保庆至济南。1868 年冬，袁保庆以道员发往江苏差遣，袁世凯随往，侨寓扬州，复移南京。袁保庆在江苏受委办理督标营务处，后又任江南盐巡道，与驻守浦口的淮军将领吴长庆过往甚密。由于咸丰年间，太平军围困吴长庆之父吴廷香于庐江，吴廷香派吴长庆向袁甲三求救，袁保庆主张救援，袁保恒则认为兵分则弱，力主不救。为此拖延日久，庐江被太平军攻陷，吴廷香被杀，从此，吴长庆与袁保恒绝交，而于袁保庆订“兄弟之好”。 1873 年，袁保庆因霍乱死于南京，吴长庆渡江视敛，抚棺痛哭，与刘铭传一起帮助料理后事。见到袁世凯时，均器重之。

袁世凯扶柩回项城后，对他的教育责任转到袁保恒、袁保龄身上。这两个在京做官的叔叔对他的影响，较之生父和嗣父都更大。1874 年春，袁保恒已官至户部左侍郎，回籍探亲，把袁世凯带到北京，聘请名师教导。在内阁中书任上的袁保龄认为袁世凯天资不高，浮动异常，对他的督导尤为严厉。

1876 年秋，袁世凯回河南参加乡试，不第。年底，和沈丘于姓女子结婚，时年 17 岁。翌年初春，又回到北京。袁保恒刚刚调任刑部侍郎，工作繁忙，袁世凯一边读书，一边帮他办事，学得不少官场本领。两位堂叔夸奖他“办事机敏”，是“中上美材”。时华北大旱成灾，袁保恒奉命到开封帮办赈务，带袁世凯同行，遇有密要事案，均派他查办、参佐一切。1878 年，袁保恒感染时疫去世，袁世凯返回项城，移住陈州。大约就在此时，袁家分析家产，袁世凯于袁保庆名下,得到一份丰厚产业,自为一家之主,自此更加放荡不羁，经常追欢逐乐。还组织“丽泽山房”、“勿欺山房”两个文社,自为盟主。此时，正在陈州授馆的徐世昌于袁世凯结交，拜为金兰，从此成为袁世凯毕生重要的谋士。1879 年，其姑丈张向宸办理河南赈务，委托袁世凯分办陈州捐务，因他集款独巨，张就以袁保恒生前的捐款，移奖袁世凯一个“中书科中书”的虚衔。同年秋，袁世凯再次参加乡试，落第。

袁世凯屡试不中，又以事积忤族里，众欲苦之，家乡不能再住，乃率旧部数十人，于1881年4月，前往山东投奔嗣父袁保庆的密友吴长庆。吴长庆将他留在营中读书，袁世凯谦抑自下，时作激昂慷慨之谈，很快取得吴长庆等人的好感，不久被提拔为庆军营务处帮办，踏上了仕途。

1882年6月，朝鲜发生兵变。驻日公使电告署理直隶总督张树声，日本欲派兵侵台。朝鲜官员金允植也呼吁中国派兵干涉。张树声遂奏派丁汝昌、吴长庆率海陆军赴朝，以阻止日本借机生事。

吴长庆仓促出发，军务繁杂，一切筹划都依赖张謇及其助手袁世凯。袁世凯当时的职务是“前敌营务处”，负责军需供应、堪定行军路线等。船抵朝鲜马山浦，一营官说多数士兵晕船，请稍缓登陆，吴长庆立即将此人撤职，命袁世凯代理，袁马上部署，两小时内完成了登陆行动，吴当众大加夸奖。登陆后，吴长庆、丁汝昌接受金允植的建议，诱捕朝鲜大院君李　应，押解往天津，恢复国王的统治。并派袁世凯率兵镇压起义群众，杀数十人。朝鲜国王设宴款待，袁世凯备受礼遇，甚至为其设立生祠。清政府也对平定“壬午兵变”有功人员进行奖赏，袁世凯以同知发分省补用，赏戴花翎。

9月，朝鲜国王派使者向清政府致谢，并要求清政府派出教习，帮助朝鲜训练新式军队。李鸿章命吴长庆筹划。吴长庆派袁世凯、朱先民、何增珠等办理编练朝鲜新军。选1000人，分左右营，按淮军操法训练，武器准备由中国供给。朝鲜国王检阅后，极为满意，称赞袁世凯训练有方。决定在江华沁军营中再选500名编为“镇抚营”，仍由袁世凯训练。

朝鲜内部分为开化、保守两派。保守派以闵氏为首，亲近中国，得到吴长庆、袁世凯的支持。开化派以金玉均为首，亲日，企图依靠日本推翻保守派的统治。中法战争爆发后，李鸿章于1884年3月，命令吴长庆率三营庆军回驻金州，留三营驻汉城，由记名提督吴兆有、张光前统带，奏举袁世凯总理营务处，会办朝鲜防务，袁世凯一跃成为驻朝淮军的重要人物。金玉均

等认为中法战争爆发，中国自顾不暇，便寻机刺杀保守派首领，日本公使率日军100余人支持开化派，冲入朝鲜王宫，捕杀保守派。袁世凯会同吴兆有要求李鸿章派军舰赴朝，准备举兵，保守派首领金允植等请求清军援助，袁世凯自行决定派兵入宫，在朝鲜人民的支援下，攻入日军占领的朝鲜王宫，日军自焚使馆，狼狈逃走。保守派重新掌权。

事变后，袁世凯亲率淮军一营驻守王宫，以“监国大臣”自居。他给李鸿章写了一篇长达数千言的报告，认为“莫如趁此民心尚知感服中朝，即派大员，设立监国，统率重兵，内治外交，均为代理，则此机不可失也”。国内即有人指责袁世凯擅启边衅，遂电告袁世凯勿遽与日本开衅，一并派吴大澂河、续昌前往查办，吴大澂等抵朝鲜后，即命袁世凯撤队回营，听候查办。

袁世凯在吴长庆离开朝鲜之前，已对其小觑之，径自通过其堂叔袁保龄攀援李鸿章。吴长庆离开朝鲜后，袁世凯更加妄自尊大，“一切更改，露才扬己”，令吴长庆非常难堪。吴兆有、张光前等更不在袁世凯眼中，极力加以排挤，企图将庆军全部掌握在自己手中。此次举兵，几乎有袁世凯一人主动，现在惹来查办，自然所有责任都需袁世凯来负，而袁世凯养官妓、贩卖鸦片、挪用军饷等劣迹，也都一并被暴露出来。李鸿章责令袁世凯如数认赔。并于1885年12月16日解职，离开朝鲜回国。然后，回到陈州老家“隐居”。

1986年正月，日本派伊藤博文来天津，和李鸿章谈判中日冲突问题，双方达成协议，中日同时从朝鲜撤军。至于日方提出的惩办袁世凯的要求，李鸿章最后采用折中办法，以私人行文戒饬袁世凯了事。袁保龄致信袁世凯，说伊藤博文极力要动摇你，赖李鸿章相国持正，颇费口舌，自是可感。又写信给李鸿章的幕僚晴笙，说袁世凯受到李鸿章的大力庇护，使他刻骨铭心。

中、日从朝鲜撤军后，沙俄乘机插足，与闵氏集团勾结，企图变朝鲜为其“保护国”。李鸿章决定送李昰应回国，制约闵氏集团，启用“足智多谋”的袁世凯，替代“忠厚有余，才智不足”的陈树棠为驻朝商务委员，叔父袁保龄仍然充当袁世凯与李鸿章之间的桥梁。李认为袁是“后起之秀”，袁世凯一到天津，李鸿章就接见他，说：“如今演戏，台已成，客已请，专待汝登场矣”。袁世凯要求带兵前往，李笑着说：“韩人闻袁大将军至，欢声雷动，谁敢抗拒，……汝带水师小队数十登岸作导引足矣。”袁保龄不愿袁世凯再去朝鲜冒险，希望他加入新建的北洋水师，袁世凯没有接受劝告。他护送李昰应回到汉城，谒见朝鲜国王，面陈一切。闵氏集团颇为困惑和愤懑，禁止文武官员与李　应来往。袁世凯多方调解无效，授李昰应密计三条后回到天津。李鸿章对袁世凯的行动极为欣赏，上奏为袁请功。1885 年 9 月 20 日，清政府正式任命袁世凯为“驻扎朝鲜总理交涉通商事宜”的全权代表，并以知府分发，尽先即补，俟补缺后以道台升用，加三品衔。

李鸿章的提携使袁世凯感激涕零，上书说：“卑府才力驽下，深惧弗克胜任，惟有仰赖声威，敬谨从事，以期不负委任至意”。袁保龄也感到“擢太骤，任太隆”，上书李鸿章表示“两世受恩，一门戴德”。同时告诫袁世凯，今后对于清廷和李鸿章的意旨都要用心揣度，“但有几件事办顺手，则令闻日彰，声望渐起矣”，“临事要忠诚，勿用权术，接物要谦和，勿露高兴，庶几可寡尤悔”。十月初七，袁世凯赴朝鲜上任，在汉城建立公署。其随员有唐绍仪、刘永庆等 20 余人。

李鸿章赋予袁世凯巩固“宗藩关系”的权利，并要求朝鲜国王，有关内政外交事宜，都应随时与袁世凯商量。袁世凯使朝后，俨然以太上皇自居，拒绝与各国公使同席会议，遇事直入王宫，骄横专断，盛气凌人。朝鲜国王多次要求清政府撤换袁世凯，另选一“公正明识者”。在李鸿章的保护下，袁世凯地位不但没有贬低，反而升为海关道存记简放。

袁世凯对于世界大势、国际关系全无认识，没有估计到朝鲜局势的迅速恶化，也大大低估了列强的野心。朝鲜东学党起义，袁世凯极力向李鸿章建议，要求派兵代戡。而此时，日本也极希望中国出兵，以便制造战争接口，于是极力怂恿袁世凯。在袁世凯一力保证“日本必无他意”后，清政府最终决定出兵，而日本也立即出兵。

袁世凯觉察情况不妙，请西方驻朝公使调停，提出中日同时撤兵方案。但日本非但不撤兵，更进而提出将朝鲜变为其保护国的条件，进一步增派重

兵。袁世凯立即连发3封电报，哀求李鸿章调其回国，李鸿章命令其“要坚贞，勿怯懦”。6月13日，袁世凯称病，再次要求回国，获准。6月19日，袁世凯回到天津，惊惶异常，要求李鸿章把朝鲜丢给日本占领。李鸿章令袁世凯赶赴平壤，协助周馥，联络各军，筹办饷械。袁世凯要求调任他职，李鸿章严令“即回本任”。袁世凯托堂弟袁世勋寻找翁同龢、李鸿藻设法，李鸿藻奏请让袁世凯统一军赴前敌。袁世凯无法，只得遵命。后随着部队接连败退。

马关条约签订后，舆论谴责李鸿章，而作为诱发战争的罪魁祸首，为躲避责任，袁世凯眼看李鸿章将要失势，即不时与翁同龢、李鸿藻联络，提供不利于李鸿章的证据，并亲自撰文，弹劾李鸿章。因此得到顽固派的赏识，被任命训练新军。

1895年10月22日，清政府命令袁世凯接管“定武军”十营，作为改练新军的基础，驻扎天津附近的小站。袁又添募2000余人，依照德国军队的编制，编成“新建陆军”，聘请德国军官进行训练。1897年，因练兵有功，升为直隶按察使，仍专管练兵事宜。

1895年5月，袁世凯把康有为的“万言书”递交到督办军务处，并参加强学会。1898年7月，变法运动达到高潮，袁世凯派徐世昌到北京与维新派联系。光绪帝接受了维新派“抚袁以备不测”的主张，召见握有重兵的袁世凯，特赏候补侍郎，专办练兵事务。8月3日晨，康有为、谭嗣同等接到光绪帝求救和催促康有为离京的密诏，当晚，谭嗣同密访袁世凯余法华寺，要求他杀荣禄，除旧党，助行新政。袁当面一口答应，并慷慨激昂地说“诛荣禄如杀一狗耳”。事后，经过反复权衡，认为维新派实力有限，难成大事，遂立即返回天津，向荣禄告密。慈禧囚禁光绪帝，捕杀谭嗣同等“六君子”，戊戌变法失败。袁世凯因此取得荣禄等的信任，从此进一步飞黄腾达。袁世凯的新建陆军随即改名为武卫右军，成为荣禄掌握的“武卫军”之一。不久，升工部侍郎，仍专管练兵。1900年2月14日，升授山东巡抚，率领武卫右军赴任。时正值山东义和团运动高涨，袁世凯颁布《严拿拳匪暂行章程》，镇压义和团运动。

八国联军侵华后，清政府命令袁世凯率军拱卫京师，袁只派少数兵力到山东、河北交界处虚于应付。派人与各国驻烟台领事洽谈，按照“东南互保”达成协议，表示“中立”。一面，向逃亡中的慈禧进贡饷银、绸缎，两面讨好。

八国联军侵华战争，使荣禄的4支武卫军全部崩溃，只剩袁世凯的武卫右军完整保存下来。且在镇压义和团过程中，袁世凯又借机扩充“武卫右军先锋队”二十营，所部已约2万人，成为北方最大的武装力量。

1901年，李鸿章逝世。被李鸿章大骂为小人的袁世凯署理直隶总督，兼充北洋大臣，在内、外政策方面，完全继承李鸿章的衣钵，并将淮系集团全部吸收过来，政治、军事势利迅速膨胀。清政府筹办新政，成立“督办政务处”，让袁世凯兼任参予政务大臣、练兵大臣。他在保定创设北洋军政司（后改为北洋督练公所），自兼督办。下辖兵备、参谋、教练三处，以刘永庆、段祺瑞、冯国璋分任总办，开始编练北洋常备军，即北洋军。同时，奏派赵秉钧创办天津及直隶各州县巡警，将京畿警权掌握在手。此后，又兼任督办商务大臣、电政大臣、铁路大臣。1903年11月，他建议清政府设立练兵处，编练新军，请庆亲王为总理练兵大臣，自己为会办大臣。编成北洋军6镇，共6万余人。除第1镇是铁良统率的旗丁外，其余皆是袁世凯的亲信，以袁世凯为首的北洋军阀集团基本形成。当时，“朝有六政，每由军机处向诸北洋”，才能作出决定。袁世凯权高震主，1907年，清政府调他为军机大臣兼外务部尚书，削去了兵权。1908年，光绪帝与慈禧先后死去，宣统皇帝继位，摄政王载沣监国，以袁世凯有足疾为名，勒令其回河南彰德养病。

“闲云野鹤”有玄机

1909年初，袁世凯被载沣罢去一切职务，令回籍“养疴”。但他的许多部属依然位居要津，实权在握，袁世凯时刻准备东山再起。

袁世凯在极不情愿的情况下被载沣一帮少壮派清贵刷了下来，这对一路顺风的他是很大的打击。多年来他一直苦心广结的人脉，这回一看还是出现

了结构性的缺陷：因为权重，因为和清贵中的元老派走得太近，被人家清贵少壮派锁定为“定点清除”对象。

刚到彰德的日子里，他垂钓、下棋、看戏、吟诗，过得十分悠闲。历经险恶风浪大起大落的他，也真想就此隐居算了。我们见得最多的袁世凯“名照”，大概就是那张身穿蓑衣、头戴斗笠、手执钓竿的“闲云野鹤”照。这是他曾寄往上海某报纸发表过的一张照片，以示自己淡泊名利，再也无意于政事。这其中虽不乏作秀成分，但多少也反映了袁世凯当时的心境。他还为此照片题诗道：

百年心事总悠悠，壮志当时苦未酬。
野老胸中负兵甲，钓翁眼底小王侯。
思量天下无磐石，叹息神州变缺瓯。
散发天涯从此去，烟蓑雨笠一渔舟。

出于本能，袁世凯首先想的就是保命。所以，在河南卫辉和彰德的第一年，他惶惶不可终日，整天担心的是生命危险。情绪低落得一个人都不想见，一封像样的信也没回过。自己一个人老在那里解脱不了：想，想不通，想不通就流泪。流了泪，还是想不通，越想越委屈，到最伤心处就对着老主子慈禧太后的画像号啕大哭。

这些恰恰证明袁世凯当时并没有“反骨”，他还是无限热爱“大清国”的，最多有点儿“清君侧”的想法。

因为感到委屈，感到恨，感到为他人受过，于是那一时，那一刻，袁世凯真有不如回家种红薯的颓废，所以他赌气也要在“洹河边上一气盖9个院落”，借此宣告归隐。

可是，归隐也并不容易。一旦没了权，集八大臣于一身的袁世凯就是“草民”一个。其实1909年，袁世凯连“草民”都不如，自己的命自己都说了不算，一见风就打哆嗦。

就算没生命之忧，昔日朝堂上下呼风唤雨，何等威风，突然什么事儿都没了，搁谁谁都一时半会儿适应不了。

1910 年，从各方反馈来的消息是：袁老尽管放心，至少您生命无恙。听了这话，袁世凯一下子轻松了一半。此时，老袁在洹上村又结交了一批当地的新朋友，如何兰芬、王锡彤、李时灿等。加之退隐后的家庭生活平添许多天伦之乐，兄弟相谐，父子共读，诸多以前不得不有所割舍的乐趣慢慢地都释放出来了。

最后是人在乡间，对慢节奏闲情逸致的田园生活也渐渐地适应了。这时的他和最要好的三兄袁世廉相聚了：哥俩一杯浊酒喜相逢，天马行空地说着地道的中原雅音，亲切极了。这些年官场不能说、不想说、不敢说的话这会儿都和自己的三哥掏了心窝子。对袁世凯来说除了权和钱，这些年哪有这么淋漓痛快过。所以这时候的袁世凯是闲云野鹤，而且是一只亢奋的野鹤。人这种动物大概还没进化完，一高兴就想炫耀。此时的袁世凯特别想炫给大家看看，所以他高薪请来了天津的大牌摄影师，一口气拍了“渔、樵、耕、读”四组照片。这四组照片是老袁的呐喊，是他的宣言。

江山易改本性难移，袁世凯大概忘了当时自己是怎么被人打回老家的。1906 年到 1908 年那阵，他飞扬跋扈，挤兑别人，还以立宪派领袖自居想成立责任内阁。可责任内阁在载沣等人看来就是狼子野心，结果被人联合起来给撤了。

看来，做人还是应该低调。可袁世凯偏不低调，逢上过年或过生日，他还请来北京京剧界名角如谭鑫培、王瑶卿、王晦芳、杨小朵等来唱堂会，好

不热闹。

这种悠闲又嬉闹的生活深深地感染了袁世凯，以至后来到中南海居仁堂里他仍保持着这样的习惯：每日公余到晚间，袁率全家人逛花园，进晚餐，与在洹上村时情形相同。

1911年，由清贵少壮派组成的清廷，能力低下的问题逐渐显露出来。所以，慢慢地，留在位子上的袁党老部下开始想念老领导。开始一两个人偶然路过，参见参见，拜访拜访，后来大家成群结队地找上门来了。

当然，没有摄政王载沣的默许，谁也不敢上门。载沣家的兄弟仨并不恨袁世凯本人，载涛还和袁世凯一同视察过新军训练，袁世凯肯定会利用这个机会，极力讨好载涛。他们恨的是重兵在握的袁世凯，飞扬跋扈的宪政派领袖袁世凯。现在袁世凯老实了，军权也没了，平民一个。奉命前去护卫实则监视的袁得亮被袁世凯的糖衣炮弹拉下了水，不但没有实情报告中央，还替袁说好话，甚至还把北京的肃亲王派密探到河南的消息透漏给"同宗"的袁世凯。

神鬼之道的诱惑

袁世凯没有儒家的政治信仰，只信仰歪门邪道，如章太炎所说：能合其众而不能自将也。乎力不足者，必营于禨祥小数。袁世凯走上称帝败亡之道，他的迷信术数、痴迷风水是一剂效力强大的迷幻剂。其身边鼓动他实行帝制的人最初就是用这些神鬼之道来诱惑他的。

袁世凯笃信风水阴阳堪舆之术，这和他自身的经历有很大渊源。袁世凯晚年每次去宫中面圣回来，总是要有好几天感到体气虚弱、身体不适。后来有个风水先生告诉他，宫中召对的那个殿堂方位正好和他的命相相克，所以应该尽量少去。袁世凯信以为真，后来果然再也没有这样的事。因为有此一说，所以袁世凯当上大总统后，甚至当皇帝的时候，都没有让清室退出故宫自己"坐龙廷"，而是自己直接搬到中南海去住。

袁世凯有一个慈禧太后赏赐的非常珍贵的翡翠壶。一次，丫环在袁世凯室内将这壶打碎了。袁世凯的姨太太为了息事宁人，教这丫环如此如此应对。当袁世凯醒来，看到地上的碎片时，震怒异常，问怎么回事。丫环战战兢兢，称不敢说。袁世凯大声喝问，丫环才说：进来时受了一吓，因为看到大总统床上睡的不是大总统！袁世凯大怒，反问道："不是我睡在床上，那还有谁！"丫环这才满面惊恐地说，看到床上躺着的是一只大老虎！袁世凯闻得此言，面色阴晴不定，半晌，喝了一声："胡说！"然后，吩咐丫环此事再也不许跟别人提起，还赏了她几两银子。姨太太知道此计定能奏效，就是因为袁世凯相信这些神道故事，他相信自己天命所归，必有这些征候，就像汉高祖梦白蛇一样。而且的确有算命先生告诉他，根据他的面相和八字，他是龙虎之命，必定有登九五之尊的一天。袁世凯五短身材，加上那两撇很有特色的"虎须"，的确有点像蹲在地上的老虎，袁世凯很是得意。这还是袁世凯当上大总统之前的事，所以袁世凯成了民国元首以后，觉得算命先生有先见之明，他对命相之说更加相信。他最喜欢的摆设就是一块两丈余长的吊睛白额东北虎虎皮(由张作霖进献)，他将虎皮铺在太师椅上，常常躺在上面神思遐想，得意洋洋，做着"龙虎之命"的美梦。到了1915年5月筹安会成立，袁世凯称帝的迹象非常明显的时候，四川碰巧发现一个溶洞里有两条嵌在洞壁上的恐龙化石，有些利禄熏心之徒就趁机打电报向袁世凯劝进，说这是真龙天子出世的祥瑞之兆，当然这"真龙天子"就是袁世凯。袁氏居然深信不疑，还为此专门拨出几十万元的经费来修缮保护。到了后来，他教训女儿读书的口头禅，由"再不好好读书，不给你饭吃"，变成了"要好好读书，都要当公主啦"。对于当皇帝一事，其得意之状难以掩饰。

但论起袁世凯的长相，与其说像虎，不如说更像"蛙"。

1915年春，称帝前夕，袁世凯生父袁保中墓侧突然长出一根紫藤，有一丈多长，蜿蜒盘绕，状若龙型。袁世凯便命长子袁克定前往视察。袁克定回老家看到以后，来信说："是藤滋长甚速，已粗愈儿臂，且色颜如血。或天命所归，而垂此瑞验耶！"这更坚定了袁世凯称帝的决心。

在筹备帝制期间，袁世凯曾请一位著名的星象家测字，他写的是一个“袁”字。星象家说：“此字是喜字头，哀字尾……”还没说完，袁世凯恶其言太不吉祥，不让他再说下去。又将其召入密室，命其再占文王课。卜算的结果是：姜太公 80 岁遇文王之象。袁世凯以为这是暗示袁氏天下只有 80 年，心甚不乐。其实这个星象家也真非凡品，算得甚是灵验，前者是欢欢喜喜坐基登朝，悲悲哀哀下台结尾；后者 80 年也没有，只当了 83 天皇帝，前后照应，没有什么误差。

注重做人，细节取胜

我们常说待人接物要注重细节，袁世凯在这方面毫不逊色。

袁世凯出身卑微，连个秀才功名都没有，那就是连“学”都没有“进”过，但他最终位列军机，爵封宫保，在有清一代的汉人中，以他的出身做到这一地步是绝无仅有了。他初出茅庐的时候，谦卑下抑，感人至深。可一有小权就要权弄计，飞扬跋扈。在遭人嫉恨算计之后，却又幡然变计，尽改前辙，以谦下待人为能事。即使后来他官封督抚，他还谦恭得不近常情而近乎谄媚。他也练就了一番圆融通透的交结手段，使得任何权位不如他的人都受宠若惊，而权位高于他的人则心胸舒泰，极为受用。至于权位和他相当的人物，只要有可能，他也绝不放过任何示好的机会。他赢得别人好感的秘诀在于“以小见大”，以一些不起眼的细节和小事来打动人心。

袁世凯记忆力惊人，对人名地名和别人的性情喜好天生敏感。任何人，哪怕和他只有一面之交，多年后袁世凯还能一见就叫出人家的名字，道出别人的籍贯郡望，甚至当年见面的某些细节。这等本事常常让与袁结识过的人心中暗暗吃惊，既感到受尊重，又觉得此人精明不可欺。他对自己倚重的各种关系人物的性情爱好也摸得熟透。像吃饭这样的小事，他在家吃饭吃到一个红烧大蹄膀，会吩咐侍从端一碗送到冯国璋家里，交代说：“大总统用饭时，想起这个菜冯将军也爱吃，所以送过来让将军尝一尝。”甚至他早上吃个奶酪，也会吩咐送一份到冯国璋家里。有这样的上司，部下只要有点血性，谁还不心怀感激？

英国《泰晤士报》驻华记者、袁世凯的顾问莫理循和英国驻华大使朱尔典都提到袁世凯是一个很有修养、待人亲切的政治家，因为他不管多忙，在会见外宾的时候总是能够一口叫出这些外国人的英文名字，开心地和这些客人回忆曾经一起度过的欢乐时光。袁世凯对外文一窍不通，记住这么多彼此相差无几的外国人的名字和面孔而不混淆，这一点殊为不易，换了别人恐怕就做不到。这些外国人见惯了顽固排外的满清大臣，忽然碰到这样一位对他们念兹在兹的人，心中的新鲜和对袁的好感自不待言，所以他们总是在不违背自己国家利益的基础上予袁世凯以支持，他们相信袁世凯是他们真正意义上的"朋友"。他可以在彬彬有礼地做朋友的同时，赤裸裸地争夺利益，面无愧色地做各种上不得台面的交易。这一点的确是袁的特长。

其实，政治家中博闻强记的人很多，但如何让这种惊人的记忆力派上最佳的用场，袁世凯做出了最好的表率：在见面的时候一口叫出人家的昵称，有时比脑子里装一堆军国大事还重要。让别人觉得自己在你心目中至关重要，这是赢得别人好感的不二法门。而在一般交往中，将和他人相关的细节记住并让别人知道你记住了，那么他无法不被你的"深情"所感动。做到这一点难吗？其实每个人都可以做到，只要有心。

对于那些地位比自己卑微的人，绝对不能有所轻视，对高高在上的人来说只是一颗小石子的小事，在别人心里却可以激起千重巨浪，因为每个人的处境都不一样。所以，种下一点点轻视，可能收获如山的路障；而撒下一点点尊重，则常常收获千钧的感激和意想不到的厚利。

袁世凯和慈禧太后的大管家李莲英是结拜兄弟，按道理有此内应，他对一般的内廷太监就没什么好巴结的了。但袁世凯不同一般的地方就在这里，他绝对不会因为自己手里握了王牌，就看不上小牌。他是一个优秀棋手，每一个棋子他都能派上用场。庚子事变（1900）后，张勋带领宿卫营负责守卫颐和园，他和给慈禧太后兼办支房（即账房）的宠信太监马宾廷交谊密切，

而袁和张都与马是盟兄弟。有一天，袁与张同到颐和园，张在前行，马宾廷迎出来，招手让张进其住房，张说："宫保还在后头啦！"马就在院中等袁，袁到，先跪单腿向马请安。照例，大臣没有先给太监请安的。这个事情，多少年后，马宾廷的后人还念念不忘，马宾廷当年的感激之情可想而知。

马廷宾的感激有什么价值？让我们来看看官场的一个不变的规则：在权力场中，越是接近权力核心的人，获得的权力越大，而晚清的权力中心无疑是那个常在颐和园游山玩水的"老佛爷"。要接近这位"老佛爷"，唯一的途径就是"投其所好"，而要做到这一点，首先就要知其"所好"，这种珍贵的信息，就只能由"老佛爷"周围的一帮人提供。所以，袁世凯得慈禧欢心的秘诀，就在他对马廷宾的那一跪之中。

像马廷宾、李莲英这样的人对袁世凯来说真是"妙用无穷"。因为恪于礼制，当时大臣召对时，都得埋头跪地，不敢抬头看皇上和太后，这样大臣召对时就难以从太后的表情来揣测她的喜怒。袁世凯和李莲英约定，袁低头看李莲英的双脚，他双脚叉开，就是老佛爷很喜欢听这样的话；双脚并拢就是太后不高兴了，不要再说。袁世凯就是这样来揣摩慈禧太后的心意，当然"应对无不称旨"。

做人做事有余地

权力是一种无形的力，而政坛就是由这些大大小小、来自不同方向的力道组成的权力场。真正的官场高手一定是一个"太极推手"，懂得借力打力，懂得化刚为柔，懂得隐忍不发，懂得静中有动、动中有静。

袁世凯能够在各种政治势力之间做到左右逢源、借力打力，关键就是他坚持"做人做事不做绝"的原则，他绝对不愿意把自己置于非此即彼的选择困境中，也绝对避免"背水一战"这样没有转圜余地的"死地"，他的政治策略中，甚至没有"置之死地而后生"这样的观念。袁世凯政治上最擅长的就是在各种势力之间纵横捭阖，合纵连横，阳以阴取，上下其手。他是浑水摸鱼的老手，水越浑，则他摸鱼的兴致越高，心思越敏，手段越灵。

1900 年，义和团运动引起“庚子事变”。这时候慈禧凭借义和团愚昧地向十一国列强宣战，还要求地方督抚出兵“勤王”。袁当时是山东巡抚，又手握精锐重兵，不出兵吧，得罪慈禧后果不堪设想，出兵吧，不仅引火烧身，而且他算准清廷无取胜之理，到时候八国联军“秋后算账”受不了。所以，他两方面都不得罪。对慈禧，一方面派一小部军队慢慢“星夜驰往直隶”勤王，另一方面是输银输饷，还运送绫罗绸缎等各种奢侈品给慈禧，使她即使仓皇逃命的时候还能保住一点体面，满足她穷奢极欲的虚荣心理。在慈禧回銮的路上，袁世凯又是花车又是别馆地迎候。慈禧太后的第一辆汽车，就是袁世凯进贡的。可惜慈禧没有享用，她觉得司机竟坐到她前面，这不成体统，所以只用来做摆设，但她心里对这新奇玩意还是兴致勃勃的，对袁世凯的活络心思也就高看一眼。对外国列强，则是饬令山东州县官员，用军队保障教士教民的性命财产，让洋人找不到寻衅借口。这一策略极为成功。慈禧对袁世凯的青眼相加是历经庚子事变之后，而八国联军认为袁是清廷方面大员中强有力的“朋友”，对他赞赏备至。反观当时和袁处在相同处境的其他督抚，都没有袁世凯做得这么天衣无缝。那几个和袁一样手握重兵的将领如聂士成、董福祥、宋庆，于大局是一叶障目，于小节是胶柱鼓瑟，听信慈禧太后的赌气指示去和八国联军打无理之仗，结果败得一塌糊涂，不仅把手里的军队折腾得一干二净，而且自己也没讨到好——一代名将聂士成被义和团乱民砍死，董福祥战后成了战犯被剥夺军权，其部队解散，宋庆部则溃不成军了，因此慈禧对他再无借重之处。倒是袁世凯，手里的军队成了清廷唯一依赖的精锐了。而那些督抚们，在这兵荒马乱、自顾不暇的时节，谁也没有想到如袁世凯这样如此“尽心”孝敬慈禧。由此可见，袁世凯在大局中灵活处置、掌握主动的策略收效多么显著。

到辛亥年武昌起义以后，天下已成瓦解之势，各种政治势力风起云涌，政事军情瞬息万变，革命党、清廷和立宪党均无力收拾残局，只有请袁世凯出山来摆平。这时候的袁世凯真可谓“众望所归”，但他牢牢握住兵权之后，

对哪一方都不完全支持，也不完全反对，而是左顾右盼，左右开弓，一方面对清廷信誓旦旦表达自己的忠肝义胆，同时以革命党的势力和要求来要挟清廷，一方面则对革命党表示民心思安，天下为重，而又以清廷的要求来压榨革命党，还充分利用立宪党在其中做穿花蝴蝶，穿针引线，终于取得中华民国临时大总统的位子。这一幕大戏，演得是起承转合、跌宕起伏兼有声有色，的确是袁世凯一生中耍权弄术的经典之作。可惜袁世凯身边有些人不明白袁世凯种种举措的妙处，觉得他做事不像以前有决断了。袁听了不无得意地向这些人解释："你们知道拔树的办法吗？专用猛力去拔，是无法把树根拔出来的，如果硬来，树一定会断折，只有一个方法，就是左右摇撼不已，才能把树根的泥土松动，不必用大力就可以一拔而起。清朝是棵大树，还是二百多年的老树，要想拔这棵又大又老的树，不是一件容易的事情。我今天的忽进忽退就是在摇撼大树，现在泥土已经松动了，大树不久也就会拔出来的。"

在戊戌变法中，他最初也是秉持灵活机动的策略，而且极为成功。虽然他有段时期被慈禧太后目为维新党，而且康梁一党的确对他也倚为腹心，连政变这样大逆不道的事也请他参与，但袁世凯在保守派和务实派那里也很吃得开，至少是他们极力拉拢的对象。荣禄对他的器重和保全不用说了，李鸿章这一洋务派大佬则从一开始就不遗余力地推崇他，而李鸿藻作为清流派的首领，对务实派李鸿章的政见和为人向来不齿，但对袁世凯这一"李鸿章的人"居然也赞赏备至。

节日的渊源

春节是中国的传统佳节，有关资料记载，春节在中国已经有 4000 多年的历史。然而，现行"春节"称谓才有近百年的历史。

中华民族传统历法岁首正月初一，现今无论中国还是海外华人都统一称为"春节"，但在中国历史上却称之为"元旦"。宋人吴自牧在《梦粱录 · 正月》中说：正月朔日，谓之元旦，俗称为新年。

据《史记》载，夏代元旦为正月初一；殷商定在十二月初一；周代提前至十一月初一；秦始皇统一全国以后，再提前至十月初一为元旦，直至西汉汉武帝颁行《太初历》，才恢复夏代的以正月初一为元旦。以后历代相沿未改，所以这个历法又叫“夏历”，今俗称为农历。

中国历史上早有“春节”，不过指的是二十四节气中的“立春”，这在《后汉书·杨震传》中有载：春节未雨，百僚焦心，而缮修不止，诚致旱之征也。到南北朝时，“春节”是泛指整个春季。而把正月初一定为“春节”，是辛亥革命以后的事。

1912 年元旦，中华民国在南京宣布成立，孙中山就任临时大总统，随即宣布中国废除旧历采用阳历（即公历），用民国纪年。这样做带有改朝换代重新确立“皇历”的传统，同时也蕴涵着向封建王朝彻底决裂的含义。

不料，孙中山的这个建议，民间一时没有接受，于是民间同时流行了两种历法，阴历和阳历。当年 2 月 18 日（壬子年正月初一）民间仍然过了传统新年，其他传统节日也照旧。

民国二年（1913）7 月，当时北京（民国）政府任内务总长的朱启钤向大总统袁世凯呈上一份四时节假的报告称：我国旧俗，每年四时令节，即应明文规定，拟请定阴历元旦为春节，端午为夏节，中秋为秋节，冬至为冬节，凡我国民都得休息，在公人员，亦准假一日。

但袁世凯只批准以正月初一为春节（因当时是“五族共和”，端午等汉族节日列为全国节日不妥），同意春节例行放假，次年(1914)起开始实行。自此，夏历岁首就由以往的“过年”改成了“春节”。

由于这个“春节”是袁世凯批准的，许多倒袁人士都拒绝过这个春节。孙中山在 1924 年还提出过废除这个节日，但没有能够形成气候。清朝的遗老遗少们不同意，对孙中山不满的人也不同意。

1930 年，南京政府为了适应当时世界上风行的改历潮流，一些改历人士重新提出，先过“元旦”新年，后过“春节”旧年，新年在前，旧年在后。南京政府颁行政令，宣布废除旧历和“禁过旧年”。这个政令一颁布，共产

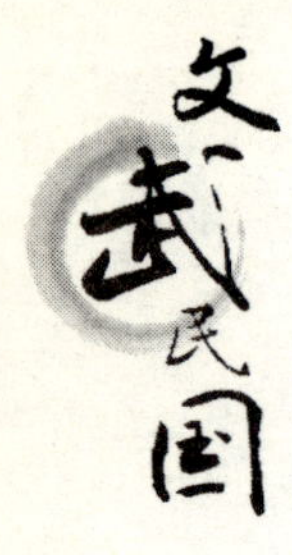

党立刻起来反对，民间亲共人士，也抓住这个辫子掀起了新一轮的反对国民党的热潮。结果，国民政府不但没有把旧历新年禁下来，而且还招来了国内许多反对的声音。

“春节”从“过年而不过节”，经袁世凯批准后，莫名其妙地变成了一个“盛大的传统节日”。90多年来，中国人都重视民族传统的新年，把春节当做真正的“年”来过。人们接受“春节”称谓，是因为它既区别了公历新年元旦，又因其在“立春”前后，“春节”表示春天的到来或开始，与岁首之意相合。

元宵的应节食物是汤圆，汤圆的别名也叫做“元宵”。袁世凯因“元宵”谐音“袁消”，认为不大吉利，于是在他登基做洪宪皇帝那年，就明令公布，不准百姓叫“汤圆”为“元宵”；同时又下令要把“元宵节”正名为“上元节”。

原来，袁世凯窃取政权后，遭到全国人民的反对，导致他疑神疑鬼。有一天他突然听到了街上小贩在吆喝“卖元宵”，袁世凯一听，“元宵”不就是“袁消”吗？这是要消灭我袁世凯啊！可他又没办法禁止人们在正月十五吃元宵，怎么办呢？苦思冥想之后，袁世凯干脆来了个掩耳盗铃：下令从1915年正月十五日起，正式改“元宵”为“汤圆”，小贩们叫卖汤圆，听起来就不那么刺耳了！

袁世凯是顺耳了，可全国人民却不干了，尤其是革命势力控制的南方各省，根本就不理袁世凯这一套，1915年正月十五，夫子庙的大街上熙熙攘攘，车水马龙，小贩们照旧扯开了喉咙：“卖元宵啦，卖元宵啦！”引得人们纷纷购买。执勤的警察也是睁一只眼闭一只眼，放任不管，因为谁都知道，老袁复辟是逆历史潮流，不会长久。

果然，袁世凯在做了83天皇帝梦后一命呜呼，“卖元宵”的吆喝声却在今天还能听到。

时人因袁世凯取消“元宵”，做了一首儿歌讽刺他：

袁总统，立洪宪，正月十五称上元；

大总统，真圣贤，大头抵铜角，元宵改汤圆。

窃国称帝，最具争议

袁世凯虽然要当皇帝，但他却不急于粉墨登场，他甚至说："我连总统都不愿意当，哪里还想当皇帝！"他口头这样说，可暗地却加紧制造复辟帝制的舆论。他要为帝制涂上一层"民意"的色彩。于是一些政治投机分子和袁世凯的爪牙组织了"全国请愿联合会"，为袁世凯当皇帝摇旗呐喊。在1915年10月又召开了所谓"国民代表"会议，各省"代表"向袁世凯呈献"推戴书"说："我们以国民的公意，推戴现在的大总统袁世凯当中华帝国的皇帝。"袁世凯故作姿态，将"推戴书"退回，表示要"发扬共和"。当"推戴书"第二次呈上时，袁世凯便不再推辞。

1915年12月12日，袁世凯宣布接受帝位，改国号为"中华帝国"。接着，下令改民国五年为"洪宪元年"，准备于1916年元旦正式登极。可惜好梦不长。经过辛亥革命洗礼的人民决不允许帝制复辟，反袁、反日的爱国运动迅猛兴起。孙中山领导的中华革命党，公开号召人们"乘时奋起"，把反袁斗争进行到底。一向拥护袁世凯的进步党也走上反袁道路。连北洋军阀集团内部，也明显分化。没等袁世凯黄袍加身，云南蔡锷就发起护国运动，组织护国军讨伐袁世凯。

袁世凯在众叛亲离的情况下，只得于1916年3月22日宣布取消帝制，可还以大总统自居。但全国各地纷纷组织武装起义，挂起护国军的旗帜，要求惩办袁世凯。袁世凯恼羞成病，于1916年6月6日在全国人民的唾骂声中死去。

袁世凯的倒行逆施，造成了民生凋敝、民怨沸腾。人民的愤怒情绪在许多地方发展为骚动或起义。国内斗争的形势迅速发生变化，使袁氏建立家天下的私欲和他所代表的那个集团的共同利益之间产生了尖锐的对立，以致进步党人和那些对帝制心怀猜忌的北洋军阀也都意识到，不撇开袁世凯就不能保持他们所代表的社会势力的利益。于是，他们便和当初袁世凯所要消灭和

排斥的一切社会力量联合起来，共同“讨袁”。短命的洪宪王朝在各种势力的打击下仅仅闹了 83 天就消失了。

历史无情地嘲弄了袁世凯：他本来要追求世袭的绝对的独裁权力，结果却使他的一切既得权力都丧失殆尽。

段祺瑞：北洋之虎，三造共和

段祺瑞为人严肃刻板，不苟言笑。民国时期政治家，“北洋三杰”之一。一生清正耿介，颇具人格魅力。他帮助袁世凯练北洋军，一手主导了袁世凯死后北洋政府的内政外交，有“三造共和”的美誉。

克虏伯的赞赏

从1872年到1875年，洋务派用4年的时间，在各地选拔120名11～15岁的中国幼童分批送往美国留学。曾国藩、李鸿章向清廷陈述：中国欲自强，唯有学习西人的先进经验。西人的坚船利炮，背后有天文、地理、数学、制造等先进技术做强大后盾。因此应当选拔人才，直接到先进国家内部去追本求源。

虽然这些幼童“计回华之日，各幼童不过三十上下，年方力强，正可及时报效”，但毕竟是长线的计划——15年未雨绸缪的岁月，实在是太漫长了。这对于当时身处“数千年之未有之变局”的李鸿章来说，的确是远水解不了近渴。

作为短期的救急方法之一，李鸿章率先在淮军中组建了有近代意义的新式炮营，采用克虏伯后膛钢炮装备。洋务派并不是一味盲目崇拜德国大炮，而是作了一番精心的比较研究。李鸿章1874年在给清廷的关于海防的奏折中提到了自己的研究心得：“查炮位一项，德国全用后膛，英国全用前膛，

俄法则小炮多后膛、大炮多前膛，美国仍用老式滑膛。其中著名厂商，德国曰克虏伯，专造后膛全钢之炮。”他在给醇亲王的信中谈到：“唯德国克虏伯四磅钢炮可以命中致远，质坚体轻，用马拖拉，行走如飞，现在俄德英法各国平地战阵皆以此器为最利。”

大量购买克虏伯新式兵器固然正确，然“有器尤须有人”，从天津大沽口炮台到海南秀英炮台，这18400多公里海岸线，无数的海防大炮，需要有多少谙悉西方火炮长技的人才？所以当克虏伯的使者瑞乃尔1870年带着他的大炮来到山东登荣水师的时候，李鸿章立刻聘他为教官。

1872年，李鸿章再托克虏伯公司推荐人员来华任职，指导淮军炮营操练德军炮法。1876年，又精心安排了查连标、卞长胜等7名中国士官带足够用3年的笔、墨、砚台到柏林军事学院留学。他们学成回国后，被派到淮军各炮营当教练，有的后来成为颇有成就的军事科技人才。

李鸿章的克虏伯情结，对中国近现代史发生了极深远的影响。从洋务运动到抗战爆发半个多世纪以来，中德之间的军事交往从来就没中断过。

1886年，李鸿章来到段祺瑞就学的天津武备学堂考察，其目的是为了选拔若干像查连标、卞长胜等有着戎马生涯经历，能在短短二三年内取得“立竿见影”留学效果的武弁。考察的第一课目是：炮兵学员作炮击海面活动浮靶汇报，这给了段祺瑞脱颖而出的机会。

段祺瑞祖籍为江西波阳。1865年3月6日出生于安徽六安，1870年迁到安徽肥西县陶岗村定居。1872年，段祺瑞随祖父段佩在江苏宿迁兵营里读私塾。1883年10月，段祺瑞以优异的成绩考入天津武备学堂的炮兵专业。

因为当时学生都慑于李鸿章的威严，为此，首次开炮的学员，从第一炮到第六炮都没打中浮靶。李鸿章勃然大怒！

轮到段祺瑞指挥打靶，他沉着冷静、笃定指挥，第一炮就打中浮靶，紧接着连续快速几炮都每发必中。

李鸿章得知指挥员是安徽老乡，其祖父等家族成员都曾是自己手下的淮军官兵，非常高兴。接着又当面考了一些军事试题，段都对答如流。李鸿章兴奋得击节称赞，当即表扬段祺瑞是“熟知军事，俾易造就”，是可用之才。

1887年夏季，李鸿章亲赴天津武备学堂第一届学员的毕业考试，段祺瑞以最优等的成绩毕业。李在给朝廷的奏折中赞扬段等学生“各项操法，一律娴熟，试以炮台工程做法及测绘，无不洞悉要领……”

1888年冬天，赴德国留学的学员名单（共五名）呈送李鸿章并获得批准。可是，李在这份留学德国的学生名单里，竟然看不到段祺瑞的名字。李鸿章认真审视了片刻，大笔一挥，将其中一名山东籍学生的名字画掉，换上了段祺瑞。

1889年春天，段祺瑞告别妻子和仅有一周岁的儿子，和其他4个同学来到德国柏林陆军学院，学习军事理论和各种操练课程。一年后，他们又奉命到鲁尔区埃森克虏伯兵工厂，进行火炮实习。

克虏伯家族各种威力巨大的先进火炮，让他们真正感受到“师夷长技”的魅力。为了让自己的国家摆脱落后挨打、备受屈辱的局面，他们拼命用功学习。

弗里茨·克虏伯从留德督学荫昌转交的李鸿章的信函里，知道这批学生是中国的精英。但因为忙于公务，始终无法抽身前往探望。当他得知这些学生既聪颖又吃苦后，便在百忙之中抽出时间，亲自前往梅喷射击场教授课程。

1890年春天，清廷特使洪春代表皇帝前往德国埃森探望留学生。段祺瑞及其同学以娴熟的技术操演了各种口径的克虏伯大炮，并以优秀的测距、瞄准、射击成绩，获得洪春和弗里茨·克虏伯的赞赏。

完成学业后，4位同学都先后回国，段祺瑞又奉命留在克虏伯兵工厂学习弹壳加工、炮管膛削、铣磨来福线、灌注优质钢，检验钢材牵力、挤力试验，各类火炮的型制构造、使用和保养等课程。

1890年冬天，25岁的段祺瑞自德国归来，当他前来跪叩李鸿章之际，心里一阵惊惶。李用凌厉的目光审视他后脑勺上的长辫并没有造假之后，才和颜悦色地说：“你的责任是报效国家而不是剪辫子！”段祺瑞满脸羞愧。因为在留学时，他曾一度想剪掉被外国人耻笑的辫子。

不久，段祺瑞被李鸿章奉派为北洋军械局要员。1891 年被调回威海，任随管教习 5 年之久。

1895 年春天中日甲午之战时，段祺瑞带领武备学堂的学生帮助威海卫守军搬运炮弹，并亲自驾炮与日军展开殊死激战。

1895 年 12 月，段祺瑞随袁世凯到天津小站编练新军，任炮兵营统带，随营学堂总办兼炮科班监督和总教习，培养出中国第一支野战炮兵部队并任司令。

制造惨案，尽失民心

1926 年 3 月 18 日，中共北方区委、国民党北京市党部组织北京总工会、学生联合会等 60 多个团体和北京西城境内的北京大学、北京师范大学、北京女子师范大学、医科大学、交通大学、工业大学、清华学校、农业大学、法政大学、中国大学、朝阳大学、燕京大学、中法大学、美术专门学校、通才商业学校、大女附中、艺文中学（现 28 中）、志成中学（现 35 中）等数十所高等、中等学校的学生以及京绥铁路及财政部印刷局的一些工人市民等各界人民群众，在李大钊的领导下，在天安门前举行游行集会。广场北面，临时搭建的主席台上悬挂着孙中山先生的遗像和他撰写的对联“革命尚未成功，同志仍须努力”。台前横幅上写着“北京各界坚决反对八国最后通牒示威大会”。会场悬挂“驳复列强最后通牒”、“撤退外国兵舰”等标语和请愿受伤代表的血衣，血衣上书“段祺瑞铁蹄下之血”8 个大字。上午 9 时许，近两万北京爱国青年和各界人士从四面八方汇集到天安门广场。一时间，人声鼎沸，群情激奋，歌声口号声不绝于耳。徐谦、李大钊、顾孟余等人为大会主席团成员，大会由北京学联领导人杨景山（北京大学学生、中共党员，后与李大钊同志一起被敌人杀害）、姚宗贤（中共党员，北京美专学生，北京学联负责人之一，当天被打死）等主持，抗议日本军舰侵入大沽口、炮轰国民军，声讨英美日等八国无理通牒中国的罪行。大会主席国民党北京市党部委员中俄大学校长徐谦发表了慷慨激昂的讲话，他深刻地指出："八国最后通牒支援奉系军阀，助长中国内乱。它借口维护《辛丑条约》，但它的苛刻程度，又远远超过《辛丑条约》。它要求双方停止战事和撤除障碍，实际上就是要我们不还手，《辛丑条约》哪有这样的规定！我们要求政府坚决拒绝最后通牒，还要废除一切不平等条约。"广场上与会民众群情沸腾，"打倒日本帝国主义"、"坚决抵制最后通牒"等口号此起彼伏。会上通过了《反抗列强最后通牒国民大会致八国公使书》，以及8项决议案。

段祺瑞政府派代表到天安门国民大会上，对17日卫队行凶事件表示歉意，但没有能平息民众的愤怒。会后，由2000多名满怀爱国义愤的群众组成的游行示威大军斗志昂扬地向段祺瑞执政府行进，要求面见段祺瑞请愿。由共产党员王一飞担任游行总指挥，中共北方区委负责人李大钊、赵世炎、陈乔年等都参加了游行。或有老成者害怕政府会弹压，李大钊登高疾呼，"大家不要害怕，他们不敢把我们怎么样！"大家素来相信李教授的为人，于是从之而去。游行队伍绵延数里，人们手执小旗，高呼"打倒帝国主义和卖国贼！""反对卖国投降！""坚决抵制最后通牒"、"驱逐八国公使"等口号，经东长安街、东单牌楼、米市大街、东四牌楼，然后进入铁狮子胡同东口。在行经街道路口时，市民们涌上前来鼓掌致意，有的还加入到游行队伍中。

三千人游行队伍到达了铁狮子胡同执政府的院内，与手持步枪、棍棒、大刀的武装卫队严阵对峙。正在执政府里开例会的总理及总长们被游行者的条件吓得面面相觑，全体没了主意，便匆匆散会，只留下一个秘书长应付。游行组织方派安体诚等5人为代表向带岗守卫的军官说明，要求段祺瑞、贾德耀面见群众代表，并提出了条件，要让政府驱逐八国公使，要求八国政府向我道歉，在阵亡的国民军将士出殡日各驻华机关要下半旗志哀。等了半小时，一个军官出来说，"执政有病休息，不在这里。"接着又用威胁的口吻说："你们赶快走开吧。"代表们仍然心平气和，一再说明请愿只是反对帝国主义干涉内政。这个军官拒不答复。正在吉兆胡同家中的段祺瑞并没有来执政府接见游行群众。代表们出来向众人报告交涉情况，众人群情激愤，要求去吉

祥胡同段宅找段祺瑞。在执政府院内越来越激愤的对峙中，愤怒的学生提出还要解除国务院卫兵的武装，推翻段祺瑞。不久，对峙变成了摩擦，摩擦点燃了火花，据事后执政府含糊其辞地宣称，示威者中有人执带铁钉的棍子并抢士兵的枪，导致卫队开枪。示威者则说是从执政府门楼的窗户里向外放了三枪（手枪或信号枪声），在卫队旅长指挥下，大门口的卫队在不加任何警告的情况下立即行动，东西两辕门的卫兵也同时开枪，竟向手无寸铁的学生排枪平射。一时警笛狂鸣，枪声密如连珠，枪弹直向群众飞来。一批批手无寸铁的群众倒在血泊之中。周围胡同伏兵四起，手持大刀和棍棒，骑着高头大马的刽子手追打、砍杀学生，演出了一场血肉飞溅的惨剧，群众相互救援，拼力反抗，也有不少人是在躲避枪弹时“被群众挤倒后踏死或踏伤”，不到两百平方米的空场，刹那间变成了尸山血海。北京女子师范大学的学生自治会主席，年仅22岁的刘和珍当时剪了发辫，由于留短发的女生并不多，因此她成为敌人射击的目标。子弹从刘和珍背部射入，斜穿心肺，她仍然顽强地挺起身子，对前来救护的同学说：“你们快走吧，不要管我。”这时，反动军警又用木棍猛打，致使刘和珍惨遭毒手。她的校友杨德群见她倒下，便不顾一切前来抢救，也被子弹击中，残忍的敌人又向她头部、胸部猛击两棍，致使她当场英勇牺牲。在这场持续半小时之久的、惨绝人寰的大屠杀中，共有26人当场死亡，重伤200余人，送医院抢救无效又死亡21人，共47人牺牲。当日的死者中，还有两个警察厅的便衣和一个执政府的卫士。这就是震惊中外的“三一八”惨案。

惨案发生后，社会各界大为震惊，无不为段祺瑞执政府屠杀手无寸铁的爱国群众的兽行而发指。在这次惨案中，据目击者称，军警放枪前后均以吹哨为准，所有死者都是弹从背部或脑后穿入而致死。由此可见，这是一次有有计划、有预谋的屠杀。“三一八”惨案是人类的大耻辱，就连当时帝国主义的报纸——《泰晤士报》，也称之为“兽性”的“惊人惨案”。

执政段祺瑞在得知政府卫队打死徒手请愿的学生之后，顿足长叹：“一世清名，毁于一旦！”随即赶到现场，面对死者长跪不起，之后又处罚了凶手，表示愿承担全部的责任，亲自慰问和抚恤遇难学生家长，从未阻止新闻界报道事件经过，他又宣布自己决定终身食素，以示对这场杀戮的忏悔。惨案发生后十年中，段都不吃荤腥，至死不改。

“三一八”惨案究竟是谁下令开的枪，虽大多指认是段祺瑞，但无实际证据。反而还有其他说法，按傅斯年的说法是鹿钟麟，也有人指出是总理贾德耀，还有人说是当场指挥官传令失误。但无论是不是段祺瑞，他都处于十分不利的地位，因为他是“执政”，是名义上的最高长官，并且事件就发生在他的官邸之外。“三一八”惨案发生以后，段祺瑞彻底失去了民心。

严谨治家，一生清廉

段祺瑞先后娶了两房太太和五房姨太太，第一位太太吴氏去世后，留下一儿一女。第二位太太张蘅，也就是袁世凯的干女儿，生了四个女儿。而他的五房姨太，都是张夫人先后为段祺瑞讨进门的。张夫人因为没有儿子，生怕别人说她不够贤惠，不得已而为之。

大姨太陈氏，早在1914年便过世了，留下一儿一女均不幸夭折；二姨太边氏只生了一个女儿；三姨太和四姨太都姓刘，仆人们称她们为刘三、刘四。五姨太姓李，便顺着称为李五。后三个姨太出身都很低，都是花钱买进门的。

段祺瑞脾气很大，在家中说一不二，对夫人、姨太要求很严，但从某种角度来说，他的治家却很失败。他本人素有“六不总理”之称，即不贪污肥己，不卖官鬻爵，不抽大烟，不酗酒，不嫖娼，不赌钱。他尤其痛恨抽大烟，没想到他的夫人、姨太个个背着他抽大烟。

段祺瑞下野之初，住在天津日租界须磨街他的部下魏宗瀚的公馆里，第二年应皖系下属田中玉之邀赴大连疗养，随行的有张夫人和二姨太。留在家里的几个姨太没了管束，常常打扮得花枝招展偷偷溜出去看电影、听戏、划船、逛市场，四处招蜂引蝶，常常半夜三更才回公馆。

段祺瑞返回天津后，突然发现家里不对劲。下人在窃窃私语，三姨太和

四姨太说话总是躲躲闪闪。有天夜里段祺瑞睡不着，一个人起来到院子里散步，正好撞到三姨太从外面归来。当时段祺瑞的惊愕无异于见到了外星人，他完全没有想到自己的女人竟然打扮得像歌女，而且夜半归来！

三姨太也惊呆了，吓坏了。她了解段祺瑞的脾气，知道等待自己的不会是什么好的结果。段祺瑞注视着三姨太，照着三姨太的脸一掌打过去，呵斥道："不要脸的东西！"

第二天，段祺瑞吩咐张夫人将三姨太送回在北京的娘家。张夫人早已听说了三姨太和四姨太的风流韵事，只是一直瞒着段祺瑞。以段祺瑞的脾气，她担心会闹出什么大事。如今见段祺瑞如此冷静，倒也放下心来。只是三姨太哭着闹着不肯离去，让她有些于心不忍。

送走了三姨太，不久四姨太的风流韵事又传了出来，段祺瑞一怒之下又将四姨太休掉，打发回了娘家。

对于子女，段祺瑞更是要求严格，而且从不给什么特殊照顾。吴夫人所生长子段宏业，从小寄养在亲戚家，十几岁才回到段祺瑞身边，虽然没有受过良好教育，但与段祺瑞一样，十分喜爱围棋，是当时围棋界里响当当的人物。但段祺瑞没有为他的前途铺平道路，而是教育他从最底层做起，靠自己的能力一步步向高处攀登。

段祺瑞治家严明，夫人姨太子女都不得干预公事。有一次一个姨太想替一位老妈子的亲戚谋个差事，在段祺瑞面前求情，段祺瑞一听气得鼻子都歪了，怒斥道："你想买官吗？得了人家多少钱，快说！"

这位姨太委屈地当场就流下了眼泪，但段祺瑞毫无怜香惜玉之情，又将她狠狠训斥一番才罢休。从此，家中再也没有人敢向段祺瑞求情。

段祺瑞当官以后，合肥老家经常来人拜访，目的是想求他给谋个好差使，段祺瑞一概不予办理，只是好吃好喝地招待这些亲戚几日，然后给些钱将他们打发走。就连他的胞弟段启甫上门，他也是毫不留情面。当时他已任国务总理，安排个差使是件很简单的事，但段祺瑞认为段启甫不是做官的料，对他说："你不适合做官，还是给你一笔钱，回家做个买卖吧。"

因此，段祺瑞的亲朋好友中很少有做官和发大财的，这在当时的军政要员中极为罕见。

唯一的一次破例，是段祺瑞为他的一个远房侄子安排了差事。他见那个侄子能吃苦，是个可造之才，就给他谋了个军校的勤杂工。出乎段祺瑞意料的是，这个侄子没当几天勤杂工，很快被升为军需采办。这不是因为他个人有什么能力，而是因为他是段祺瑞的亲戚，军校负责人处处巴结他，硬是把这个肥缺送给了他。

这个侄子当上军需采办后，异常高兴，决心尽职尽责做好这份工作，可每天看着从自己手中流过的白花花的银子，他很快便把持不住，手脚变得不干净起来。直到捞足了油水，他才想到这一切都是沾了族叔的光，于是决定登门拜访段祺瑞。

一进段府，这位侄子看到一位妇女正和一个米贩子讨价还价。妇女虽衣着普通，但言谈举止很不一般，一看就知是段府女主人。这位侄子不由得暗暗吃惊，想不到族叔做了那么大的官，家里买米还要如此算计。

这位侄子没有进去拜见族叔，转身离开了段府。第二天，他带着一辆大车来到段府，车上装满了米面油盐、鸡鸭鱼肉等食物。他向段祺瑞的续弦夫人张蘅做了自我介绍，然后说："以后我每月都来送食物，您再也不用和那些小贩子讨价还价了！"临走前，他还特意嘱咐张夫人，不要将此事告知族叔，他早就听说段祺瑞不收礼，担心这些东西被送回。

可是段祺瑞治家甚严，张夫人岂敢隐瞒，当天晚上便将此事告诉了段祺瑞，段祺瑞听后立即火冒三丈："这小子哪来这么多钱？还要每月都送，我倒要看看他这些钱是哪儿来的！"

不久后，段祺瑞到军校视察，特意向学员们打听伙食问题，学员们普遍反映菜种单一，而且不新鲜，米也不好。段祺瑞气呼呼地来到伙房一看，果然如学员们所说，他立刻叫来军需主任，劈头就是一顿臭骂。军需主任哆哆嗦嗦，只是嗫嚅道："这不关我的事，这不关我的事……"再问他，他又说不知道，气得段祺瑞吼道："不知道是吧，那就给我拖出去打50军棍！"

这话果然见效，军需主任立刻口齿清晰地供出段祺瑞的侄子，并拿出账本给段祺瑞过目。段祺瑞早就对侄子有所怀疑，如今人证物证俱在，立刻叫人把侄子绑了来，“赏”了他一百军棍。一百军棍足以要人性命，幸亏执行人手下留情，这个侄子才保住性命，但也因此落下终身残疾。

打完侄子，段祺瑞又做出一项惊人之举，他不顾别人劝阻，主动走进禁闭室，不吃不喝地在里面待了整整两天，以惩罚自己任用私人。

段祺瑞本人也从不收礼。一次，江苏督军齐燮元送给他一个精致的围屏，围屏上镶有各种宝石，五颜六色，光彩夺目，一看就知价值不菲。段家的人看了都爱不释手，甚至半夜里偷偷起来玩赏。可第二天早上，段祺瑞见到围屏，只是淡淡地扫了一眼，就叫人给齐燮元送回去了。

还有一次，张作霖给段祺瑞送来一些东北特产，并不是多么值钱的东西，但段祺瑞死活不肯收，最后在张作霖副官一再恳求下，才收下两条江鱼。唯独有一次，冯玉祥送来一个大南瓜，段祺瑞非常喜欢，破例没有送回。逢年过节时，按照习俗，给段祺瑞送礼的人更是络绎不绝，但段祺瑞只是在每人的礼品中挑一样最不值钱的留下，其余的一概退回。

段祺瑞一生清廉，没有购置过一处房产和地产，甚至连合肥老家也没有一处住房，在北京住的房子是袁世凯赠送的，到天津之初，住的是他的部下魏宗瀚的公馆。后来搬出日租界，租住在英租界一套房租较低的住宅中。

痴迷对弈，围棋后台

段祺瑞平时喜欢念佛经、搓麻将，再就是下围棋。而对围棋入迷的程度，连他的心腹徐树铮也颇有微词，认为他玩物丧志。他怎么会迷上围棋，今已无从查考，兴许是同他青少年的生活环境有关。段本人生于安徽六安，童年跟随祖父在江苏宿迁读书，稍长便移居合肥。晚清到民国初，合肥一带围棋颇为兴盛。比段祺瑞稍大的合肥人刘铭传，是清代官僚中屈指可数的围棋高手，他的对局棋谱流传至今；与段氏同时代的围棋名手张乐山，也是合肥人；

而合肥望族李氏（李鸿章一族）门中更不乏围棋好手，如李子干、李戚如，他们在光绪、宣统年间均有弈名，他们常邀各地名手至合肥交流，并在合肥组织棋社，结纳棋友。段少年在弈风甚盛的环境中长大，后来又为李鸿章所赏识而出国学军事，与围棋结上缘也就不足为奇了。

段祺瑞不仅自己嗜棋，他的子侄也喜欢下围棋。长子段宏业的棋艺水平比他的老子还要高。在民国初期颇有名气，当时次一级的国手如吴祥麟等还非他敌手，后来日本人曾授之以段位。金山人顾水如，棋艺最负盛名，初到北京遇到的强劲对手也就是他。段祺瑞好胜，输棋便不高兴，别人同他下棋总是手下留情。段宏业是个花花公子，染有抽鸦片的恶习，段祺瑞本来就不喜欢他。父子对弈，不讲什么情面，段祺瑞一输棋，常瞪眼斥责他："没出息，就只会下棋！"

20世纪20年代前后，段宏业当上天津正丰煤矿总经理，养尊处优，棋也下得少了。段祺瑞身边还有一个人，即当时与孙科、张学良、卢小嘉齐名被称为"四大公子"之一的段宏纲。此人是段祺瑞二弟碧清之子，从小就跟随段祺瑞，后曾入保定军官学校读书。老段认为他为人忠实可靠，视之如己出，段府内外不少事务多由他出面办理，有的史家往往误以为其是老段的嫡子。他的棋艺比段宏业差，同段祺瑞差不多。

段祺瑞一家三人既然都爱下围棋，出入的棋客也便多了，一些拉帮结派、趋炎附势而又附庸风雅之辈也常来凑热闹，段府俨然成了围棋俱乐部。每有重要围棋活动，一些知名人士如任中国银行总裁的王克敏，前清时代肃亲王、入民国后任民政大臣的善耆、曾任直隶总督的杨士骧的兄弟杨士骢，大富豪李律阁等等，都纷纷出面捧场，这对于围棋活动的开展自然有利。

围棋起源于我国，清中叶以后日见衰落，远远落在日本的后面，到清末民初是一个新旧交替的转折时期。在这个时期，段祺瑞利用自己的权势，资助围棋棋手，对推进中国围棋的交流，确实起过积极作用。

清代官僚大多夜郎自大，段祺瑞起初对日本围棋的水平并不清楚，光绪末年充任保定军官学堂总办的时候，常与侨居保定一带的日本人下棋，这些

人原是一般的围棋业余爱好者，段与之对局常胜，由此总认为日本围棋水平不高。有一回，来了个名为中岛比多吉的日本业余棋手，非常轻松地赢了段祺瑞，在场观战的日本人趁机宣传日本围棋强于中国，段自知不如人又不服气，邀了北京的几位名手才击败中岛。中岛这个人颇机灵，过了一个月，摸清中国棋手的招数，逐渐又居上风。段再约当时的一流名手张乐山、汪云峰到保定与之对阵，才把中岛压了下去。

段祺瑞为中国围棋事业做出贡献的另一方面是资助一批围棋名手，使他们有条件增进自己的棋艺。

围棋易学难精，要精于此道，得下工夫，这就得有个安定的生活条件。清末民初，民不聊生，一些围棋名手鲜有生活优裕的。入民国后的10年间，段祺瑞权势日隆，对围棋的兴趣有增无减，他先后设于北京五堂子胡同及府学胡同的府邸，进出的棋手极多，段氏资助这些人大体上有两种方式：一是挂虚职、支干薪；二是对局时给奖金。据说，段府每个月用之于围棋的开支常超出千元。

天才棋手吴清源的出道，也同段祺瑞有关。

吴清源，福建人，祖父曾做过浙江道台，家境原极富有，后家道日渐衰微，父亲一死，生计更为困难。吴一家喜棋，吴清源从小学棋，棋艺进步神速，9岁便同一些国手对局。1925年春，吴清源才11岁，“棋顾问”顾水如领他去见段祺瑞，推荐说，少年吴是块罕见的好材料，因父亲新丧，全家在京难以维持生活，其舅父拟带他回福建另谋出路，这一来很可能荒废棋艺，实在可惜。过了几天段祺瑞想试试这孩子到底有多少分量，便找吴与他对局。一般棋手同段祺瑞下棋大都让他赢，一个11岁的孩子哪里会讲这一套，又何况论棋艺段祺瑞根本不是这孩子的对手。对局时，吴清源杀得他“尸横遍野”，溃不成军。老段输得那么惨，心情十分恶劣，整整一天不再会客。不过，虽然如此，吴清源并没有因此受到冷遇，段祺瑞照样每月拨款100元作为“学费”，让吴继续留京下棋，并经常出入段府。那时，雇个佣人，每月只需要付两元钱工钱，100元是个不小的数目。1928年，吴清源东渡日本，成长为一名杰出的棋手，独步棋坛20年，号称“昭和年代棋圣”，至今仍是围棋界仰慕的人物。他回顾自己的经历时，还常提起这件事。

1926年，段祺瑞下台后，手头渐渐拮据起来，接济围棋棋手自然不可能那么阔绰了，但毕竟还有点余威。1928年秋天，蒋介石曾派随行人员吴忠信奔赴天津，代他向段祺瑞请安。这一方面是因为蒋早年在保定学校修业，是段的门生，尽“师生之谊”；另一方面自然是因为皖系还有潜在势力，借段这块招牌可以用来笼络一批军阀。吴忠信到段府见到段的景况，回北京向蒋禀报，蒋当时便拨款 2万元给了段祺瑞，而后数年陆续的拨款不下数万元。段祺瑞在经济方面有“后盾”，与之往来的棋客自然也依然如故。

段祺瑞到上海定居是在1933年初。“九一八”事变后，蒋介石担心日本侵略者与国内军阀相勾结，特派遣亲信钱某持由他签署的信件到天津，请段祺瑞南下“颐养”，以便随时“商谈国是”。段祺瑞遂南下，随侍者有吴光新、魏宗瀚以及段宏纲等，1月24日到达上海，定居霞飞路（今淮海中路）“上海新村”一带，当时这个地方有草坪10余亩，房屋10余间。

上海自民国以来，围棋已经有比较好的基础，地方富豪张静江、张澹如周围早就有一批棋客，北方棋界的“大后台”段祺瑞的到来，更使这个地方的围棋兴盛起来。北方重要名手刘棣怀在段祺瑞下野之后早就南迁上海了，北方棋界精英雷溥华、王幼宸、余冠周等也赴上海交流棋艺，就连年近古稀的棋坛元老汪云峰也曾一度来到上海。至于顾水如，仍是段府的常客，自己还在私宅办起“上海弈社”，青年棋手过惕生当他的得力助手，由他引荐也成为段府的常客。20世纪30年代中期，上海迅速取代北京，成为全国围棋名手汇集的中心。

段祺瑞在天津时已患有神经性关节炎、染过猩红热，到上海那年已是69岁的老人，须发全白，体力日见衰弱，但生活习惯仍与天津时无异，每天早起诵经、下棋，有时也约客打麻将。1934年春夏之交，他患了严重的溃疡，大量出血，经宏恩医院（今华东医院）抢救，虽然免于一死，精神却十分萎靡了。就在这一年5月，日本著名棋手木谷实（当时六段）、吴清源（当时

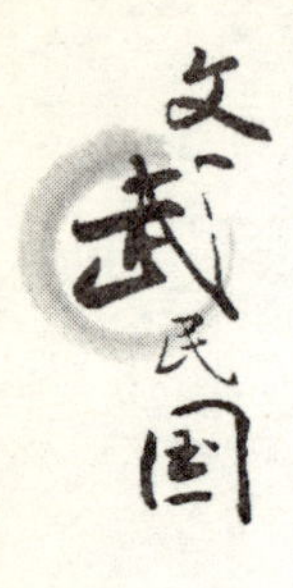

五段，尚未入日本籍）一行来沪访问。吴清源与木谷实是日本棋界的两颗巨星，所向披靡，少有敌手，当时上海自然无人可以同他们过招。吴清源不忘故旧，造访段祺瑞，一个是风华正茂的青年，一个是老态龙钟的遗老，两人相遇，感慨万千，他们再次纹枰对坐，手谈一局，结果吴清源却以小败终局。段祺瑞心中明白：这一局以尊敬长者为目的的“交际棋”，大概是对他当年惨败的一种安慰吧！

1934 年夏天，应蒋介石之邀，段祺瑞前往庐山避暑，随行者有段宏纲与顾水如。段见蒋，曾谈及围棋，并提到吴清源，说起这位稀有的天才有可能加入日本籍，将是中国的一大损失，应设法召其回国，指导国人棋艺，否则日本围棋越来越强，中国会越来越落后。蒋介石当面唯唯，其实当时他哪有心思办这类事，结果也就不了了之。

一生天津缘，荣耀与落寞

1885 年，正处于洋务运动中的清廷，秉承“师夷长技以制夷”的理念，在天津开办了北洋武备学堂。时任直隶总督兼洋务大臣的李鸿章一手促成了此事。

学堂的第一批学员，多是从淮军中选拔的，段祺瑞就是其中之一。学堂分步、马、炮、工程四科，段祺瑞被分在了炮兵科。

官方在这所学校里下了大力气，教员多是从德国退役军官中聘请，学习的内容中西结合，十分全面，从历史、地理这些基础课程，到兵法、图上战术这些军事课程，都要涉及，对当年的学生们来说，可谓一场考验。

段祺瑞显然经受住了这样的考验，几年后他以“最优等”的成绩从学堂毕业，不久就被选派到德国去进行深造。进入柏林军校，仍然学习炮兵的相关知识和技能。在德国期间，他曾经有机会到世界知名的克虏伯兵工厂实习，大开了眼界。

在德国学习后，段祺瑞返回国内，在威海武备学堂担任教师。但他与北洋武备学堂的关联还没有断开。

北洋武备学堂的毕业生，后来多成为新军中的重要人物，除段祺瑞之外，冯国璋、王士珍、曹锟和吴佩孚等悉数毕业于此。其中冯国璋、段祺瑞与王士珍，后来曾分别担任民国总统、总理、总长，被称为“北洋三杰”。

1900年八国联军攻陷天津后，学堂被焚毁。到后来，由于北洋军扩充迅速，对军事人才的需求日益迫切，袁世凯便决定着手恢复北洋武备学堂，承办此事的正是段祺瑞。

从德国回来后，段祺瑞虽在威海任教，却一直未受重用。他的仕途转而变得顺利，也与天津有关，源于小站练兵。

清朝在中日甲午战争的惨败，让整个国家改变了重文轻武的观念。在战争尚未结束的时候，朝廷就派广西按察使胡燏棻招募新兵进行训练。胡燏棻招募了近五千人，组成了十营“定武军”，驻兵地点就在天津的小站。

但很快胡燏棻就另有任用，在荣禄、李鸿章、翁同龢等人的保奏下，袁世凯走马上任。

定武军属于新军，必须要由懂得新的军事知识的人来训练。于是袁世凯选中了那些曾从武备学堂毕业的人。最初他选中了王士珍与一个叫梁华殿的人，谁知不巧的是，梁华殿到小站不久，就在一次夜间操练时失足溺水而亡。随后，袁世凯又物色了两人，就是冯国璋与段祺瑞。

此时，袁世凯已经将“定武军”更名为“新建陆军”，人数也扩充到了七千多，和当年武备学堂的配置一样，分步、马、炮、工程四个兵种。段祺瑞到小站后，被任命为炮兵营管带兼炮兵学堂监督。

1901年，袁世凯接任直隶总督的时候，在保定设立了督练公所，主持训练新军的事项，下设三个处，段祺瑞就担任参谋处总办。

由于此时袁世凯已经成为北洋大臣，因此他的部队被称为“北洋新军”。袁世凯对段祺瑞很器重，陶菊隐在书中称，袁氏曾特意关照、帮助段祺瑞成为北洋军第三协的协统，也就是新军中的高级将领。

在段祺瑞的人生中，袁世凯有着重要的影响，清廷覆灭，民国建立后，

段祺瑞先后担任过陆军总长、代理国务总理等要职。但两人的关系也有过波折，1915年日本向袁世凯提出“二十一条”，主张对日立场强硬的段祺瑞与袁世凯产生分歧。当时日本报纸称两人即将决裂，段祺瑞一度发表辟谣电报，称其“挑拨离间”。但此后不久，袁世凯就下令免去了段祺瑞的陆军总长职务。随后袁世凯称帝，段祺瑞被打入“冷宫”，直到袁世凯被迫取消洪宪帝制，为了对付南方的护国军时，才又请段祺瑞出山挽回局面。

段祺瑞一生，曾几次退居天津。

袁世凯死后，黎元洪成为大总统，段祺瑞担任国务总理，两人分庭抗礼，先后在国务秘书长人选、是否对一战中的德国宣战等问题上产生矛盾，被称为“府院之争”。

1917年3月4日，在与黎元洪闹翻后，段祺瑞负气来到天津。后经冯国璋劝说返回北京。到了5月，黎元洪下令免去段祺瑞的总理职务，段再次离京到天津，并通电表示不承认黎元洪的命令。但这一次两人的纷争，竟意外地给了张勋机会，导致了后来复辟闹剧的出现。当年7月，在击退了张勋，将冯国璋迎进北京就任大总统后，段祺瑞在天津重获了他的总理职务。

段祺瑞第二次退居津门，是在1920年直皖战争失败以后，而后于1924年11月返京就任临时执政。1926年“三一八惨案”后，段祺瑞通电下野，再次寓居于天津。

段祺瑞在天津时也未置身政事之外，而且历史的风云变幻也似乎总不会遗漏他的身影。

随着日本人加紧对中国的侵略，段祺瑞在天津的生活也渐渐受到了影响。日本关东军头子土肥原贤二就曾几度到天津密晤段祺瑞，打算让他出面组织一个华北政权，并表示愿意鼎力支持。

但段祺瑞断然拒绝与日本人合作。与此同时，蒋介石得知消息后，派人专程赴津，请段祺瑞南下，以免使其落入日本人之手。1933年1月，段祺瑞乘车前往南京。抵达之时，蒋介石给予他极高待遇，亲自前往迎接。而段祺瑞随后也公开表示：“当此共赴国难之际，政府既有整个御侮方针和办法，无论朝野，皆应一致起为后援……”

此后，段祺瑞一直居于南方，直到 1936 年去世，再也未回过天津。

冯国璋：毕生追求“和平统一”

冯国璋由一介书生而入武林，读文史后再习军事。在他所处的那个时代，经历了数次战争，其中亲自参与的就有中日甲午战争和八国联军入侵北京等。作为一个有着远大抱负的中国一代知识分子，或是身为一名有强烈民族自尊心的军事将领，冯国璋曾以其深刻的思考和敏锐的见解，屡屡向上司和清廷进言，并且一直身体力行地为“国家海禁开，东方大事起”这一宏愿而尽心尽力。

朝鲜御日，小站练兵

1894 年 6 月，冯国璋随聂士成将军入朝鲜御日，当时的清政府并未看清日本出兵朝鲜的真正目的是为入侵中国做准备，同年 7 月中日甲午战争便爆发了。由于武器落后，且寡不敌众，加上清军主帅叶志超懦弱无能，尽管聂士成将军身先士卒，冯国璋亦作战勇猛，但在装备先进的日本军队大举进攻前淮军毫无抵抗之力，血战中的聂将军不得不带着士兵们节节败退。这是被打着跑、跑着打的一场惨烈战争。

1895 年 10 月，“冯国璋与其护兵阎升以一匹马强渡过江”。日本人多，兵器又好，清军战败了，冯国璋只得跟着往回跑。冯国璋和他的卫兵阎升一起往北跑到了鸭绿江边，正愁着没法过河，忽然从小树林里斜着跑过来一匹灰黄色的小高丽马，这可救了两个人的命。冯国璋和阎升拽着马尾巴过了河。这匹马是匹母马，从此成了冯家的功臣，以后就由专人照看起来。小高丽马后来又生下一匹小马。

清朝末年，冯国璋回到聂士成将军部队，随聂将军扼守摩天岭三个月。在此期间，冯国璋随聂将军一起对日军打过一次胜仗。当时在聂将军带领的军队是在孤立无援的危难情况下对敌作战。冯国璋利用所学军事知识，建议聂将军在多处插立清军旗帜，布下兵众将广的疑阵迷惑日军，又在关键处设重兵截击敌人，这是对兵法上的"虚实并举"、"声东击西"战术的运用，最后成功拖住了敌军等到了援军，并打败了日寇。在当时的东北战场上，这是唯一的一支战胜过日军的队伍。聂将军立下了战功，冯国璋亦功不可没。经过甲午之战，冯国璋已成为聂将军的心腹爱将。

然而，当时对日作战的失败形势已是不可逆转。在辽东半岛失守后，清政府被迫签订了丧权辱国的《马关条约》。1895 年 1 月末，冯国璋随聂将军驻守山海关。这时冯国璋因对日作战勇敢有功，已被五品提升为聂军军械局督办。

冯国璋曾两次被派往日本考察军事。第一次是 1895 年 4 月，冯国璋作为武官随裕庚出使日本考察军事。裕庚是冯国璋在武备学堂的老师，很器重冯国璋。冯国璋在日本大开眼界，认识了几位日本的军事人才，并向他们学习。他还考察了日本的现代军事科学及训练方法和理论，回来后整理出版了好几本兵书。

作为甲午战争的亲历者，战败的教训使冯国璋早有改练新军的思想，所以到了日本，他特别注意考察现代军事。日本军队的训练、装备、战术等，都是他考察、学习的目标。冯国璋对裕庚说：如今是洋枪洋炮时代，大刀长矛怎么和人家打，所以甲午之战才打了败仗。学生以为中国必须练新军，都得变，不变则亡。裕庚很同意冯国璋的想法，说朝廷里现在也有人有这样的想法。第二次，清政府派冯国璋与朝廷官员铁良、风山赴日再次考察军事。

通过两次考察，冯国璋在现代军事科学上的认知有了很大提升。

1896年末，清廷决定任用袁世凯去天津小站督练新军。冯国璋在武备学堂的老同学王士珍、段祺瑞等都到了小站，这使得冯国璋非常动心，但又有苦恼。这是因为冯国璋虽然很想去小站参练新军，但因聂将军对他有知遇之恩。尽管聂将军也很明白编练新军的道理，但冯国璋还是不忍提出离开的要求。后来还是荫昌大力推荐，袁世凯也一再向聂将军要人，聂将军才把冯国璋送去了小站。临走时，两人是挥泪而别。

到了小站，袁世凯亲切礼貌地接待了冯国璋。有记载说袁世凯视冯国璋的几册兵书为“鸿宝也”，并说“学界之子无逾公者”。冯国璋与袁世凯生于同年，并长袁数月（袁生于1859年9月16日，即清咸丰九年八月二十日）。袁世凯擅礼贤下士，不久便对冯国璋以“四哥”相称，并把新军操练、营务等事完全放手交给了冯国璋与徐世昌、段祺瑞、王士珍、张勋、段芝贵、阮忠枢等人。冯国璋在小站很努力，又和王士珍、段祺瑞合编了二十三册新的练兵教科书，这些兵书成为清末我国军事学校编练新军的主要教材。三人在袁世凯手下做出了成绩，连德国教练都表示赞赏，后来这三人被称为“北洋三杰”。

多方投资，敛财有方

冯国璋当大总统的时候闹了一个大笑话，这就是“卖鱼事件”。

据传，中南海的鱼是前代皇家所放养，其中还有一条三尺长的红鱼和一条大鲤鱼，上面系着金圈，挂着金牌，一直未被人捕捞。冯国璋入主中南海后，派人将湖中的鱼一网打尽，然后命人在市场上高价卖出，一时间北京各处都在叫卖“总统鱼”，而所售之款尽入了冯国璋的私人腰包。当时有人写了一个对联嘲讽说：“宰相东陵伐木，元首南海卖鱼！”

当然，在军阀混战时期，民国的大总统也确实不好做，因为各地税收很少有正常解送中央的，而开口问中央要钱的却多如牛毛。由于政局不稳，民国政府除了袁世凯时期有两年做到了收支平衡，其他大部分时间都是靠举债度日。

冯玉祥在他的回忆录里就曾记载，黎元洪做总统的时候经常抱怨："唉，总统真不是人当的，这个月我又赔了3万多！这样计算，我每年就要赔上36万。长此以往，我实在不能支持了。唉，你们看，这个月，我的煤矿股票和盐票的利息，差不多都赔贴光了。东也捐款，西也募钱，叫人无法应付。每月进个十万八万，仅只捐款一项，就不够开销！"

民国政府的收入不稳定，也难免要影响到总统的个人利益。冯国璋做地方大员的时候，对财政上的事情一向敏感，他知道大总统其实是名义好听，一旦经济匮乏，没钱可花，到时的滋味就不好受了。因此，冯国璋在入京代理大总统前特别向段祺瑞提了一个条件，那就是将崇文门监督一职要到自己名下，因为崇文门监督是个肥缺，每个月可以稳定地收到20万元商业税，可供总统府的开支。

一个月20万的收入固然可以解决总统府的开支，但对于很多国务大事来说是无济于事的。因此，冯国璋也难免像黎元洪一样，有时候就要自掏腰包了。据冯国璋的幕僚恽宝惠回忆，为了钱的事情，冯国璋还与多年的老兄弟王士珍闹过别扭。

事情是这样的，王士珍当时做总理，冯国璋想让他派个人到广西督军陆荣廷那里去调停一下南北冲突，但王士珍请示川资如何开销的时候，冯国璋却又不肯出这笔钱，而是让国务院自己去解决。王士珍听后，私下里大发脾气，他愤愤地说："这件事还不为的是他，我又不贪图什么！我一天到晚忙前忙后，为的是谁？这一点钱，他还不往外拿！"

最后，这笔款项还是由国务院开销，但王士珍对冯国璋的吝啬意见很大，这大概也是他总理没干多长时间的原因之一吧。

冯国璋喜欢敛财，这和他的经历有一定关系。因为冯国璋从小生活艰辛，因而对钱看得比较重，和袁世凯、段祺瑞这些人比，他算是一个爱财的人。清末民初，正是民族工商业发展迅速的时候，冯国璋和其他同时期的大人物

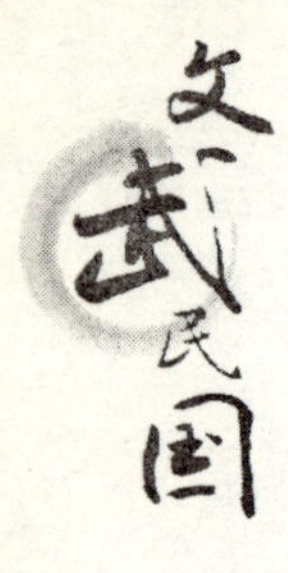

一样，也利用多年积累的余财进行多方投资，他在自己的老家河间县诗经村购置了大量地产，又与张謇合办了盐垦公司，还在开滦煤矿、启新洋灰公司、中华汇业银行等处多有投资。虽然投资也有过亏损，但总的来说，冯国璋从中还是获利颇大。

对于冯国璋身为地方大员甚至国家元首仍旧顾及私利的情况，当时有人指责他“擅自封殖”，冯国璋便为自己辩解道：“项城雄主，吾学萧何田宅自肥之计，多为商业，以塞忌者之口耳。”有意思的是，冯国璋给自己刻了一个印章，印文是：平生志在温饱。可事实恐非如此。

当然，冯国璋经营多种商业也是有原因的，因为他在发达显贵之后，有些亲戚、同乡、朋友前来投奔，并希望他能安排个差使。冯国璋不好直接拒绝，但又不能给这些人安排官职，因此他通过投资经营一些商业来安排这些人，也算是公私两分。据说，冯国璋在南京的时候，他军队里的后勤供给，比如军粮、服装等，大多是由他自己经营的商业来供应。但是，他经营的那些商业大都任用私人，一旦冯国璋失去权势，难免陷入困境。

当然，冯国璋也不是一味的吝啬，对于常年跟随自己的亲随，他还是多有馈赠的。比如他的幕僚恽宝惠就曾说，冯国璋曾经给过手下亲信师景云8000大洋，让他拿去侍奉老母亲。而恽宝惠在其父亲生病的时候，他本人也收到过冯国璋1.5万元的中交票（折合8000大洋左右）。恽宝惠跟随冯国璋多年，他也感叹地说，像冯国璋这样一个把钱看得很重的人，能够拿出这样一个款数来给他和师景云，真算得上是特例了。

冯国璋去世后，留下遗产300万元，这些钱是冯国璋多年的储蓄和投资所得，其中也包括田地、股票等折合而成。冯国璋虽喜敛财，倒也无贪赃枉法之名。冯国璋死后，丧事和遗产分配都是委托给老友王士珍来负责，在王士珍的主持下，这些钱都按不同的份额分给了他的子女。

禁军统领，临危受命

武昌起义后，冯国璋率军攻克汉口，由此被清廷授予了二等男爵。据说，冯国璋在得知自己封爵后，竟然感动得大哭起来，说："想不到我一个穷小子，现在竟然封了爵，这真是天恩高厚，今后一定要为朝廷效命！"

在攻下汉口之后，冯国璋一而再、再而三地向袁世凯请命，要求一举拿下汉阳和武昌，建立不世功勋。令他没想到的是，袁世凯此时却将他调回京城，出任禁卫军统领。

在冯国璋刚立下赫赫战功的情况下，袁世凯将他调任禁卫军统领既名正言顺，又具有"一石二鸟"之功效。所幸的是，原统领良弼在被排挤出禁卫军不久被革命党人炸死，袁世凯也就顺利地通过冯国璋加强了对禁卫军的控制。

在清帝接受优待条件并答应退位后，冯国璋便遇到一个棘手的问题，那就是如何去向禁卫军的官兵解释并加以安抚。禁卫军大都是满人，他们一是忠于清廷，二是担心清帝退位后军队会被解散，从而影响到自己及其家人的生计。因此，要是冯国璋处理不好，很有可能会引发兵变，甚至影响到清帝退位的进程和京城的稳定与安全。

1912年2月初，正当禁卫军的官兵议论纷纷的时候，冯国璋来到驻地并命令吹号集合，他要亲自向官兵们宣布清帝退位的优待条件和禁卫军的安置问题。号吹响后不久，全体官兵集合在操场，操场的前面则摆着三张大方桌，其中一张叠在上面，并在旁边放了接脚的椅子，以临时搭一个高台，方便冯国璋向官兵们讲话。

在全镇官兵按照步、马、炮、工程、辎重营的顺序列队后，冯国璋便拿着一张纸卷上了台，他先扫视了一下列队的官兵，随后开始讲话："我今天来，是和大家说一件要紧的事。大家知道，袁总理是主张君主立宪的，我也是向来赞成君主立宪。但现在独立的省份太多了，要打起来，兵力不敷使用，军

饷也没有着落，外国人又不肯借给我们钱。现在隆裕皇太后下了懿旨，说要将国体问题交给国民大会公决，但现在的局势已经是万分危险了，就算我们禁卫军的官兵拚着性命去打，那护卫皇宫和保卫京师的责任又交给谁？”

看到下面已经有了动静，冯国璋赶紧拿出那张纸卷开始念：“现在，总理大臣已经和民军商定了优待条件：皇太后和皇帝的尊号、满族和蒙族的待遇，还有我们禁卫军的一切，一概不动……”

当冯国璋念到“大清皇帝辞位”的时候，队伍里立刻出现了不小的骚动，一些旗兵嘴里虽然没有说什么，但脸上无疑是那种又惊又愕的表情；而一些人干脆就抹开了眼泪。冯国璋越往下念，队伍的骚动情况就越严重，很多官兵都已经脱离了原本整齐的队列，开始相互议论并发表自己的意见，其中也不乏愤怒的举动。唯独屹然不动的，是由汉人组成的步队第四标，他们仍旧整齐地列队站着，丝毫不为所动。

冯国璋在念完优待条件后，见队伍已经凌乱，便大声宣布：“我刚才所说的事情，不论官长士兵，有什么话都可以跟我说，你们大家可以推选几个代表，请代表上前五步，由他们代大家申述意见。”

过了一会，队列里走出几个代表。他们提了两个问题，一是皇太后和皇帝的安全，冯总统（禁卫军的统领当时称总统）是否能够担保？二是禁卫军今后归陆军部编制了，会不会取消？冯总统能不能对此担负完全责任？

冯国璋听后，立刻上台答复说：“两宫的安全，我冯某敢以身家性命担保！并且，我敢担保两宫绝不离开宫禁，仍旧由我们禁卫军照常护卫。至于我们禁卫军，不论我今后调任什么职务、走到任何地方，我保证永远不和你们脱离关系！”

在代表们归队后，队伍的骚动仍旧没有完全平息下来。这时，冯国璋急中生智，他再次跳上高台，大声对下面说：“我还有话跟大家说！”这时，协统姚宝来、王廷桢赶紧对自己的队伍高喊：“立正！”

在队伍稍微安定了一点后，冯国璋便大声说道：“现在你们不管是目还是兵，赶紧推选出两个人来，今天就发给他们每人一把手枪，并且从今天起就跟随在我的左右，以后不论在家出外，只要发现我和革命党有勾结的情形，准许这两个人立刻把我打死，并且不许我的家属报复。”

旗兵们听了这话后，当场便推选出两个人。这两个人都是步队里的正目(即班长)，一个叫福喜，一个叫德禄。两个人来到冯国璋面前，冯国璋对随从幕僚说：“今天就到镇司令部拟两份命令，委派这两个人做本处的副官，领两支手枪，并按每月 50 两银子支饷”。

这事办好之后，队伍才安静了下来，冯国璋也算是松了口气。他回到镇司令部后，一屁股坐在沙发上，只“唉”的长叹了口气，一言不发。情势所逼，冯国璋当时的心情，既觉得自己对不起清廷，又不得不做了袁世凯的驯服工具，毕竟袁世凯对他也是有知遇之恩的啊！

在沉默的气氛中，冯国璋随后便离开了镇司令部。从此以后，冯国璋的身边便多了两个拿手枪的旗兵，他们不但跟着冯国璋回煤渣胡同的私宅，而且真的是冯国璋去哪里都跟着，这种情形一直持续了很长一段时间。

据称，当时禁卫军的军心确实是不稳的，特别是在宣布优待条件的时候，旗兵们觉得已经到了生死存亡的地步，如果不是冯国璋的灵机一动，当时发生什么事情还真不好说。

反对帝制，拥护共和

袁世凯登上总统宝座后，还嫌不过瘾，又有了做皇帝的野心。当冯国璋获悉袁氏父子在京策划帝制的消息后，十分惊讶。经与周夫人商量，决定进京了解内幕，便于 1915 年 6 月亲赴北京谒袁。冯问：“外闻有总统要改帝制的传说，不知确否？”袁答：“华符（冯国璋字华符），你我都是自家人，我的心事不妨向你说明，历史上开创之主，年皆不过 50，我已是将近 60 岁的人了，鬓发尽白，精力也不如昔。大凡想做皇帝的人，必须有个好儿子，克绳基业，我长子克定脚有毛病，是个无用的跛子，次子克文只想做个名士，三四子都是纨绔，更没出息。我如果做了皇帝，哪一个是我的继承人呢？将来只能招祸，不会有好处的。”还说什么他已在英国伦敦买好了房子，如果国人逼他做皇帝，他就去英国当寓公。冯见袁世凯如此信誓旦旦，也就信以为真了。然而正当袁“指天誓日，力辩其无事”的同时，他的亲信左右却正在积极筹备帝制。冯回到南京后，北京“筹安会”即公开倡导恢复帝制，冯国璋不敢不信又不敢全信，只得去密电向反对帝制的总统府机要局局长张一磨询问，不久得到“事出有因”的答复。冯国璋深感受骗，便愤愤不平地说：“他哪把我们当自己人呢？他的做功倒真不坏！”从此，冯国璋与袁氏的矛盾逐渐尖锐化。

袁世凯对冯国璋很不放心，便采取了严密的防范措施。首先在冯国璋身边安置王子铭等人监视其行动；又据传张勋曾接袁世凯一密电，谓冯国璋为人不可靠，嘱其就近监察。不仅如此，袁世凯的死党上海镇守使郑汝成被刺后，袁又派其亲信杨善德率第四师移住上海监视冯国璋。未几，又加派卢永祥率第十师驻吴淞，也为了防备冯国璋。冯国璋见此情形，明白了袁世凯不再相信自己，从此与袁氏父子的关系逐渐疏远，不肯再为袁世凯卖力。不久，袁氏父子指示江苏巡按使齐耀琳选举代表，举行改变国体投票。齐指派代表时，冯暗示督军署人员一律不当代表，不参加投票活动。在举行投票那天，冯国璋托病不去；齐亲自到署劝请，他才勉强到场，然而却呆坐在那里，一言不发。12 月 18 日，袁世凯任命冯国璋为参谋总长，急电催促进京就职。冯乃托词害病拒不进京，并策动江苏军民电请“挽留”，李纯等督军也致电主张留冯。袁世凯没办法，只得允他在南京“遥领”。然而，袁世凯仍不放心，一面派阮忠枢、荫昌等人赴宁继续催冯离宁北上，一面电令杨善德、卢永祥、倪嗣冲调兵控制长江下游。12 月 25 日，蔡锷等宣告云南独立，组织护国军，讨伐袁世凯。冯国璋鉴于全国讨袁运动兴起．也就不再装病了。1916 年 3 月 9 日致电袁世凯销假视事，从此放开胆量，公开反对帝制，遂成为“北洋派中反对洪宪皇帝之第一中心人物”。

冯国璋一面向袁世凯迭电陈请“勿轻开战祸”，一面通过梁启超、胡鄂公等人与西南滇桂军阀唐继尧、陆荣廷信使往来，以促使西南独立和陆荣廷攻击广州，逐驱袁世凯死党龙济光；同时，又劝说四川的北洋军与护国军停战，并且指使四川、湖南将军陈宧、汤芗铭通电拒绝袁世凯的命令。当袁世凯派曹锟率北洋军入川与护国军接火之日，梁启超派人赴南京，请冯国璋协助蔡锷反对帝制维护共和。冯国璋对来使说："我是他一手提拔起来而又比较亲信的人，我的电报对他是个重大打击。我们之间，不可讳言是有知遇之感的。论私交我应该拥护他的，论为国家打算，又万不能这样做，做了也未必对他有好处，一旦国人群起而攻之，受祸更烈。所以，我深思熟虑后，决计发电劝袁退位。"于是，冯叫秘书拟好两电，一电致袁世凯，劝其退位；一电分致鄂赣与西南各省，表示他反对洪宪帝制的态度。

不仅如此，冯还主动联络江西李纯、浙江朱瑞、湖南汤芗铭、山东靳云鹏等将军联名发出密电向各省将军征求收拾时局的意见，时称"五将军密电"，其电文内容，要求南方取消独立，退出战区，保护战地人民。要求北方取消帝制，惩办帝制罪魁，请元首自行辞职以觇全国人民之意思。可见"五将军密电"是冯国璋企图以"中立"省将军首领的名义，召唤非独立各省区，形成第三种力量，以图联合护国军，打倒袁世凯的一种计谋。

3 月 19 日，当直隶省巡按使朱家宝将"五将军密电"呈送袁世凯过目时，袁气急之下，几乎晕倒；帝制派见此电，亦个个瞠目无词。由此足见"五将军密电"对袁氏帝制的打击程度。袁世凯鉴于全国人民反对帝制斗争正方兴未艾，内部已处四分五裂、众叛亲离之势，深知已临灭顶之灾，但为了保住权力，继续盘踞大总统职位，便于 3 月 22 日宣布取消帝制。

自从"五将军密电"泄漏后，冯国璋与袁世凯的裂痕更无法掩饰。于是冯国璋一不做，二不休，决定对袁施加更大压力，以迫其让权。为此，冯于 4 月 1 日和 16 日公开致电北京政府，劝袁及早退位。各省军阀纷纷效尤，亦先后通电劝袁世凯迅速退位，袁世凯不得不派亲信阮忠枢南下向冯国璋乞情。冯国璋在阮忠枢的请求下，答应联络各省，担任调停。5 月 18 日，冯国璋邀集未独立各省在南京召开代表会议。冯国璋意图通过南京会议逼袁下台，由他取而代之。但由于倪嗣冲的破坏和各省区将军代表意见不一，遂使

南京会议夭折。冯弄巧成拙，被舆论斥责为“与其名为解决袁氏地位之会议，毋宁名为解决自己地位之会议”。

袁世凯复辟帝制激起了全国人民的无比愤怒，导致护国战争爆发，北洋军阀集团内部四分五裂，袁世凯于1916年6月6日在全国人民的声讨声中，忧惧而死。在此过程中，冯国璋起了一定作用。

宽厚待人，自有主见

在待人方面，冯国璋非常宽厚。有人认为冯从来就是一个懒看公事的人，这种说法不合乎事实，冯对于明码的或是密码的来往电报，一般是件件过目。特别是关涉到政治大事的一些电稿，更是字斟句酌，绝不马虎。

对于一般的文稿就有所不同了，如冯在直隶都督任上的时候，他白天晚间都在忙于会客，这时，他没有时间看文稿。

当然，有些特别紧要的文稿，还是由胡嗣瑗和恽宝惠趁着他会客的间隙随时拿上去请示他过目画行，其他文稿只有等他晚间会完客，才由主管给他送稿的一位秘书把当天的文稿汇齐拿上去请他画行。

他对于文稿，只是画而不看。

他的画行的办法是这样：当秘书把当天的一些文稿拿到他面前的时候，就由他所用的上差把这些文稿鱼鳞似的摆在一张可以容纳12个人围坐的大餐桌上，这一件文稿和那一件文稿之间，仅仅留下印有“都督冯”三个字的一行空隙。

这时，冯便手里拿着墨笔，由上差捧着墨盒，挨次从前到后地画上他那草书的符字。

这样画来画去，不一刻也就画完了。

但是，他却从来没有翻看一下那文稿的事由，至于内容，就更不在话下了。

有的人说冯懒看公事，大概就是指上面的这种情况而言的吧！尽管如此，他却从来没有像段祺瑞那样，不但在公文上画行画阅的是徐树铮，就是动笔改稿的也是徐树铮。

原因是，在冯国璋的面前，从来没有一个像徐树铮那样能够左右其意志的人。

冯在用人方面自有主见。他在军事方面用人，无论是在地域上，或是在学历上，都有着他自己的标准，一般要出身于保定陆军军官学堂，而籍贯又是属于直、鲁两省的，才能在他的身旁工作，同时，也才能得到他的信任。他前后所用的一些军事幕僚，像张联棻、师景云、熊炳琦、陈调元等等，便都合乎他所要求的这个标准。同时，还有一个奇特的现象，冯国璋对出身于日本士官学校的人，却大多抱着轻视的态度。和他在前清练兵处、军咨处共过事的良弼、哈汉章、卢静远等人，都是日本士官学校第一、二期的学生，在当时，也都已经是"初露头角"的所谓军事人才，可是，冯却特别看不起他们。

一次，冯在和心腹谈到这些人的时候，说过这样的话："他们连个曹长（日本军队职务，相当于连司务长）都不够，还骄傲什么！"也就由于冯对于日本"士官生"的一贯的看法，所以，他在宣统三年（1911）就任第一军军统后所做的第一件大事，便是把第四镇统制王遇甲调到军司令部去当参议，而让第八协协统陈光远升任为这个镇的统制。

可是，冯之所以把王调走，还不仅仅因为王是"士官生"的关系，更重要的是，王不但是南方人，而且还是湖北人，这是不合乎冯的地域上的标准的，更何况当时正在武汉三镇作战，又怎么能保证王不和革命军方面有所联系呢！那么，在冯身旁的军事幕僚当中，有没有超乎他这个标准的例外呢？只有一个，那便是一向做着他的参谋的刘宗纪。

刘虽是一个"士官生"，却是冯的外甥，那自然是"另当别论"了。

冯在待人方面，外界感觉是属于宽厚一路的。

所有在冯身旁工作的人，几乎从来没有由于冯个人方面的原因，或是暗示个别人中途辞职，或是直接就把他们撤换掉。

冯对于这些人，都是能够"善全始终"的。

“总督少爷”刘体乾，还有王克敏的胞兄秘书王克诚——他们同是咨议厅的，冯就不止一次地在恽宝惠面前说他们“真不行”，可是，也是一直等到他们自请辞职，方算了事。

只有他对待复辟派的胡嗣瑗，似乎是冯在利用胡嗣瑗，也就是说，在他准备利用胡的时候，就尽量拉拢胡，引为同调；一旦事过境迁，认为胡已经没有利用价值了，就把胡一脚踢开，再不和其见面。

至于冯国璋对于他所用的比较得力的少数心腹之人，那是相当优厚。

吴佩孚：秀才武夫，儒帅军阀

吴佩孚饱读圣贤之书，人称儒帅。一生坚守四条原则：不纳妾，不积公金，不留洋，不走租界。在他失意后日本愿意给他提供资金枪械，扶持他东山再起，被他严词拒绝。吴佩孚下台后生活清苦，张学良经常接济他，但张学良丢失东三省后，他依然毫不留情地大骂张学良。

洛阳祝寿，寿惊朝野

1924年，两湖巡阅使、直鲁豫巡阅副使、孚威上将军吴佩孚，统兵数十万，威震洛阳。这是他一生中的极盛时代。这年的4月3日（农历三月七日），吴佩孚在河南洛阳直鲁豫巡阅副使公署做50岁大寿。北洋政府首脑及各省军政要员和社会名流，都亲赴洛阳或派代表前来祝寿，送来了各种各样的寿礼。一时寿堂里摆满了寿帐和金银寿桃、宝石玉器等。

寿堂门额上面写的是金字："功高嵩岳"、"威震华夏"。寿堂内正中高悬中华民国总统徐世昌送的红字金漆的横匾，上写"国家栋梁"四个大字。康有为带来清逊帝溥仪送的寿礼，其中写有"国家柱石"的寿匾格外醒目。直鲁豫巡阅使曹锟派秘书长王毓芝送来对联：风云会际资兼文武；江汉朝宗澄

清河洛。湖南省赵恒惕送来了对联：洛阳三月花如锦，南极一星光烛天。寿堂楼外挂着湖北督军萧耀南送的五层高的炮仗。他不忘吴佩孚保荐出任湖北督军之恩，送来汉口法租界的功德里铺面、住宅50幢。长江上游总司令、第八师师长王汝勤送来五寸高的金八仙。陕西督军刘镇华送来80把万民伞。寿堂前面条桌上摆满了礼品，最惹人注目的是曹锟送的一对金寿桃。安徽省督军马联甲知道吴佩孚喜打麻将，特别制了一副镶宝石的金麻将，作为寿礼送来，并附有发票。发票上写有上海杨庆和代铸，售价80万银洋。山西督军阎锡山派赵戴文为代表，送来一部宋版《全唐诗》和清末广东水师提督李准所写的小篆《十三经》全文。吴佩孚收到名贵书集，非常高兴，视为珍宝。吴佩孚去世后，他的螟蛉义子将两部书以20万元卖给了日本古董商。

祝寿开始，吴佩孚身着陆军上将礼服，手握九狮宝刀。他先向大总统徐世昌送的横匾行三鞠躬礼后，转身站立，由各省代表、社会名流向吴佩孚行三鞠躬礼。礼毕，吴佩孚还礼一鞠躬退下，和前来祝寿的康有为到后堂换上长衫、马褂、瓜皮帽，然后两人携手入寿堂。康有为这次专程来洛阳祝寿，专门写了对联："牧野鹰扬，百岁功名才一半；虎视洛阳，八方风雨会中州。"其实他的真正目的是想说服吴佩孚，拥护君主立宪，支持溥仪复辟。他在对联中用的"牧野"，原系殷朝倒戈的古地，暗示应倒戈复辟。吴佩孚一看当然明白，他向溥仪所送寿匾"国家柱石"，行了三跪和叩首的大礼，表示不忘故君。吴佩孚是前清秀才，有不忘根本的愿望，但对于要他领兵复辟、拥护君主立宪的要求，他拒绝了。康有为未能如愿，心中不满。临离洛阳又赠吴佩孚诗一首，诗中有"人居穴居扰上古，地成沙漠愧中华"之句，意在讽刺吴佩孚标榜"周礼"复古的主张。

最后来祝寿的是河南督军冯玉祥，他派两个士兵抬着一坛清水来。吴佩孚向冯玉祥行了礼笑道："多谢、多谢！"冯玉祥说："大帅寿日，我来迟了，祝大帅身体健康，万寿无疆！"又说："大帅，我防地荒凉，力不从心，只送来一坛清水，聊表敬意！"

吴佩孚叫士兵打开坛盖，舀了一碗，喝了一口咽下，笑道："焕章，好！

君子之交淡如水，请进！”挽冯玉祥进入大厅。

政务处长白坚武走过来对吴佩孚说：“大帅 50 大寿，不能无诗。”吴佩孚兴奋地走到书案前，提笔写下《五十自寿》七绝一首：

欧亚风云千万变，英雄事业古今同。
花开上苑看三月，人在蓬莱经一峰。

保护故宫，远见卓识

北京故宫是世界保存最完整、规模最大的皇宫。故宫，旧称“紫禁城”，是明清两代的皇宫，在北京市中心，南北中轴线上。始建于明永乐年间，迄今已有近 600 年的历史，期间历经重建和改建，仍保持原有规模，是我国现存最大、最完整的建筑群。故宫造型庄重，结构严谨，集中体现了我国古代建筑的优秀传统和独特风格。紫禁城按功能分前朝与内廷。前朝以三大殿——太和殿、中和殿、保和殿为中心，是历代皇帝举行大典，召见大臣，办理政务的地方。三大殿建于三层汉白玉台基之上，体型宽阔，气势宏伟，雕梁画栋。三大殿又以太和殿最为壮观，是中国目前最大的木结构建筑。内廷以乾清宫、交泰殿为主体，是皇帝办事和居住的场所。

1912 年初，民国国会参、众两院从南京迁到北京，在宣武门象坊桥前资政院旧址办公。因国会场地狭小，渐渐不敷使用。1923 年，政府遂秘密计划将参、众两院迁往紫禁城太和、中和、保和三大殿，并将三大殿改造成日常办公及召开会议的场所。

这之后，北京政府即委托瑞典建筑师司达克进行故宫三殿改造的设计。1923 年 4 月 1 日，司达克提交了两个方案供选择。其主要原则是：移开原来占据太和殿中心的皇帝宝座，然后沿房屋轴线扇形布置议院的席位。同时，为了保持三殿建筑的总体风貌和整个紫禁城的建筑格局，设计方案还计划在大殿东西两端院墙的北侧增建议院附属用房。

由于在刚刚结束的第一次直奉大战中立下了汗马功劳，此时的吴佩孚

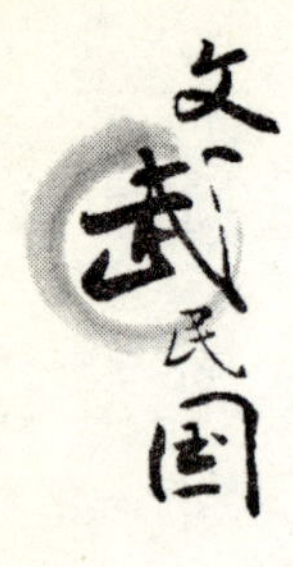

正如日中天，权倾朝野。虽偏安洛阳，但大帅府依然车水马龙，高朋满座。1923年4月22日，是吴大帅五十大寿。虽然吴佩孚早已在报纸上刊登了“谢入洛宾客启”，但依然阻挡不住前来贺寿的人马。杯觥交错间，关于故宫改造的计划不经意间传入他的耳朵。

经过缜密的调查，吴佩孚进一步掌握了民国政府改造故宫三殿的详情。5月20日，他致电总统黎元洪、内阁总理张绍曾、内务总长高凌爵和财务总长张弧，强烈反对此事。

大总统钧鉴，国务院总理、内务部、财政部钧鉴：

顷据确报，北京密谋，决拆三殿，建西式议院，料不足则拆乾清宫以补足之，又迁各部机关于大内，而鬻各部署。卖五百年大栋木殿柱利一；鬻各部署利二；建新议院利三；建各新部署利四。倡议者处心积虑，无非冀遂中饱之私。查三殿规模闳丽，建明永乐世，垂今五百年矣。光绪十五年，太和门灾，补修之费，每柱靡国帑至五万。尝闻之欧西游归者，据云，百国宫殿，精美则有之，无有能比三殿之雄壮者。此不止中国之奇迹，实大地百国之瑰宝。欧美各国无不以保护古物为重，有此号为文明，反之则号为野蛮。其于帝殿教庙，尤为郑重。印度已逐蒙古帝，英人已灭印度王，而施爹利，鸭加喇两地，蒙古皇帝宫殿，至今珍护，坏则修之。其勒挠各王宫至今巍然。英灭缅甸，其阿瓦金殿，庄严如故。今埃及六千年之故宫，希腊之雅典故宫，意大利之罗马故宫，至今犹在。累经百劫，灵光巍然，凡此故宫，指不胜屈。若昏如吾国今日之举动，则久毁之矣。骤闻毁殿之讯，不禁感喟，此言虽未必信，而究非无因而至。若果拆毁，则中国永丧此巨工古物，重为万国所笑，即亦不计，亦何忍以数百年故宫，供数人中饱之资乎？务希毅力维一大地百国之瑰宝无任欣辛盼祷之至。

吴佩孚旁征博引，义正词严，痛陈拆三大殿之弊。其关注文化传承，呵护文明薪火的拳拳之情溢于言表。在那个战事连绵、兵燹盈野的年代，吴佩乎居然有此等的远见卓识，着实令人钦佩。难怪时人常以“秀才将军”称之。

吴大帅震怒，京城岂敢怠慢！5月25日，主持国会迁建的国会众议院议长吴景濂、参议院议长王家襄、代理审议长张伯烈、宪法起草委员长汤漪等致电吴佩孚，如实相告，称国会并无拆除三大殿改建西式议院之说，仅计划在三殿楹柱之间，增设议席及旁听席云云。

电报全文如下：

洛阳吴巡阅使鉴：顷阅各报，载公致府院号电，本保存三殿之旨，以立言，对于国会迁移之举，以为非是，各报且从而和之，力持异议。弟等读而疑之，以为果有此电，则必以告者过也。今日国中百度紊乱极矣。其为吾人讨论所及者，不过一二，未遑致议者，殆千百也。设此一二事，犹复闻异词，意见舛牾，贤如我公，卒不谅解。弟等以为决不至此。国会迁移三殿之意，弟等实共创之，用意所在，愿为公一述焉。一曰正视听以固国本。凡国之大事，如大总统之选举，及其就职宣誓，宪法之宣布或修正，与夫解释宪法之会议等，必于其国历史上最庄严闳丽之地行之，此古今中外所同也。法之费赛依王宫其王路易十四之所营也，而今则为法国国会会合之所，其明证也。民国二年，项城就总统职典，于太和殿行之，公所知也。然按诸总统选举法，大总统就职时之宣誓，实为出席国会之所，有事当然于国家固有会场行之。若项城时代之故事，则国会非接受誓言之主体，议员为参观就职之来宾，于法理至为背驰，斯又往事之足为反证者也。共和以来，清帝犹拥尊号，遗老因而生心，曩者帝制复辟之变，恐再见矣。如曰三殿当留，以有待国家一切大事，皆可于象坊桥行之，甚非所以别嫌明微之道也。二曰谋古建物之保存。凡建物莫不以获用而后存，以不用而就圮，此常理也。今之三殿荒废已久，其旁殿尤甚，倘不加以修葺，别无保存之法，自始议迄今，中外工程师所绘图案，不下十数，无一非就原有楹柱之间，增设议席，及旁听席而止。既无所用其拆，更不知何所谓毁也。不观乎天坛乎，在民国二年曾为宪

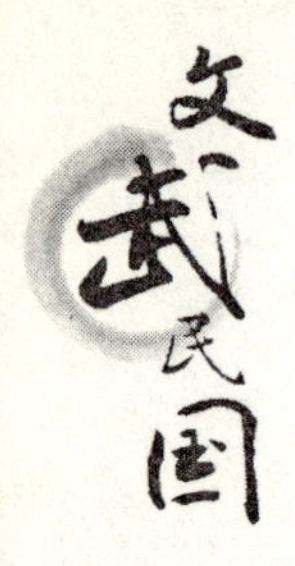

法起草之会场矣。且附设办事处于其中矣。究竟此精美壮丽之建物，果有毫末之损否，其所以为焕然改观者，果足指为耗费国帑之举否。天坛如此，三殿可知。宪法起草会如此，国会可知。综计修理工程所费不过二十万左右，节省极矣。且闻当局拟以公开投标方法，估定其价格，中饱之弊当可杜绝。总而言之，国会两院将来当有新建筑，而一切两院会合时之所有事，则必于三殿行之，永为定制，垂诸无极。所以正名分，别嫌微，实维立国之常经，绝非不急之细务，悠悠之口，颠倒实事，故为危词，何足算也。临电神驰，惟希亮察。

从吴景濂等人的电报可以看出，国会已经雇用中外工程师绘制改建工程图纸，所绘图纸不下十数种。所谓“一切两院会合时之所有事，则必于三殿行之，永为定制，垂诸无极”，即参议院、众议院迁入三大殿已成定局。已经议定要在大殿修建议席及旁听席，且拟定工程投标方法及工程经费。可以想见，在三大殿施工，必然会对宫殿造成破坏。

当时，吴佩孚正值鼎盛时期，又深谙操纵舆论之道，更重要的是他站在爱国的立场，呼吁保护文物，理由堂堂正正，极具号召力。吴景濂等人的电报形同狡辩，不但未能端正视听，反而抖落出两院迁移三大殿的计划细节，于舆论更加不利。国会两院迁移三大殿之议至此打住，再未有人提起。

迫于吴佩孚的压力，也由于社会各界的强烈反对，三大殿改造计划最终胎死腹中，“灵光巍然”的故宫三大殿得以完好地保存下来。

人世几回伤往事，山形依旧枕寒流。而今驻足故宫，除了应接不暇的旷世胜景，便是充斥耳鼓的宫闱秘史。谁还有雅兴静下心来去思考这满目锦绣背后的历史真实和现实关照，更无人会提及那个“双手沾满人民鲜血的刽子手”吴佩孚曾经的贡献。

拒绝出山，惨遭毒手

若没有日本人的入侵，在政坛上已经销声匿迹的吴佩孚原本是要在北京城里颐养天年的。可是，卢沟桥事变的枪声打断了他的残梦。

像所有的异族统治者一样，日寇急于在占领区建立从属于自己的傀儡政权。1938 年 6 月，日本帝国主义为摆脱侵华困境，策动在中国成立汉奸政府，实行“以华制华”。日本人看好了两个一直与蒋介石有宿怨的中国人，一个是当时政府的二号人物汪精卫，另一个便是曾统兵百万的“在北洋军阀中，比较还像一个人”的吴佩孚。他们一方面拉拢汪精卫，一方面拼命引诱原北洋政府头面人物吴佩孚。

第一位说客是日本人大伯通贞，他受命进入北平，邀见吴佩孚，请吴出山担负“兴亚”大任。吴佩孚没有答应。随后日方又派更厉害的号称“东方劳伦斯”的中国通、日本著名特务头子土肥原贤二，决心要把吴佩孚拉下水。土肥原亲自出马，三次登门拉拢吴佩孚，都被吴佩孚用巧妙的语言挡开了。

第一次，土肥原贤二一见面就哀求说：“请玉帅出来，救救我们日本。”吴佩孚哈哈大笑，说：“我自身尚不能救，焉能救人？”土肥原不欢而去。

第二次，土肥原开门见山地说：“请玉帅出来，调停中日和平。”吴佩孚顺势说：“好哇！请贵国天皇和我国蒋总司令双方来电，请我出面调停。当然可以。”这无疑是出了个难题，土肥原无以应对。

第三次，土肥原以高官为诱饵，劝说吴佩孚出山维持中日民族关系，并保证恢复吴往日的权势。土肥原说：“请玉帅出山，担任原职，维持中日民族问题。”吴佩孚摇摇头苦笑说：“现在根本谈不上出山。如要出山，请贵国人等一概退出中国，包括东北在内，可以吗？”

土肥原见有商量的余地，立即提出：“既然如此，就请您出面，开个中外记者招待会，如何？”吴佩孚听后欣然点头同意。没多久，日本及沦陷区的报刊大量报道吴佩孚要召开记者招待会的信息：土肥原还派人为吴佩孚准

备好了记者招待会的“讲稿”，并命令翻译不论吴佩孚是否按照讲稿说，都要按讲稿逐句进行翻译。

1939 年 3 月 30 日，百余名中外记者拥向什锦花园。花园内戒备森严，进场的每位记者都发有一份中英日三种文字的“讲稿”。吴佩孚尚未开口，中外记者们已经读到了打印好的《吴氏对时局的意见》。一身中国绅士装束的吴佩孚在众人的簇拥下进入会场，并客气地向记者先鞠了一躬，然后仅瞥了一眼案前的“讲稿”，就开始作即席讲演。开场的讲话土肥原十分满意，可吴佩孚讲着讲着突然话锋一转，一字一句地说：“惟‘平’乃能‘和’，‘和’必基于‘平’。本人认为，中日和平，唯有三个先决条件：一、日本无条件自华北撤兵；二、中华民国应保持领土和主权之完整；三、日本应以重庆（国民政府）为全面议和交涉对手。”怕在场的日本人听不懂。吴佩孚又厉声令秘书“断乎不容更改”地将自己最后的“政治宣言”翻译成日语。会场的中外记者纷纷疾笔如飞地记下了吴佩孚最真实的讲话。随后吴佩孚把土肥原事先准备的“讲稿”从案前拿起来，狠狠地摔在地上，用力踩在脚下。土肥原气得浑身发抖，脸色蜡黄。吴佩孚巧妙地用记者招待会的形式，揭穿了土肥原散布的流言蜚语，粉碎了日本人的阴谋。

1938 年 12 月的一天，什锦花园驶进了几辆小汽车，从车上下来几个身穿便装的日本人，领头的是吴佩孚的老朋友冈野增次郎。此人过去担任过吴佩孚的顾问，跟在他身后的便是接替土肥原的川本少将。川本对吴佩孚大加赞赏，并提出要拜吴为师的恳求，还以孝敬师母为名送给吴佩孚夫人一大笔钱。其实这是川本对吴实施的所谓“联络感情式”的拉拢方式。当时汪精卫已投靠日本，日本人提出了“汪主政，吴主军”的方略，所以继续对吴佩孚实施诱降。这次吴佩孚着急了，他连夜差人把钱退还了川本。

川本见此计失算，就又打起吴佩孚身边人的主意，但最终也没有结果。最后川本亲自出马劝老师出山，吴佩孚却说：“如欲和平，必须全面撤兵！”川本苦求说：“老师应该体谅弟子的苦衷，土肥原将军因您拒绝出山而受到一生最大的挫折。如今，厄运又将落在弟子头上，如果老师执意拒绝，弟子

只有剖腹自杀，以谢天皇。”吴佩孚却说：“承你错爱，拜吾为师，却不见你读经问义，你我之间不过空有一层师生关系罢了。又何必以师徒之虚名相逼？”然后他又送川本一句孟子的话：“小国不可以敌大，寡国不可以敌众，弱国不可以敌强。中国国大、人多，日本终必失败，这就是我对中日战争最后的看法。”川本气得只说了一句话：“大帅会后悔的！”后来日本人以死威逼，不想一到吴的家里，吴佩孚就请他们看一样东西，原来是一具黑漆棺材，吴佩孚已经在上面刻上了自己的名字，只空了年月日。日本人利诱威逼均告失败。

1939 年底的一天，吴佩孚在吃饺子时，肉馅中的一根骨渣插进了牙缝，几天后便肿了起来，疼得吴佩孚捂着嘴巴，呻吟不止。12 月 4 日下午 3 点钟，川本和日军医处长石田，以及吴的朋友齐燮元、符定一等人驱车来到什锦花园，当时还有一队日本宪兵，他们拒绝任何人进入什锦花园。

吴佩孚看到川本时，表情非常愤怒。就在这时，石田拉开皮包掏出钳子、钢条等。然后用力撬开吴的嘴望了一下说：“要动手术把脓放出来。”吴夫人抱着吴的头，其子抱着脚，石田掏出一把狭长锐利的手术刀。这时，吴的五姑爷张瑞丰见状大喝道：“慢着！”川本气势汹汹地走过来问：“什么事？”张怒目问道：“为什么不打麻药？”一句话提醒了吴夫人，她也大声抗议：“既然开刀，为什么不打麻药？”石田苦笑着在皮包内翻了半天，才找出针剂，并给吴注射了一支，然后又撬开吴的牙齿。当时张瑞丰亲眼看到，石田那把狭长锋利的手术刀并没有指向胀肿的牙龈，而是刺向了吴的喉咙。只听吴“啊”地一声惨叫，鲜血从口里喷射出来。顷刻间，鲜血汩汩地向外流，吴佩孚怒视川本一眼，最后气绝身亡。

恪守“四不”，终生贯彻

1932 年，吴佩孚离开成都，来到了北平。张学良给了“玉帅”好大的面子，亲率文武官员数百人到火车站迎候。从前门火车站到什锦花园，上百辆轿车

排成了长龙，可谓盛极一时。张学良为吴佩孚安排了居所，并提供了可观的生活费，每月 4000 元。然而吴佩孚并不领情，当晚回访张学良，刚一坐定，就大发其火，责问张为什么沈阳事变不抵抗？保存实力作何用？张学良顾左右而言他。吴佩孚叹道："国恨你不报，私仇你不报，真没出息！忘记了自己的国仇家恨，真是不忠不孝。"又说："你不抗日，我帮你抗，我不是为名为利，我左手拿回东三省，右手交给你。你有仇不报，真是笑话！"

吴佩孚以自我标榜而著称于世。不论是得意之时，还是失意之际，他总是矜持自傲，孤芳自赏，最能体现其性格的就是他的"四不"。

吴佩孚蛰居北京时期，生活艰难，但他不为窘困所迫，撰写一副对联，挂在客厅，以明心迹。其对联为：

得意时清白乃止，不纳妾，不积金钱，饮酒赋诗，犹是书生本色；

失败后倔强到底，不出洋，不走租界，灌园抱瓮，真个解甲归田。

在这副长联中，吴佩孚明确地表明了"四不"，即：不纳妾，不积金钱，不出洋，不走租界。

对于这"四不"，吴佩孚唯一有些心虚的就是"不纳妾"。原来，吴佩孚与原配李夫人感情甚笃，但李夫人始终未育。依照当时的观念，"不孝有三，无后为大"，所以，在其母吴老太太的安排下，吴佩孚又娶了张氏为侧室，但对这事，他始终存有愧疚之意。后来，李夫人早逝，张夫人仍然没有生育，但吴再没有动纳妾的念头。所以，"不纳妾"这一"不"，吴佩孚可以说基本上坚持了。

在"四不"中的"不积金钱"，吴佩孚终生贯彻。

是军阀就要敛财，吴佩孚也不例外。为了养活庞大的军队，他巧立名目，增捐加税，随意搜刮。直系军阀的穷兵黩武和专制统治，给人民带来了深重灾难。然而，吴佩孚敛财是敛财，却没有中饱私囊，真正做到了"不积金钱"。1938 年，吴佩孚曾经向他的秘书杨云史谈及："早先家里有几亩薄田，现在中央又补助三千元，可以过得去了；这年头，过得去已经是福气了。"

"四不"中的"不出洋"，吴佩孚做到了。

在当时，军阀混战连绵不断，今天你杀过来，明天我打过去。胜者攻城略地，大发横财；败者下野出洋，暂避锋芒，以期卷土重来。因此，战败出国已是军阀司空见惯的手法。在这种情况下，吴佩孚能坚持"不出洋"，实属不易。

在"四不"中，吴佩孚执行最坚决的当属"不走租界"。吴佩孚素以云长、武穆自诩，最重民族气节。他痛恨帝国主义对中国的侵凌，不管形势多么严峻，不愿依靠外国人，坚持"不进租界"。在第二次直奉战争中，直系军阀兵败如山倒。吴佩孚被倒戈的冯玉祥逼得穷途末路，只得退往天津，困于新火车站。其部属劝他遁入租界，稍做权宜。吴佩孚不肯违背自己的誓言，断然拒绝："堂堂军官，托庇外人，有伤国体，焉可为之？"

1939年底，吴佩孚牙槽感染发炎，危及生命，家里人请德国医生，经诊断，认为必须住院手术，并让其家人赶快送往东交民巷德国医院。而吴素有"不入租界"的誓言，德国医生只好叹息而去。他周围的人无不为此着急。当吴妻准备劝他去德国医院时，吴佩孚却先开口说："你我夫妻一场，我的心意你不能说不了解，倘若你趁我昏迷不醒之际，把我送到东交民巷，那我们就不是夫妻了！"吴佩孚奉行的"四不"所反映的操守，受到时人的赞许。

吴佩孚自比关羽、岳飞，对贪官污吏向来痛恨，虽农家出身，但他一生不置产、不贪污、不索贿、不受贿，廉洁自律、衣食俭朴，颇难能可贵。吴佩孚一生饮食起居简单，吃面食、米饭，每餐只喝少许山东黄酒或绍兴酒。1924年，从英国留学归国的钱昌照，曾记述与吴佩孚初次见面的情景：吴穿着布衣布鞋，白薯屑落了一身，招呼钱一起吃烤白薯，还大谈自己的做人哲学。1927年5月的一天，吴佩孚率卫队逃往四川经河南邓县构林关，受到当地头面人物的热情款待。面对满桌酒肉，吴佩孚却说："免了吧！战火连绵，百姓不得温饱，我们还要这么多菜干什么？"只留下四个小菜，其余全叫人撤下。本来，吴佩孚定于第二天清早开拔，可地方绅士纷纷前来求字求诗，他大发雅兴，欣然应允，即席撰写了多首诗。谁也没有想到，弄文舞

墨竟救了吴佩孚一命。当天上午，他的先头部队就中了河南悍匪索金娃的埋伏，连秘书长张煌言也被乱枪击毙，他却因大发雅兴推迟出发而得以幸免。

1932 年 10 月离开成都后，吴佩孚定居于北京什锦花园，主要靠张学良资助维持生计。后因“西安事变”张学良被囚，吴佩孚靠伪京津卫戍司令齐燮元接济，挂个有名无实的“顾问”，每月领“车马费”数千元，算解了吴佩孚的窘困。齐燮元原是他的部下，吴佩孚接受这一照顾，可作“袍泽之谊”，但无丝毫卖国之嫌。

吴佩孚当权后，前来跑官要官买官的亲朋好友络绎不绝。一次，他亲下手谕：天、孚、道、云、龙五世永不叙用。这 5 个字都是蓬莱吴姓一系，一道手谕将自家亲戚攀附之路全堵死。吴佩孚有个老同学在别处多次当官，几次贪赃枉法被免职了，便到吴佩孚处求官。那天，吴佩孚不在，便写了个条子要求到河南当个县令。吴佩孚回家见到条子，提笔批道：“豫民何辜？”意思是河南老百姓有什么罪过，要你来害他们？吴佩孚手下有个老同事无能，吴给他安排了一个有职无权的闲差，他整天无所事事。此人无聊之余想过过有职有权的瘾，便毛遂自荐，写下军令状，要求吴给他 10 万大军，保证平定南方革命党人，“然后释甲归田，以种树自娱”。吴佩孚知道这家伙是纸上谈兵式的蠢货，怎能赋予大任！就在军令状上批道“先去种树”，羞得那小子再不吭声。

不过也有“例外”。吴佩孚当兵时干的是勤务，一天送公文被巡警营一幕僚郭绪栋赏识，郭慧眼识才便拉关系走后门，推荐吴到保定武备学堂做了士官生，吴自此有了事业的起点。吴佩孚饱读四书五经，深明知恩图报之理。飞黄腾达后，他念念不忘知遇之恩。在洛阳大帅府，除接待曹锟使者外，所有中外宾客吴佩孚一律不亲自迎送，唯独对郭礼遇有加，始终不渝。郭有烟瘾，吴有禁令，但特下手谕：“只许郭公过瘾，不准僚属破戒。”郭偶尔害病，吴衣不解带亲自服侍。后来，郭想衣锦还乡，吴保举郭做山东盐运使。由于嫌官小，郭闹了脾气，说：“难道我就不够当一任省长吗？”于是，吴又保荐郭做省长。郭继续“开价”：“我不做省长则已，要做就在山东本省露脸，这才光宗耀祖。”当吴大费周折为其谋到山东省长之位时，郭已沉疴不起，不久即撒手离世。郭死后，吴佩孚亲撰挽联：

公而忘私，国而忘家，弃下老母孤儿，有我完全负责任；
义则为师，情则为友，嗣后军谋邦政，无君谁与共商量。

其为人可见一斑。

张作霖：乱世枭雄故事多

张作霖，作为封建军阀，他具有落后甚至是反动的一面；作为统治者，他的多重性格特征是十分突出的；作为东北边疆大吏，他对东北的经济建设尤其是铁路建设做出了卓越的贡献，他对文化教育尤其是教育的重视与投入更是可圈可点；在对外关系上，他始终以维护民族利益为重。

东北称王，体恤下属

张作霖头脑灵活，遇事机敏，他很早就觊觎东北王的宝座。在 1916 年，他伙同冯德麟巧妙地挤走了奉天巡按使段芝贵之后，得到了大总统袁世凯的信任，被任命为奉天盛武将军督理奉天军务兼奉天巡按使。袁世凯去世后，继任大总统黎元洪改任张作霖为奉天督军兼省长。1918 年，大总统徐世昌升任张作霖为东三省巡阅使。张作霖成为凌驾于东三省省长之上的东北最高行政长官，成为东北王。

当上东北王的张作霖不敢疏忽，对部队约束很严。他有个习惯，喜欢微服私访。一天晚上，张作霖手摇纸折扇，头戴瓜皮帽，身穿绸长袍，脚着软布鞋，一身商人打扮，不带副官，不带卫士，一个人悄悄地从帅府南门走了出去。他是要私下查访奉天城内军队的防卫情况。他乘着黑夜，先是突然来到了宪兵司令部，值班军官吓了一跳，没想到大帅会私服暗访。张作霖检查了司令部的值班情况，看到井井有条，很是满意。接着，他又只身来到了第27师师部，值班军官满脸惊讶地接待了大帅。大帅看到师部井然有序，便也悄悄地退了出来。

张作霖不让任何人护送，自己溜溜达达地往回走。当时已是午夜2时左右了，街上行人稀少，漆黑一片。张作霖不慌不忙地朝帅府走去，他想从东门回家，慢慢地靠近了帅府东门。大帅府的东门胡同灯光幽暗，大帅模模糊糊地看到了帅府东门的岗亭，并影影绰绰地感觉到一个哨兵在站岗执勤。眼看要到家了，大帅轻松愉快地走着。

在靠近东门仅100多米的时候，大帅突然听到一声严厉的断喝："站住！"大帅愣了一下，往四周看了看，以为是在警告别人，没当回事，定了定神，继续往前走。这时大帅听到了步枪拉大栓、子弹上膛的咔咔声。久经战阵的大帅，知道这是在做预备射击的动作。同时，又听到了一声更加严厉的高声叫骂："王八蛋，你找死啊！再不站住，我可要开枪送你回老家啦！"张作霖一听卫兵骂他王八蛋，不禁大怒，高声说道："我是张作霖！"大帅以为只要亮明自己的身份就可以解除误会，就可以顺利地进门回家了。

没想到，卫兵警惕性很高，根本不相信大帅的回答，认为是拿假话蒙他，所以继续厉声地呵斥道："你就是张作霖他亲爹，也得快点给我滚开。不然，我这枪可不留情！"张作霖听了先是一愣，心想："小杂种，竟敢骂我！"刚想发火，可是立刻冷静下来，想了想，不禁哈哈大笑，并说道："好小子，算你有种！好，好，我走，我走！"大帅意识到这个卫兵是个极为认真的人。同时，黑天瞎火的，自己穿着便衣，又没带卫兵，孤身一人，没法证明自己的身份。一旦擦枪走火，可不是闹着玩的。他当机立断，机敏地立刻转身往胡同东头走去。

大帅冷静下来，抄近道直奔大南门里路东的教导队机关枪中队部。到了中队部，叫来了中队长王贯三。王贯三丈二和尚——摸不着头脑，不知这么晚了叫他干啥。大帅告诉他往大帅府挂电话，叫卫队连连长出来接他回府。

当时接电话的恰好是卫队旅参谋长郭松龄。郭松龄一听大帅从外边打电话叫人接他回来，还以为出了什么大事，不敢怠慢，当即集合手枪连，跑步来到中队部，把大帅接回了帅府。

张作霖回到帅府办公厅，还没等坐稳，就立刻对郭松龄说：“去把在东大门站岗的那个卫兵叫来，我有话说。”郭松龄不明就里，但未敢多问，就传下令去。不久，由当晚卫兵执行官褚连长，把一个20多岁的精干的士兵带了过来。这么晚，大帅召见他，他感到十分奇怪。

张作霖见了那个卫兵，严肃地问道：“你叫啥名？”

卫兵不知咋回事，高声答道：“我叫李德标！”

张作霖听了李德标说话的口音，分辨出刚才和他邂逅的正是这个卫兵。大帅自言自语地小声说道：“正是这小子！”大帅仔细地端详着这个小伙子，看他生得高大粗壮，一脸的忠厚相，心里已经暗暗地喜欢上他了。接着却故作严厉地说道：“他妈拉巴子！刚才为什么不让我进东大门？还说是我爹也不成！难道说，我的话你也不听吗？”至此，李德标才知道刚才被骂一顿，又不许走进东大门的那个人，真的是张大帅。他不知所措，一阵惶恐，知道碰到茬口上了。但是，事已至此，后悔也没有用了。怕呢？当然更不济事。要杀要剐，随便吧。不过，他想必须说明情况，为自己争辩一下，于是，他硬着头皮说道：“报告大帅，连长有命令！”

大帅厉声问道：“什么命令？”

卫兵高声答道：“夜间站岗，没有上边命令，不许任何人出入帅府。”李德标强调“不许任何人”，意即使也是任何人之一。

“好小子！”张作霖看了一眼站在一旁的褚连长，赞许地说：“看不出你小子还会带兵呢！”说完，轻松地询问李德标多大岁数，啥地方人，当过几年兵，娶过媳妇没，以及家庭状况等。原来李德标是辽北法库县人，今年21岁，已经当了2年兵了，因家贫还没有娶媳妇。

张作霖点点头。有了今晚的遭遇，又经过方才的一番口头调查，大帅已经胸有成竹。他决心重奖褚连长和这个年轻的卫兵，以他们为榜样，鼓励众官兵。

大帅叫过来参谋长郭松龄，命令道："茂宸（郭松龄的字），升褚连长当营长，升李德标当少尉军官。告诉军需处，赏褚连长500银元，赏李德标2000银元。这是我私人奖赏给他们的，让军需处先记笔账。"

郭松龄答应："是！"

张作霖意犹未尽，想了想，又说道："告诉杨宇霆明天早上来见我！"

大帅还想对李德标作进一步的安排。

第二天，巡阅使署总参议杨宇霆来见张大帅，张大帅客气地对他说："邻葛（杨宇霆的字），我替你介绍一个你们一县的小同乡。"杨宇霆也是法库人。杨宇霆问是谁，张作霖叫来李德标，给他们互相介绍了。介绍过后，张作霖把昨晚发生的事对杨宇霆说了一遍，杨宇霆听了哈哈笑道："真是大帅遇上兵，有理说不通！"张作霖极口称赞李德标"有种"，并连连说道："我张作霖就喜欢硬骨头。军人嘛，当然以尽职责听命令为第一，像李德标这小子，严格执行军令，不管是谁，妈巴子的，真够冲，真有种！"

然后，张作霖又嘱咐杨宇霆两件事：第一件，请杨宇霆负责给李德标选择一个年貌相当的大姑娘做媳妇；第二件，马上把李德标送到讲武堂去上学。李德标从此成了东北军上下皆知的有名人物。这个贫苦家庭出身的普通士兵，自此改变了人生轨迹。李德标很争气，进了著名军事学校讲武堂，并以优异的成绩毕业。在军中，李德标表现出色，由连长，而营长，到民国十六年（1927），已经升为第27师的上校团长了。

以德报怨，以恩报恩

当了封疆大吏，手握生杀大权，张作霖也不是有仇必报。他在营口深入基层、视察工作的时候，不计前嫌，通知曾经打过他的那人来见他，那人哪敢来？早闻风而逃了。于是，他恨铁不成钢似的骂了一句："小样！"继而又摇头叹息道："可惜呀，你若来见，我会给你一官做呢。"

1912年1月，张作霖回乡祭祖，妻儿眷属、亲兵卫队、幕僚宾客一行浩浩荡荡从沈阳赶回阔别24年的家乡叶家铺。乡亲们奔走相告，有夹道欢迎的，有为张家搭席棚、扎纸活、摆祭品的，祭品从家门口一直摆到坟地。这场面，这气势，吓得打死他爹的王氏弟兄东躲西藏，不敢露面。张作霖知道后，就跟乡亲们讲："过去的事，一笔勾销，官报私仇，那是小人所为。"他是这样说的，也是这样做的，果真没碰王家一根手指头。

而那位曾经诬告过他的李老恒，当张大帅衣锦还乡时，生怕他翻起变天账，打击报复，左思右想，跑也不是，躲也不是，索性硬着头皮，带着老伴一起去张家请罪。史料上没有写两位老人是如何跪在地上作深刻检讨的，也没讲老张是不是赶紧将两位老人搀扶起来，只记载了这样一件事：他说："我张作霖向来不记仇，你们虽然告过我，但并未把我怎么样，反倒使我发奋向上，才有了今天。"说着，拿出两百元钱，要老两口好好回家过日子，不要害怕。

当时的两百元钱，可不是个小数目，他的二哥剿匪阵亡，慰问金也不过一千元！

张作霖被招安后，驻军新民府，尽管被封为虎威将军，门岗有哨，营棚有马，出门有兵，巡游有旗，那鲜艳的"张"字大旗高高飘扬，可他总觉得一个营还不够威猛，便私自扩编。可是人马一多，军饷哪里够啊！不够咋办？不能收保护费了，更不能打家劫舍，就只有打白条，向商会借，月月借，年年借，那白条自然是兑现的少、积压的多。

一天换防，军号吹响，部队随即出发。听到外面人欢马叫的，商会会长姜雨田急了，冲上大街，迎面就将骑马走在队伍最前头的张作霖拦住，说什么不还钱就不让走人，光天化日之下，丝毫不顾及维护军民关系的大局，引来路人侧目和非议，严重伤害了张作霖的形象。后来，经过多方劝说和一再承诺，姜雨田才闷闷不乐地、万般无奈地松开了手，侧过身让一彪人马绝尘而去。

等到张作霖入主奉天，姜先生才知道，自己投资了一个极有潜力的长线股。那时，沈阳城里，由于东洋商人勾结不法分子抵制奉票，致使市面紊乱，兴业银行多次遭到挤兑。面对如此险恶的经济环境，张作霖以上马能杀贼、下马能治国的文韬武略，首先杀一儆百，枪决吃里爬外的银行行长，极大地震撼了那些投机倒把的奸商，然后，他又不计前嫌，用八台大轿，将驳过自己面子的姜先生从新民请到沈阳，要将兴业银行行长这一重要岗位交给他。

姜先生一听，又惊又喜，当年的投资终于没有白费呀，但自己一个小小的商会会长，干得好大城市的金融工作吗？万一辜负了张作霖的信任怎么办？张作霖看出了他内心的担忧，十分亲切地鼓励他大胆去干，对他说："想当年，你老兄竟敢在大街上拦我的马，还怕当行长？！"

从此，小会长变成大行长，在新的岗位上大展宏图。

对仇人，尚且以德报怨，那么，对自己的恩人就可想而知了，凡滴水之恩，张作霖都当涌泉相报。

他在营口被追杀的时候，有位姓傅的义士，十分豪爽，借了他一头毛驴，让他远走高飞了。想起当时苦，不知多心酸，大冬天的，破棉鞋里没棉絮，就把包谷叶胡乱往里面塞，现在坐稳江山了，该知恩图报了，于是快马送信，请义士速来奉天。

那姓傅的一到门前，开口便喊："张矬子！张矬子！"

张矬子，是以前别人见张作霖身高不过1.58米给起的绰号，自从当上大帅以来，这绰号极少有人敢叫了。而张大帅此时却丝毫不介意，他十分亲热地迎出门外，说："我的老疙瘩啊！那头毛驴还不上了，老子还你一个奉天城公安局长，干不干？"

借毛驴，还局长，还是公安局长，哪有不干的！

三哥钟恩并不是他的亲哥，是他的结拜兄弟。盗亦有道，不能乱来。张作霖刚入伙时，当"把子"，负责看"票"，每当喽啰们不分青红皂白地绑来一群肉票，特别是绑来一群哭哭啼啼的大姑娘、小媳妇、老太太，他心里特别难受，特别看不惯，人心都是肉长的呀，这种勾当，非大丈夫所为，也不是长远之计，乃跳槽单干，自己拉起一帮人马，以保险队的旗号为大户人家保驾护航。

万事开头难，难在没地盘。弟兄们整日里为收保护费东奔西走，南征北战，说起来，呼啸山林也甚是快活，但这种流寇似的游击战什么时候才能有自己的根据地呢？

恰在这时，钟恩出现了。钟恩何许人也？一小掌柜，在新民县境姜家屯卖大米。这天，他出外办事，经过城门口，看见几个持枪的团丁喝令一支杂色武装停下来："站住！干什么的？"对方那领队的，倒也和气，上前作揖道："在下张作霖，我的弟兄们累了一天，能否借个光，在此歇歇脚？"

"想得美！快滚！不知道这方圆几十里都是谷瘪子的地盘吗？"团丁们仗势欺人，横蛮地端起枪。那支疲惫的队伍，也不愿或不敢硬闯，把事情闹大，便转过身，在夕阳的余晖中失望而去。

而在旁边看热闹的钟恩，一听"张作霖"的大名，眼睛顿时一亮，早就风闻这位不杀人、不放火、不抢粮的绿林好汉，今日一见，果然不同凡响，只见他个头不高志气高，眼睛不大目光亮，斜背一把鬼头刀，腰插一把盒子枪，满身的风尘，掩饰不住勃勃的英气，仰慕之情油然而生。于是，三国、水浒中那种好汉相遇、义结金兰的情景又在这里出现了。

等他们的身影被白桦林遮挡之后，钟恩快步赶了上去……

当天夜里，张作霖的队伍从米面铺后门悄悄摸进屯子里，一网打尽正在赌钱的团丁，并顺手牵羊，夺了马贩的50多匹蒙古快马。姜家屯，是这一带有名的大集镇，比较富裕，谷瘪子连这样的重镇都丢了，很被人看不起，而张作霖则名声大振。自此，他以这里为根据地，纵马扬鞭，驰骋在广袤的辽西大地上，势不可挡。

当然，没有钟恩做内应，就凭他二三十个人、十几条枪，哪打得下戒备森严的姜家屯？连进村休息一下都不成呢！吃水不忘掘井人。为了报答钟恩，功成名就后，他重回姜家屯，问钟恩想干些啥？从政、从军随便挑，要官给官，要兵给兵，现在东北这疙瘩不是咱哥俩说了算嘛！庄户人家出身的钟恩，想了想，说俺还是卖大米吧。于是，张作霖个人投资，大兴土木，在当地组建了与沈阳、营口等地粮栈连锁经营的"三畲"集团，由钟恩出任总经理。

难能可贵的是，张作霖地位变了，身份变了，感情没有变，仍像过去一样，每次见到钟恩，都亲切地叫他“三哥”。他总是这样深情地对身边的下属说：“以前我有两位兄长，现在我又有了一位兄长，那就是钟恩，他就是我的三哥。”

钟恩既然是他三哥，也当然是孩子们的三伯。逢年过节，除了送钱送礼以外，张学良等晚辈还要向钟恩行跪拜礼。那场景，真是亲如一家人。

粗通文墨，明辨是非

张作霖只读了3个月的书，就辍学了，因为他得回家拾柴，帮母亲做饭打杂。他粗通文墨，难免会写错字、说错话。然而，有时候，这些差错，在闹笑话的同时，却往往会成为一段流芳千古的佳话。

有一次，张作霖出席日方酒会。那时候，东洋人占了《辛丑条约》的便宜，有驻军东北的特权，但东北军对他们不屑一顾，还曾主动开火，当场击毙硬闯演习封锁线的十几名小鬼子。这一次，号称“中国通”的日军将领土肥原，以为张作霖不识几个字，想当众羞辱他，就假惺惺地请他赏一幅字画。

其实，张作霖平时没事就练字，水平也还行。他见对方捧来笔墨纸砚，便不假思索，挥毫就题写了一个遒劲有力的“虎”字，只是在落款时，一不小心，将“张作霖手墨”写成了“张作霖手黑”。土肥原便得意地狂笑起来，说：“张大帅呀，你写错了字呀，手墨的墨字掉了一个土，变成手黑了啊！”那些在场的日军也跟着起哄。

然而张作霖处惊不变，他大义凛然地掷笔回敬道：“本人就是手黑！本人自拉杆子那天起，就知道抢地盘的重要性！我这是写给你们看的，当然不能带土，这就叫寸土不让！”

缺点变亮点。这段佳话，不仅生动地表现出张作霖的大智大勇，更进一步反映出他内心深处强烈的爱国主义精神。

又比如，有人不分青红皂白地说什么他被招安以后，卖友求荣、杀了杜立三，实际上是误解了他。

其实，这杜立三也不是什么好鸟，占山为王，胡作非为，他的小老婆都是抢来的。张作霖为官一任，就要造福一方，有责任、有义务保境安民。这个道理，就跟宋江征方腊一样。为了除掉这伙匪徒，老张和幕僚们精心策划，首先派人给杜立三送信，谎称他已经被招抚，官位比自己还高，请速来面谈。接着，又将他的叔叔杜泮林接到新民府，引见给省城来的招抚大员，以证明确有其事，并非虚构。

那杜老头秀才出身，平日里之乎者也，哪知江湖险恶？就给侄儿写了一封言辞恳切的亲笔信，说什么“游侠非终身之事，梁山岂久居之区，一经招安，不仅出人头地，亦且耀祖荣家”。

那杜立三对招安正犹豫不决，一见此信，深信不疑。因为他这位叔叔，还是张作霖的义父，在张作霖以前拉杆子的过程中结下交情，来往密切。他想，张作霖再怎么着，也不会骗义父吧？于是，就只带了十几个人，欣然上路。等待他的，当然是老张代表人民，宣判了他的死刑。事后，面对不仁不义的指责，他面无愧色，理直气壮地回答道：“为了社稷江山，大义灭亲，值得！”

少养五万兵，也要办教育

1915 年 2 月，张作霖上书大总统袁世凯，专门指出奉天教育存在的种种弊端，并提出了整顿的措施，建议对学校加强管理。其时，张作霖仅是奉天城内小小的第二十七师师长，虽说握有重兵，但无论如何与教育是扯不上边的。

张作霖在条陈中首先指出，奉天办学存在两大弊端：一在靡费过多，得不偿失；二是教授不得其人，仅是坐拥虚名，缺少实际才干。另外，他还提到，办学偏重于高等小学，忽视初等小学，使师范毕业者不愿到初小任教。初小既缺乏良师，而毕业者亦无从升学。

张作霖的条陈马上引起教育部、国务院乃至大总统的高度重视，肯定其所指皆为症结所在，大总统命国务院将该条陈转交教育部查照。

对于第一条，教育部“已于本年二月十九日通令各省斟酌地方财力，体察人民生活状况，竭力撙节，以杜虚糜”。对于第二条，教育部批道：“现在小学之必待整顿，亦诚刻不容缓。整顿之法，当从力节靡费，严定教员、管理员资格入手。庶使不能胜任之教员、管理员得以大加淘汰，于教育前途乃有澄清之望。”

4月9日，教育部训令各省民政长遵照办理。教育界闻之欢欣鼓舞，却不知此训令源自于一个远在东北、并素有“土匪”之名的武夫。

1918年12月1日，奉天国立高等师范学校正式成立。开学典礼上，奉天政务厅长史纪常前往宣读了张作霖的祝词。

今天，师范类院校学生免收学费，每月还有补助。但却很少有人知道，早在张作霖时期，奉天的师范学校就已免收学费了，而且还发给伙食费，这些费用全由奉天省政府买单。人们常说，没有免费的午餐，可是奉天的师范学校不仅有免费三餐，而且标准还不低呢。例如奉天省立第一师范学校，学生伙食早餐为大米粥、咸菜；中午大米饭、四菜一汤，两荤两素；晚饭四菜一汤，皆为素菜。星期六午餐改善伙食，有坛肉、木须肉、烧黄花鱼、烩海参等。另有其他如沈阳高等师范学校，伙食也非常丰盛。

第一次直奉战争后，张作霖在整军经武的同时，再次狠抓教育。他欣然采纳奉天省长王永江、教育厅长谢荫昌的建议，创办东北大学，并对王永江说：“我没读过书，知道肚子里没有墨水子的害处，所以可不能让东北人没有上大学求深造的机会，岷源（王永江的字），一切事我都交给你了，开学越快越好。用钱告诉我，不管多少，我宁可少养5万陆军，但东北大学是非办不可。”

成立东北大学本是中国自己的事情，可是日方得悉东北当局要自己办大学的消息，日本驻奉天总领事竟公然向王永江提出“劝告”：“听说你们要办大学，那可不容易呀！又费钱，又没人。你们要读理工科，我们已有‘旅顺工科’；你们想学医，我们早有‘南满医科大学’；你们愿学文法科，也可以派留学生到帝国大学去上学，大日本政府将予以优待，给予官费补助。你们

何苦自不量力，自寻苦恼，而去自办大学呢？”王永江当即将此谈话报告给张作霖。张作霖听后，十分气恼：“妈拉巴子，他们越是反对咱办大学，咱们就是非办不可。得快办，要办好，快出人才。”

1923年4月26日，东北大学正式成立，校舍暂用位于省城大南关的高校和文专两校旧校舍。后于北陵购置500亩地，开始动工兴建新馆。除购地款外，东北大学的基建费用即达奉洋600万元。 1925年，新校舍建成，其规模之大，功能齐全，在国内亦是首屈一指。

除兴建校舍外，奉天省长公署还在北陵附近划拨官地200亩，拨款280万元，兴办大学工厂。这种大学设附属工厂，既顾及学生实习，又保障经费来源的模式，也是当时国内其他大学所没有的。东北大学另有植物园地100亩。这样，整个校园面积达900亩，是当时国内最大的校园。可见张作霖的建校计划，是相当宏伟的。

东北大学常年经费在各大学之中也是首屈一指。北京大学当时的常年经费是90万，南开大学40万，清华大学虽有庚子赔款补贴也只有120万。奉天省财政向东北大学的投资巨大，经费每年160万，人均为800元。

东北大学开课后，在聘请教师上存在一些问题，有些外省学者不了解奉省财政状况，唯恐来东北大学教书，月薪用奉票发给，一旦奉票贬值，势必影响收入，因此不愿应聘。了解此情况后，张作霖当即作出决定：“凡大学教授等的薪金，一律用银元发给，并不许拖欠。”为吸引一流学者来此任教，东北大学所设定的薪金和待遇相当优厚，甚至高于国内的几所知名大学。以教授为例，北大、清华教授月薪300元，南开240元，东北大学则为360元。后期章士钊等人竟高达800元。东北大学还为教授们盖新村，建别墅，安排宽敞舒适的住宅。教授们回北京探亲，还予以报销往返路费。这与当时国内战争情况下，各校教授欠薪、减薪为常事形成鲜明对比。

有了梧桐树，不怕引不来金凤凰。东北大学的这些优厚待遇，引来了当时许多的知名教授前来任教。据东北大学1928年的统计，在其128名职教员中，留学归来的有77人，其中11个博士、37个硕士、29个学士。而且他们其中大部分留学美国，毕业于美国的一些著名大学，如哈佛大学、耶鲁大学、哥伦比亚大学、康奈尔大学、麻省理工学院等。其余40名即使没出国“镀过金”，也是毕业于国内一些知名的高等学府，如北京大学、清华大学、复旦大学、同济大学等等。其教授阵容之盛，远非其他大学可比。

东北大学的教学设备在当时国内也属一流。东北大学的实验仪器和机械，诸如物理和化学仪器、工学机械、动植物标本、图书、工厂设备，几乎无一不备。而且大都购自国外，比较先进，这在国内名校中也不多见。据1926年的统计，学校藏书共33164册，各类仪器标本共13516件，以及价值达86.53万元的机械设备，为学生阅览、实验和实习提供了优越的条件。

至20世纪20年代末，东北大学已是国内学生最多的大学，教授300人，学生3000人，而当时北京大学也只有学生2000人。

最初，有不少日本人不相信张作霖能把东北大学办好。可是，日本学者新岛淳良在参观东北大学之后，不得不承认：东北大学的实验设备是第一流的，教授薪金也比国立大学高许多。其教育水准“高于日本在满洲开办的高等教育院校”。

作为一名靠武力打天下的大军阀，能从购买枪炮的钱款中拨出大笔经费来办教育，确实让人刮目。

如今，当年东北大学的学生多已作古，他们的后代讲起父辈的经历，多说其父当年在张学良任校长的东北大学学习，却少有人知道，当初创办东北大学的是老帅张作霖，而不是少帅张学良。

孙传芳：枭雄末路，血溅佛堂

孙传芳是北洋军阀统治时期的一个悲剧性的人物。好战成性，是其一大特点；机警投机，是其另一特点。而关键在于北洋军阀的时代烙印，使他思想守旧，拒绝接纳新思想和新事物，逆历史潮流而动，终于折戟沉沙，为大浪淘尽。

与岗村宁次，不打不相识

孙传芳，字馨远，1885 年 4 月 7 日生于山东泰安。早年贫寒，举家流落到济南。他二姐颇有几分姿色，经人说合，给武卫右军营务处总办王英楷做二房。孙传芳在姐夫的帮助下，入武备学堂步兵科学习。

1904 年秋天，孙传芳赴日本东京士官学校第六期留学。

第一次列队时，一个二十来岁、长得精瘦但很干练的军人站在他们面前，自我介绍："我叫冈村宁次，是你们的区队长，希望大家遵守纪律，服从命令，请多关照！"

一个星期天的傍晚，冈村宁次在进行晚点名时，发现新生中少了孙传芳、杨文恺、张群、周荫人等人，这还了得！冈村顿时大发雷霆。

原来，孙传芳等人嫌军校的生活太清苦，平时只有豆腐白菜，肚子里一点油水也没有。于是星期天结伴外出，租了一间房，买了几斤清酒和一副猪下水（日本人都不吃猪下水，因此很便宜）。几个人大吃大喝，没想到醉得一塌糊涂。等发现快到点名的时间，紧赶慢赶往学校跑，但还是晚了。

几个人东倒西歪地来到操场上，区队长冈村宁次已是怒气冲冲，噼里啪啦左右开弓，一个人扇了两个耳光。

“你们不是军人，纪律的不懂！”

孙传芳个头小，被冈村宁次一巴掌打在头上，帽子掉了，脑后的辫子抖搂出来。冈村宁次用手拉着他的辫子：“呛过罗（日语为猪尾巴的意思）！呛过罗！”

“支那人，一盘散沙，将来有一天，我们在战场上还会打败你们！”

孙传芳受到侮辱，浑身的血一下子都涌到头顶上来了，他仗着酒力，猛地抓过自己的辫子，往脖子里一绕，骂道：“我日你奶奶，老子今天就教训教训你这个狂妄自大的家伙！”接着他发疯似的蹿上去。冈村宁次是柔道好手，见孙传芳扑过来，用手一挡，身体往外一侧，就势来了个大摔背，把孙传芳摔落在地。

孙传芳咬着牙爬起来，一个饿虎扑食，又冲上去，冈村宁次闪转腾挪，一个反手擒拿，将孙传芳的脖子压在自己的皮鞋上。孙传芳真急眼了，照着翻毛皮鞋就是一口，冈村宁次疼得一咧嘴，稍稍分神，孙传芳死命往上一拱，冈村宁次猝不及防，被顶了个仰面朝天。

孙传芳被张群拉住，气哼哼地还在高声大骂：“小日本，老子不尿你！有种再来！”

杨文恺等赶快上前把冈村宁次搀扶起来，冈村推开众人地对着孙传芳笑容可掬，伸出巴掌拍了起来：“哟希，哟希！孙君，你的胆量大大的！是一条汉子！”不打不相识，从那以后，孙传芳和冈村宁次成了好朋友。

1926年秋末，北伐军兵临九江和南昌，给孙传芳以致命打击。孙传芳为挽救残局，聘日本武官为“军事顾问”，冈村宁次便是其中一个。而孙传

芳的这位师爷，却是一个地地道道的日本军国主义分子，立志“研究中国”，一生与中国人民为敌。他在青壮年时，就 18 次潜入中国搞所谓“旅行调查”，窃取军事要地重要资料，为日军侵华作准备。此次他作为孙传芳的“应聘武官”是有“特殊使命”的。一是为日本军阀在中国培植亲日派，二是为暗中搜罗中国的军事情报，最主要的是得知他的“学生”孙传芳军中，有一套比例为五万比一的中国机密的军事地图。日寇侵华，之所以能在华中一带如无人之境，正是这套地图给日本军国主义分子提供了方便。

取缔裸模，反对旗袍

画家刘海粟 1914 年在自己创办的上海美专破天荒地开设了人体写生课，最初只聘到男孩为模特，1920 年 7 月 20 日，聘到女模陈晓君，裸体少女第一次出现在画室。然而，世俗的议论却令刘海粟十分伤心，有人说 ：“上海出了三大文妖，一是提倡性知识的张竞生，二是唱毛毛雨的黎锦晖，三是提倡一丝不挂的刘海粟。”

更严重的是他听说江苏省教育会要禁止模特写生，1925 年 8 月 22 日他给江苏省教育会写了公开信，为模特申辩。上海市议员姜怀素读了刘海粟的信后，在《申报》上写了呈请当局严惩刘海粟的文章，刘海粟立即写文章反驳。

不料，上海总商会会长兼正俗社董事长朱葆三又向他发难了，在报纸上发表了给刘海粟的公开信，骂刘海粟“禽兽不如”。刘海粟毫无畏惧，挥笔复信回击。

紧接着，上任不久的上海县县长危道丰在报纸上登出了禁止人体写生的命令，刘海粟见到禁令愤怒了，于是给五省联军统帅孙传芳写信，请他斥责危道丰。

孙传芳与危道丰是日本士官学校的同学，当危道丰将载有《刘海粟函请孙传芳、陈陶遗两长申斥危道丰》的《申报》递给孙传芳后，孙传芳看了几行便问危道丰 ：“模特是什么东西？”危道丰赶紧答道 ：“就是一丝不挂让人画的女人。”接着又添了几句：“我刚接任两星期，决意整治上海的淫风败俗，才开个头，就遭到刘海粟的辱骂，上海的事我做不下去了，请联帅另委高人吧！”孙传芳又问：“他敢辱骂长官？”危道丰见机便用激将法：“联帅，他连你也不放在眼里，不然怎么敢公开向你施加压力！”孙传芳道：“一个手无寸铁的刘海粟敢如此妄为！”“联帅，下令吧，我立即派人把刘海粟抓来！”孙传芳想了想说：“无须动干戈，本帅给他写封信，婉劝几句，他敢不听命？”

孙传芳6月3日果然给刘海粟写了一封信，信中写道：“展诵书，备承雅意……模特止为西洋画主一端，是西洋画之范围，必不缺此一端而有所不足。美亦多术矣，去此模特，人必不议贵校美术之不完善。亦何必求全召毁。俾淫画、淫剧易于附会，累牍穷辩，不惮烦劳，而不见谅于全国，业已有令禁止。为维持礼教，防微杜渐计，实有不得不然者，高明宁不见及，望即撤去，于贵校名誉，有增无减。如必怙过强辩，窃为智者不取也。”

这封信在6月10日《上海新闻报》上刊登后，震动了上海。美专的师生有的认为，孙传芳是五省联军司令，手操生杀大权，如果不给他留点面子，后果不堪设想。也有的认为，孙传芳代表的是封建势力，不能向他投降。刘海粟听了师生们的各种意见后表示：“我绝不放弃模特，绝不向孙传芳妥协！”

刘海粟10日当晚给孙传芳写了复信，信中说：“恭奉手谕，雒诵循环，敬悉钧座显扬儒术，教尚衣冠，振纪提纲，在此一举……敝校设西洋画科，务本务实，励行新制，不徒模仿西学已耳。”接着用千百年来善男信女膜拜袒裸佛像无损于佛法的事实，说明人体模特也无损于圣道。最后写道：“关于废止此项学理练习之人体模特，愿吾公垂念学术兴废之巨大，邀集当世学界宏达之士，从详审议，体察利害。如其认为非然者，则粟诚恐无状，累牍穷辩，干渎尊严，不待明令下颁，当自请处分，万锯鼎镬，所不敢辞！”但就在刘海粟写这封信的夜里，美专的画室被流氓捣毁了。

孙传芳收到刘海粟的回信后，甚为恼怒，认为刘海粟不识抬举，没给他留面子，伤害了他的尊严，当即下了通缉刘海粟的密令，又电告上海交涉员许秋风和领事团，交涉封闭地处法租界的美专，缉拿刘海粟。急得刘海粟的

老师康有为一天三次去找他，劝他离开上海，但刘海粟坚守美专不离寸步。

尽管许秋风一再交涉，但法国总领事认为刘海粟无罪，并不逮捕刘海粟。领事馆为了让孙传芳下台阶，只好在报上登了一条消息，说孙传芳严令各地禁止模特，前次刘海粟强辩，有犯尊严，业已自动停止模特。

孙传芳不仅要求取缔模特儿，还极力反对女子穿旗袍。认为那种衣服太勾男人的眼珠子，臂膀太袒露也是有伤风化。所以，一见街头妇女穿旗袍，他就双手掩目，转过身去，以示“非礼勿视”。他的姨太太不吃这一套，去杭州灵隐寺拜神时，特地穿旗袍，孙传芳无可奈何：“内人难驯，实无良策。”中国古代宴会有个游戏叫“投壶”，轮流将箭矢投入壶中，输了被罚酒。孙传芳对此特感兴趣，为显示自己温文儒雅，他特地在南京搞一个仪式，请章太炎先生前来投壶，但章太炎并未赏光。后来，国民革命军打败孙传芳，有人戏称是“枪炮战胜了投壶”。

五省联帅，登峰造极

1925 年 10 月初，孙传芳派卢香亭、陈仪为前敌总、副指挥，率领部队向奉军驻地猛攻。奉军邢士廉师一触即溃，松江、上海先后被孙军占领。孙传芳从水路出发督师，由嘉兴上船前往苏州，孙的参谋处长崔可亭、政治处长万鸿图、副官长张世铭随行。接着，奉军丁喜春师不战而退，杨宇霆仓皇出走，一行于 10 月 16 日抵达南京。奉军溃退后，卢香亭、陈仪率大军渡江追击，姜登选亦弃职北返。11 月初，孙传芳进驻蚌埠，在火车上办公。

是时，张宗昌派山东军务帮办兼第五师师长施从滨为前敌总指挥，率领鲁军迎击孙传芳的部队，两军相持于任桥、固镇一带。张宗昌的白俄军队，以符离集为据点，猛扑孙军，战况甚烈。施从滨乘铁甲车指挥作战，在固镇以南被俘。鲁军被俘者计万余人。

施从滨被俘，经卢香亭问明他是施某以后，报告蚌埠总部。孙传芳命令卫队团长李宝章将施押解来蚌，交军法处长陈锡璋审讯。施对战事直认不讳，事实上供不供都不会影响结果，孙传芳决定立即斩决。时已午夜，有部下对孙说："我们打内战，对待俘虏，不宜杀戮，不如把施押送南京监禁。"孙不听，拍着桌子对部下说："你我要是被他们俘虏，还不是被杀吗？"部下又劝孙冷静考虑，不可操之过急。部下说："杀也可以，何必今夜，明天再问一次，杀也不迟。"孙声色俱厉地说："是你当家，还是我当家呢？"部下见孙主意已定，难以挽回，无语而退。孙即命令李宝章把施从滨由军法处押出来。施亦自知必死，他说："就在这里执行吧。"李宝章终于把施押到车站南边的旷野，执行斩决，身首分在两处掩埋。此事从此埋下了祸根。

次日，孙传芳集合被俘的一万多名鲁军讲话，他说："张宗昌是土匪，我们山东老百姓被他害苦了，我们一齐干，把张宗昌这个土匪赶跑，咱们老家好过太平日子。"被俘鲁军一致高呼愿跟孙大帅走。接着孙传芳立即将被俘官兵改编，发还枪支，并开往前线作战。

11 月 8 日，孙军先头部队占领徐州，张宗昌部向韩庄以北退却。这时，岳维峻由开封来徐州，要求孙传芳继续派兵北进，支援国民第二军攻打山东。孙传芳正在筹组浙、闽、苏、皖、赣五省联军，未允所请，顿兵不进。吴佩孚也派高恩洪携款五万元由汉口来徐州慰劳孙军。这时孙与吴已有分庭抗礼之意，对于吴之慰劳，淡然视之。

孙传芳在徐州子房山大开庆功宴会，预先从绍兴运来醇酒十坛，山珍海味俱备，各方代表和孙军少将以上人员都来参加。此时孙传芳已是骄态毕露，不可一世了。

11 月 23 日夜，孙传芳率总部人员由徐州凯旋至南京；24 日抵下关，住了一宿；25 日早晨 8 时进城，先至陈调元私邸拜会。这时文武官员已齐集督署，和陈调元来到督署后，即在大堂开会。孙传芳宣布成立浙、闽、苏、皖、赣五省联军，自任总司令兼江苏总司令，以周荫人为福建总司令，卢香亭为浙江总司令，陈调元为安徽总司令，江西总司令一职，以后由吴佩孚和孙传芳会委邓如琢担任。孙传芳又派刘宗纪为参谋长，陈阉为秘书长，张世铭为副官长，万鸿图为政务处长，孙基昌为军务处长，程登科为军需处长，陈锡

璋为军法处长，金振中为军医处长，赵正平和沈同午为高等参议。孙又聘日本人冈村宁次为高等军事顾问，月支薪金八百元，优礼有加。名流如蒋百里、章太炎等，也都聘为高等顾问，以备咨询。此外，还办有联军军官学校一所，孙传芳自兼校长；并派赵正平主办导报社，作为联军的宣传机构。这是孙传芳一生最得意的时期，他的“功业”已经登峰造极。

蜗居沈阳，位列上宾

1928年，张作霖以大元帅名义组织的北京军政府宣告结束，东北军陆续撤退至关外。孙传芳、顾维钧、罗文干、汤尔和之流麇集沈阳，而以孙传芳最为张学良将军所礼遇，帅府（指张学良住宅）内设有孙联帅办公室。孙与张过从甚密，位列上宾。

孙为人精明、细致，且甚敏感，涉猎中国旧书颇多，文学亦有相当根底，对于中国历代兴亡，谈起来滔滔不绝。

他声称自己最反对政客。他任五省联军总司令时，张继曾去杭州劝他与蒋介石合作。但他很健谈，未被说服。最后张说：“我看你不像一个军人，很像一个政客。”孙怫然不悦：“我不是政客，我最反对政客。我的儿子，我也不让他当政客。政客全是朝三暮四，迎新送旧的妓女般的下流东西。我是一个地地道道的军阀。”张当时面红耳赤，甚为难堪，盖孙隐指张是一政客也。

他反对当“人民公仆”。他说：“现在做官的自称是人民的公仆；凡是仆人没有一个好东西，不是赚主人的钱，就是勾搭主人的姨太太。我不是公仆，我是‘民之父母’。天下的父母没有不爱子女的，我爱人民如爱赤子，只有这样，才能真正为人民谋福利，做好事。”

他坚决反对北伐军。1926年他在长江以南与蒋介石北伐军作战失利时，决心与东北军合作，继续抵抗。但是在1925年，他曾袭击过东北军于沪、宁一带，迫使东北军放弃上海、南京、安徽等地区。宿怨未消，化敌为友大非易事。况战败之后，急起抱佛脚，谁复相容？于是他决定亲往天津见张老帅（张作霖），动以利害，希释前嫌。他化装成一个商人，穿灰布大褂，贴身带两支手枪。搭津浦车，坐在茶房的车厢内，只身北上。路过山东境，张宗昌的密探密布车上，亦未发现。孙抵津后，即到英租界住宅给张老帅挂电话。接通后，便说："我是孙传芳，从南方来，有事面商。"张接电话，久未作复，以为孙是敌方的主帅，如何能来天津？想必是带兵打过来的。最后，还是允予见面。孙见张第一句话便说："完了！完了！我们北洋系的军人，眼看要全完了！只有团结起来，与北伐军作殊死战，否则将被各个击破。过去是兄弟阋墙，今日要外御其侮了。现在我甘愿做你的部下，听你指挥，请你不要见外。"张对左右说："快请总参议来，共同商量。"杨宇霆进门，见孙在座，不觉面红耳赤，因上年他是江苏督办，被孙赶走，旧事不免耿耿于怀，孙急趋前握手说："老弟！对不起，过去我们是自家人开玩笑，不要介意；共同商量今后的大计吧！"经此一番话，前嫌顿释。孙的联军改为第五方面军，归张节制。这是孙不与北伐军合作而与张作霖合作的经过。以后张作霖到北京，做大元帅，组织军政府，孙实为策动之主要角色。

孙初到沈阳时，住商埠地齐宅，后因房舍狭小，迁至大西关大什字街一座楼房，据说是殖边银行旧址，房子很多，比较宽敞。他的生活比较简单，饮食不太讲究。杨宇霆由前方回沈阳后，他夜间多赴杨宅与之周旋。在家时，除会客或与下属谈天外，总是手不释卷，有时绕室徘徊，若有所思，很少休息。他在沈阳的各处长中常来见面的，为粮饷总办程步青（系其外甥）。此时他的军队仍驻关内。有一次来了一位军长李宝璋，以后又来了一位王金钰，他的副官们均称之为总参议，他们住了10日左右又返回关内。

他喜欢骑马。他曾由关内运来骏马十余匹，兴之所至，常于天朗气清之晨，驰骋于郊外公路上。他极爱枪。他的寝室墙上挂有长枪，每次外出，车上亦放有短枪。他常说："军人不能离开武器，有备无患。"

他很喜欢看书。他不但好看线装书，也好买新书。有一次，他与下属到一家日本书店，买了很多新书。正在选购的时候，卖书的日本人忽然用日语对其下属说了一句："此人是孙传芳。"下属说："你认错了。"他说："一点不错，

我有相片。”当他到楼上取相片时，下属劝孙先走。下属付款后即携书回去。孙系日本士官学校毕业，懂得日语，他当时也感到很奇怪。回家后，部下深深惊叹，日本一个普通商人，也有第二个任务。

孙在沈阳，每日赴帅府办公，像张学良将军的一位贵宾，又像高等顾问。他们两人很亲近，由军事、政治以至家庭琐事，无话不谈。当杨宇霆指挥军队驻守榆关、昌黎一带时，孙曾亲至前方慰问东北军。那次坐的是专车，有米春霖、王烈诸人同行。有人私问孙到前方去作什么。他说：“你们总司令对杨宇霆不大相信，不知他在前方搞什么名堂，让我去看看。”及至前方军事结束，杨宇霆回沈阳后，孙白天仍到帅府，夜间多赴杨宅与杨周旋。但他从不访晤别人，即使万福鳞来谒，亦未回拜。其地位之高可想而知。

一日，孙对其亲信说：“现在要成立一个屯垦委员会，由我主办。”并说：“希望你去兼任秘书。”亲信当即婉辞。此时孙很高兴。但这个委员会筹备不久，张又任命邹作华为“兴安区屯垦督办”，他的梦想不过昙花一现而已。

有一次，孙传芳与其亲信一同到杨宅，刚坐下，杨宇霆说：“阿斗为何还不见来？”少顷，张学良将军亦到。在这一时期，张学良将军每晚均到杨宅，与杨极力周旋。在归途中，亲信问孙：“阿斗是谁？”孙笑答：“你还不知道吗？就是你们总司令。”亲信说：“为什么这样称呼？”孙说：“他一向是这样说法。”

专心念佛，血溅佛堂

1935年11月3日，天津英租界20号路134号，一座宏伟壮丽的深宅大院。孙传芳下野后，皈依佛门，成为在家修行的居士。每星期一、三、六还要去居士林听经。此刻，他蓝绸棉袍，灰绸棉袄裤，系着白布腰带，白洋袜，青缎鞋，从楼上下来正要出门。

夫人周佩馨走过来：“馨远，天气不好，今天不要去了。”

孙传芳笑着说：“夫人，恶尽言功，善满曰德，全凭诚则灵，这些年我专心念佛，连过去浮躁的脾气也改了，怎能不去？”

“馨远，天气不好，我今天不陪你去了，早点回来。”夫人亲自拉开小轿车的门。

下午两点左右，一位30岁上下的女子来到居士林，径直来到富明法师面前，双手合十：“大师，我有心礼佛，但经文难懂，如何能念？”

“心诚则灵，诵经的好处极多，试看下台的要人靳总理、孙联帅都皈依佛门，可谓放下屠刀，立地成佛！”

“法师，孙联帅可是孙传芳？”

“正是，他是本林的理事长，每次都来，功夫甚好，日前已在仁昌广播电台中布道讲经了。”

“法师，入居士林可要什么手续？”女子诚恳地询问。

“女施主，请填一份志愿书，并交费一元。”

女子接过志愿书，在上面工工整整填上姓名“董惠”。富明法师披着绿绦浅红色袈裟，上法堂讲演经法，这时佛堂的大门开了，孙传芳身披黑海青缓步进入大殿，他登坛焚香，拜了几拜，然后在蒲团上坐下，面向东方，两足交叉置于左右股上坐禅。

香烟缭绕的佛堂，仿佛是极乐的世界，经声朗朗，十几名善男信女如痴如醉，欲醒欲睡。只有董惠一颗心在猛烈地跳动，她棉袍的暗兜里藏着一把崭新的六号勃朗宁手枪，枪膛里压上六颗闪闪发亮的子弹，紧握枪把的手湿淋淋的，全是汗水，鬓角额前鼻尖也冒出密密的小水珠。

女教友关心地说：“到前面去吧，那里好一点。”

董惠巴不得有这么个机会，立即站起来，来到孙传芳的身后，她默默地念着：“爸爸，十年大仇，今天要报了。这是女儿多年的愿望，马上就要实现了，爸爸，你要给我一点勇气！”

董惠迅速掏出手枪，对准孙传芳的后脑勺。“啪！”一扣枪机，子弹飞去，从后脑打入，由太阳穴飞出，孙传芳的身体似乎怔了一下。“啪！啪！”紧接着又是两枪，一粒子弹从左额角打入，右额透出，另一粒子弹打进脊背，从胸膛正中飞出，孙应声扑倒于佛案之旁。

董惠满脸杀气，手里握着枪，厉声狂喊："大家不要害怕，我是替父报仇！"随即，她冲到院子里，从大衣兜中掏出早已印好的传单和《告国人书》猛地扬向空中，上面油印着：

> 各位先生注意，一、今天施剑翘（原名谷兰）打死孙传芳是为先父施从滨报仇；二、详细情形看我的《告国人书》；三、大仇已报，我即向法院自首；四、血溅佛堂，惊骇各位，谨以至诚向居士林及各位先生表示歉意！
>
> 仇女施剑翘谨启

孙传芳的遗体一身法衣，脖子上戴了一串108颗玛瑙石的佛珠，头上还缠着白色的纱布，躺在一具上好的金丝楠木棺材里。他的墓地选择在北京西山卧佛寺左侧，墓书：恪威上将军孙公讳传芳暨元配张夫人墓碑。

冯玉祥：布衣将军

冯玉祥，民国时期著名直系军阀、军事家、爱国将领、著名民主人士，有基督将军、布衣将军、反戈将军等称。他戎马一生，由士兵升至一级上将。在几十年的军事生涯中，他以治军严、善练兵著称。他注重爱国爱民教育；强调纪律是军队的命脉，致力整饬军纪，并身体力行、赏罚严明、关心爱护士兵，要求官长与士卒共甘苦，以带子弟的心肠去带兵。

结交法师

冯玉祥与南京栖霞山下的千年古刹栖霞寺寂然法师有过一段交往，因为种种原因一直鲜为人知。

1935 年 11 月 1 日，南京国民党中央为筹备中国国民党五届全会，先召开了四届六中全会。已经收到请柬的冯玉祥将军从山东泰山动身赴南京开会。当时冯玉祥将军已任国民党军事委员会副委员长、国民党中央执行委员。尽管冯玉祥将军位高而权轻，但他在国民党高层仍具有一定的影响力。

冯将军在南京有两幢官邸，一处在东郊陵园新村（被日军毁坏）；另一处在城西宁海路中段。他节俭惯了，在南京一直粗衣素食，特立独行。蒋介石为了拉拢他，曾亲邀这位昔日的盟兄，到陵园内小红山国府主席官邸（即

美龄宫）吃饭，并一同做礼拜，但冯将军不愿意让蒋做戏给别人看，使别人误会他们过于亲密，便拒绝前往。不久，发生了轰动性事件，在丁家桥国民党中央党部礼堂召开会议时，原在十九路军任排长的孙凤鸣，以晨光通讯社记者的身份混进了会场，本想开枪行刺蒋介石，却误伤了汪精卫。孙凤鸣重伤后被捕很快死去。与会的国民党大员深受震惊，冯玉祥等很多有识之士感到中枢顽固推行“攘外必先安内”的政策会大失民心，确应做出政策上的调整。

1935 年 11 月中旬，时已近初冬，冯玉祥听说栖霞山秋景很美，为舒展一直沉闷的心情，遂前往散心。冯玉祥在副官及警卫们的陪同下，观赏了陆羽亭、桃花涧、舍利塔、藏经楼等景观。在栖霞寺方丈室，寂然、大本、志本三位当家僧人接待了冯玉祥将军。寂然和尚是一位阅历颇深、办事沉稳的人，他请大本和志本两位先暂时避开，自己与冯将军相对品茗。寂然先说了对冯将军带兵，爱护百姓和艰苦奋斗的钦佩之情，继而谈起了其他话题。冯玉祥很欣赏寂然宁静的气度和渊博的才情，感到这位僧人既谙熟古今典故，又了解当前时事，是一个有着忧国忧民之心的高僧。于是冯将军决定多在寺中停留一会儿，并在寺中吃斋饭。在谈话间，寂然向冯玉祥诉说了寺院方与紧傍栖霞山的省立乡师为争夺一片土地引起的冲突与自己的烦恼。寂然法师俗姓严，于20世纪20年代后期进入栖霞寺，1935年初接替明常和尚出任监院，主持寺内外一应事务。那时栖霞寺与栖霞乡师的地产之争已经聚讼数年，广受社会关注并惊动了国民党高层。支持栖霞乡师校长黄质夫的是陈果夫，当时的省警察厅长王固磐、省教育厅长周佛海等都以陈果夫的马首是瞻。

戴季陶则是栖霞寺的支持者。戴提出让栖霞寺发动各个寺院、尼庵的出家人集中到南京城内，向政府游行请愿。在这次方丈室的会面中，寂然法师再三表示，他与常来寺里烧香的考试院长戴季陶只是一般关系，他认为游行请愿的方式，在国难当头之际无助于问题的解决，而且这个土地之争的问题只是一个触点，它仅仅是国民党上层的派系之争的外部反映。出家人不宜介入这种争斗，这也有违佛教理念。寂然和尚希望能够平等协商，按照法律规定的程序解决，不要因这个问题影响了抵御外侮的准备，而解决这个问题就需要当时的内政部长薛笃弼的态度。薛笃弼当年是冯玉祥第十六混成旅旅部秘书长兼军法处长，深受冯玉祥的信任。1927 年南京国民政府成立，薛经冯推荐到南京政府任职，1928 年 2 月出任内政部长。中原大战后，冯、阎讨蒋联军失败，薛也因这个原因呈请辞职。1934 年蒋为了拉拢西北军旧部，又授意行政院任命薛笃弼代理内政部长。在栖霞山的土地之争中，陈果夫本已倾向栖霞乡师，但看到戴季陶等人反应强烈，便把此事推给了内政部长薛笃弼，由他做最后定夺。寂然法师从国民党高层获悉了此事，所以就有了这次谈话。

其实寂然法师没有说出来的另一层意思是，日本全面侵华在即，东北三省已经沦陷，南京作为当时中国的首都，肯定是战略打击目标，而南京人口甚众，一旦受到攻击，必定会有大量的难民流离失所，作为出家人应该为此做些工作。而收容大量的难民，仅仅凭小小的栖霞寺是远远不够的，为此必须有一大片能够安置难民的土地。冯玉祥以当时的身份也不便与寂然法师议论战局，但他作为职业军人，看了栖霞山的地形，也似乎想到了什么。这是一个双方都不便触及的问题，但又都在不言中。

冯玉祥离开栖霞寺的第二天下午，内政部的一名办事人员乘车来到了栖霞寺。将该部对黄质夫申请报告书的批复函复制件交给了寂然法师。此函明确表示“争地产事件，经部办公会议研究，拟同意维持现状，栖霞乡师必须退出有争议地区。损坏围墙，应由校方修理……”很显然，冯玉祥将军回城后找了薛笃弼，讲述了他的理由，而薛笃弼支持了老上司的建议。后来这段往事还被载入了《栖霞山志》等地方史料中。

果然不出寂然法师和冯将军所料，此后不久南京城遭到了日军的攻击，日军的暴行造成了震惊中外的南京大屠杀，而此时的栖霞寺，正因为有了这一片土地，才得以收容了两万多名难民。

基督将军

从民国初期，冯玉祥就在中国现代史上留下了一个独特的称号：基督将军。

在许多早期传教士写的书中，冯玉祥都被寄予厚望，他的皈依和作为被赞美为一名“耶稣基督的好兵”。

少年时期的冯玉祥曾对“洋教”充满了仇恨。14 岁入伍时，保定府发生瘟疫，他放枪打过福音堂的门匾。他有时也会跑到福音堂捣乱。有一次，当他听到神父讲经说“打你的右脸，连左脸也给他打”时，立马和几个同伴抬起教堂的桌子就走。看到神父无言以对，几个人大笑着扬长而去。

很快，冯玉祥就被一连串的亲身经历所震动：当时义和团举事，把保定天主教堂的全体教士逮捕杀害。临刑前，一个叫“莫姑娘”的女传教士突然提出只杀她一人而释放其他传教士的要求。这种牺牲自我的殉教精神让他第一次对“洋教”产生了好感。

1905 年，冯玉祥因病住进了崇文门医院。他受到了医护人员无微不至的照顾，当他表示感谢时，医生说：“不要谢我，请你谢谢上帝。”这让他非常感动。

冯玉祥是个情感丰富的人，时常更为信徒们严谨的生活态度而心动：基督徒中没有人吸食鸦片；无论贫富子女都上学；都有相当的事业，无游手好闲之人，妇女没有缠足的。“就这简单的几条，使我非常羡慕。当时我想，全中国的人民若人人都能如此，国家必定慢慢的有办法，社会必定慢慢的有起色，因此我对基督教的态度就一天天不同了。”

1915 年，在北京亚斯里教堂，由著名的中国牧师刘芳为冯玉祥行洗礼。

1923 年，冯玉祥的发妻刘氏病故。这位威武的上将军一下子成了京城头号的“钻石王老五”，连总统曹锟都想把自己的千金嫁给他。据一个流传已久的说法，冯玉祥当时给姑娘们出了一道考题：“为什么嫁我？”当教友宋发祥给他送来一份答案：上帝派我来监督你，怕你做坏事。冯玉祥一看大喜过望，说“这正是我要找的人”。

填写这份答卷的人叫李德全，是一个不同于刘氏的新式女性。她毕业于北京汇文女子大学，才干卓著，担任北京基督教女青年会学生部干事。婚后，除教子持家，她把大量精力投入到军中妇女教育及伤兵慰劳等事上，很受官兵们的爱戴。在冯玉祥的政治生涯中，她成为冯玉祥有力的臂膀，并在冯联孙和联蒋之中都发挥过重要作用。新中国成立后，她担任新中国第一任卫生部部长，并出任全国妇联副主席。

基督教义契合了冯玉祥希望改变社会的救世抱负。他仍然是个儒家思想的信奉者，只不过，他发现，在社会实践和个人道德方面，基督徒表现得更为成功。由此，他把基督教视为一种更有效率的道德规范，他曾坦承，中国有“吃教派”、“信教派”，而他就要做一个“用教派”。

“基督治军”是冯玉祥凝聚军心最独特的方式。军中设有随军牧师，在近代史上除太平天国之外，冯玉祥是唯一的。

1918 年在常德占下地盘之后，冯玉祥开始在自己的军队里进行系统的传教。在营房建立教堂，每逢礼拜天，请牧师向全体军官讲道，并提倡查经、祷告、赞美、主日等仪式。冯玉祥还亲自为士兵宣扬教义。

在他的鼓动下，大批军官受洗入教。根据传教士的一份报告：到 1924 年，冯玉祥在京出任陆军检阅使，手下 3 万余人中信教者过半，其中军官受洗者十之八九。当年 2 月，冯部有千余名官兵受洗，8 月，又有 5000 人在南苑受洗。冯部高级将领如张之江、李鸣钟等都是虔诚的教徒。

冯玉祥还选择一些合乎自己需要的基督教义内容，编写了士兵教育读本《军人精神书》，分为《道德精神》、《爱国精神》和《军纪精神》，即“三精神书”。把中国的圣贤传、传统的道德观和基督教义结合起来，并大量引用曾、颜、子路、墨子的故事。

余心清在冯玉祥出任河南督军时成为随军牧师。他毕业于南京金陵神学院，很快就得到冯的赏识，担任随军总牧师，并出任冯部育德中学校长、开

封训政学院院长。余后来进入军政界，成为著名的“红色牧师”。

在开封南门外小校场上，站在第一排的第 11 师学兵尹心田第一次聆听这位总牧师的布道。余心清很少像其他牧师那样讲圣经、讲天国，而是大讲世界革命潮流，大讲中国人民的苦难，大讲革命军人肩负的救国救民重任。深入浅出、侃侃而谈，有事实、有理论，语言生动活泼。

基督教成为凝聚冯军的思想纽带。相比其他的军阀部队，冯军呈现出完全不同的精神风貌，纪律严明、素质过硬。每到一处，人们都向他们投以诧异的目光。冯玉祥的部队由此赢得“基督雄狮”的美誉，被称为“模范旅”。

这样的信仰显然是有巨大缺陷的。冯的一位贴身随从说，冯玉祥皈依基督教十载，仍“不很理解深奥的基督教教义”。这也从他家人那里得到了证实——他每天读经，学习，但“不做祷告的，我从来没听家人说他做祷告”。

白沙募捐

在抗日战争困难时期，任国民党政府军事委员会副委员长的冯玉祥，为募集抗日经费而奔走呼号。1943 年他赴四川 20 多个县市卖字、卖画、演讲、游说，动员各阶层捐资献物。那年的 3 月，冯玉祥在江津县（今重庆市辖）的工厂、学校、机关、商会、教堂作了一场场情真意切、慷慨激昂的演讲，深深地打动了听众，激发了民众的爱国热情——踊跃解囊支援抗战。特别是 3 月 15 日傍晚在白沙镇的演讲更是让人难以忘怀。

白沙镇位于长江畔，距江津县城 45 千米。那天，冯玉祥和夫人李德全乘坐小轮船从江津逆水行驶，于傍晚时分抵白沙镇码头，在江津县县长肖烈（四川宜宾县人）和夫人郑玉冰，江津国立九中校长邵建工、顾仿百等陪同下来到镇公所。稍事休息，吃过简单的饭菜（一饭、一菜、一汤）后，冯玉祥和大家一起步入镇公所礼堂。没有寒暄客套，开门见山就讲抗战形势，不虚不浮，实实在在，听众心悦诚服。冯玉祥突然刹住话头，问：“怎样才能把日本鬼子赶走？”自答：“四万万五千万同胞中的每一分子，都有钱出钱、有力出力，支援抗战。”校长、士绅们恭听着，礼堂内寂静安然。冯玉祥激昂亢奋地讲道：“德国打苏联，打到斯大林格勒。苏联危急万分，于是发起献金运动。在3个月又21天里，苏联人民献出七十万万四千万。斯大林拿这笔钱买了飞机、大炮、坦克，就把德国鬼子赶走了！”冯玉祥停了停，注视着听众，提高音调说：“苏联是一万万七千万人，我们是四万万五千万人。如果按苏联的比例献金，是二百万万。用这笔钱可以买两万架飞机、两万辆坦克以及其他军需物资，就可以把日本鬼子连轰带推赶出中国去！”听众中响起阵阵掌声。

趁大家兴奋难抑、激情洋溢之时，冯玉祥喝了几口白开水，清清嗓子继续说：“节约献金，是当前一项最重要的救国工作，希望诸位本着唤起民众之旨，深入学校和民间大声疾呼——为救我们国家多多努力！”经久不息的掌声，响彻会场内外。被热情与热烈感动了的冯玉祥兴致愈高，精神愈振，把本来可以结束的演讲推向高潮。他声情并茂地说：“在座有许多大、中学校的校长，我向你们讲一段教师献金抗日的动人事迹。前几天，我在县城北岸国立九中作抗战募捐演讲。讲话结束时，女教师于翔九当即把手上的金戒指取下交给我，托我献给国家。我对她说，你有三个孩子，家中很苦，把它换点钱买点肉给孩子们吃吧！于老师回答：‘冯先生，无论如何要替国家收下我的戒指。只要国家好了，孩子们差不了！如果国家亡了，孩子们吃得越好越可耻，穿得越好越丢人！’诸位，这是多么好的老师、多么爱国的民众呀！这就是抗战胜利的希望所在，这就是抗战必胜的力量所在啊！”冯玉祥难抑心中的忧伤与感动，他掏出手绢，在双眼上揉擦揩拭……

第二天午后3点，冯玉祥应邀对大学先修班和17中师生演讲。登上讲台，冯玉祥问：“国父训示我们要立志做大事，不可做大官。同学们，什么是大事？”讲台下齐声回答：“抗日救国！”冯玉祥用直奔主题、抓住人心的演讲方式开始了讲演。

“对，抗日救国就是大事。”冯玉祥肯定而满意地点点头，继续说：“今天，没有哪一件事，比赶走日本鬼子更重要的了。大家翻开地图看一看，用手量

一量，从抗战首都重庆到宜昌有多远？真如同一个强盗拿着手枪对准我们的胸口，我们哪有工夫去乱想，去看电影哩！你们说是不是呀？”停了停，冯玉祥又说：“学问越多，对救国的责任就越大。美国、英国的大学生从军的很多，许多大学教授也在军中服务。苏联的女学生丹娘，就是读了俄国历史和许多文学作品，受到历史的启迪和正义的熏陶，才决心去当游击队员的。我们是废除不平等条约的国家，我们应该怎样和人家讲平等呢？白纸黑字的平等是没有用的。非得人家想爱我们的国家，我们才配和人家讲平等！”学生们鼓掌，窃窃私语，向冯玉祥投来敬佩、信任的目光，掌声经久不息。

演讲结束时，冯玉祥殷切地期望在战时艰苦中求学问的同学们，要比平时更加努力，要有发奋求学求知的精神，手不释卷、笔不停挥、汗不停流；要把握时代，做到科学救国。冯玉祥激情满怀地号召同学们：为节约献金作贡献！

来到白沙镇的第三天上午，冯玉祥给坐落在驴溪半岛的修平中学等五所学校师生讲了话。

下午，冯玉祥步行到位于镇南三公里处的黑石山上，为聚奎男中、新本女校师生演讲。两所学校学生在穿着笔挺、仪表威严的军事教官指挥下，分列石板路两旁热烈欢迎冯玉祥等莅临。当头戴平顶帽、身着棉长衫、脚蹬棉布鞋，扎着棉布裤腿，看上去完全与质朴的北方老农民无异的冯玉祥向学生队列走来，笑容可掬地挥手示意时，师生们未曾想到曾任总司令、统帅几十万大军而身经百战、叱咤风云的将军，竟是如此简朴，如此可亲可敬，半点都看不出来他是一级上将、副委员长、国民党中央常务委员。

冯玉祥从礼堂巷道经过时，几百双手使劲地鼓掌。他健步登上主席台，微笑着抬手示意——安静。身高 1.86 米的冯玉祥，站在讲桌前似一座铁塔，稳稳实实。没有主持人，也用不着多余的介绍，他开门见山地讲话了，声音洪亮，抑扬顿挫，风趣幽默，浅显易懂而富有教育意义。他说：“同学们，你们捐了钱、献了物，帮助国家买飞机、买大炮打日本鬼子。”一边比画手势一边说，“我冯玉祥万分地感谢你们，全中国人民感谢你们！到时候买回了飞机，一定在机翼上写下几个大字。一架写‘聚奎号’，一架写‘新本号’，让两架飞机飞临黑石山上空，叫它盘旋几圈，让你们看看你们捐钱买来的飞机！”学生们欢呼雀跃，热情奔放，感到无比自豪与荣耀。

隔日，冯玉祥又来到位于驴溪半岛马项垭西长江边上的新运纺织厂，慰问为抗战前线生产纺织品的职工。这个厂是宋庆龄于 1939 年创办的，安装有印度造铁制纺纱机 40 多台，纱锭 1000 多个，职工大多数是抗战志士家属。冯玉祥在袁宝珠女士等陪同下参观了厂区厂貌、车间库房，与纺织工人亲切交谈，向袁宝珠厂长和管理人员了解工艺流程、操作规范、产品质量数量等。冯玉祥对袁厂长井井有条的管理、职工的十足干劲大为赞赏，夸奖她们纱纺得好，布织得好，鼓励她们为抗战继续努力，多做贡献。在会见未当班的女工时，冯玉祥说："现在，妇女从不平等和被压迫的地位解放出来了，同男子一样负担国家的责任。""今天，我们国家的形势很严峻，女同胞们应该做些什么呢？那就是努力工作，节约献金。两个方面一个目的，竭尽所能支援抗战前线。"袁厂长和女职工们都深受感动。

冯玉祥离开纱厂回到白沙镇，一位小司号员和一名小工友迎上来，把平时积攒的钱亲自交到冯玉祥手上，托他献给国家买飞机大炮打击日本鬼子。冯玉祥见这两个小青年穿着十分简陋，深受感动。他代表国家收下这两笔小小的捐款，欣然泼墨作画，挥毫题诗相赠。

冯玉祥在白沙镇几天来为抗战募捐的宣传鼓动，唤醒了民众的觉悟，推动了人们的献金热情，涌现出许多可歌可泣的献金感人事迹。

官场轶事

1928 年 6 月北伐结束后，冯玉祥将军来到南京担任国民政府行政院副院长兼军政部长。有一次他应邀参加一个重要会议，通知上写明会议时间是下午 3 点。冯玉祥准时到达会场，可是会场上冷冷清清，他等了两个多小时，与会人员才陆陆续续到齐。当宣布开会后，只见桌子上放满了水果点心，与

会人员有的吃水果，有的吃点心，而对会议所讨论的问题，或充耳不闻，或含糊敷衍，不知所云，后来则干脆丢开议题不管，而是大谈起不相干的社会新闻与吃喝玩乐来。这样拖了一个多小时，就宣布散会。冯玉祥回到住处，越想越生气，挥笔写下一副对联。文曰：

三点钟开会，五点钟到齐，是否革命精神？
半桌子点心，一桌子水果，哪知民间疾苦！

横额是：官僚旧样。

冯玉祥的这副对联很快传遍了南京官场，后来又传到民间，使得那些达官贵人又气又恨。

早在民国初建不久的北洋政府时期，冯玉祥担任陆军第十六混成旅旅长时，曾带兵驻扎在南京长江北岸浦口四个多月，也曾发生过一件“官场轶事”。

那时，南京城里掌权的是以直系军阀、江苏督军李纯为首的一批达官贵人，他们几乎天天举行大小宴会。李纯为拉拢冯玉祥，常常邀冯玉祥入城参加宴会。冯玉祥生性淡泊，常常找借口拒绝，有时碍于官场交往情面不得不参加宴会时，也总是尽早退席。

一次，冯玉祥又被李纯从浦口请过长江来到南京城中的督军衙门，全城官吏与地方头面人物都来了。宴会开始不久，李纯宣布让参加宴会者“出条子”——即在妓女名单上点名画圈，让听差去传呼妓女来陪酒作乐。冯玉祥不肯附和。一会儿一大群妓女被召进宴会厅，各自坐到传呼自己的官员旁边。李纯召来两位妓女，让她们坐到冯玉祥身边弹唱劝酒。李纯还对冯玉祥说：“你来到大城市，不该苦了自己。你没有熟识的姑娘，我给你介绍了两位。”冯玉祥怒不可遏，但又不便发作。未等李纯说完，他霍然站起，拔脚而去。全场达官贵人愕然，李纯目瞪口呆。

冯玉祥回到浦口军中大哭一场。第三天晚上，冯玉祥召来排以上军官到旅部饭堂会餐。这是少有的事。大家入席后，只见酒菜极简单。冯玉祥介绍了南京官场吃花酒出条子的种种情景后，说：“难道只能让这些达官贵人行乐？今天我们也来学学他们，我们也来出条子，每人叫一个！”众军官知道冯玉祥的脾气，听到这番话十分惊讶。冯玉祥见众军官不出声也不动，就说：“我已经给你们出了条子，每人一个，每个一元。他们快来了。”少顷，饭厅大门洞开，涌进来一群衣衫褴褛的乞丐，或男或女，或老或幼，或盲或跛。这些人都是冯玉祥预先派人从南京街上召集来的。众军官更加惊讶。只见冯玉祥站起来说：“这些人就是我给大家所叫的‘条子’。他们都是我们的叔伯、兄弟、姐妹！我们应当照顾关心他们，请你们每人给他们一元钱！”众军官大为震动，感慨之余，纷纷解囊。

冯玉祥的这则故事轰动南京，达官贵人骂冯是个大怪人，而穷苦人民却说冯是中国官场中一位难得的平民将军。

孔祥熙之女孔二小姐仗着其父和姨父蒋介石的关系在重庆横行霸道，大耍威风。她走私货物大发国难财，无人敢阻拦。1939 年冬天冯玉祥到綦江县公干，第二天下午，他听说孔二小姐正在綦江城门外打骂拦下她的车队要检查走私物品的士兵，冯玉祥马上赶到现场。这个从贵州方向开来的车队前有军警开路，后有小轿车压阵，非常威风。只见一个士兵脸上还有 5 个红指印，孔二小姐还在大骂士兵“瞎了你娘的狗眼，连中华民国军事委员会贴封的车队也敢检查……”冯玉祥上前笑着说：“二小姐，我总有权检查吧？”孔二小姐一看是冯玉祥，边赔着笑边就溜之大吉。冯玉祥马上电告委员长，说他正在川黔公路上追截一走私车队，案犯好像是贵阳的，姓刘。蒋回电要他“严惩不贷”。冯玉祥将走私车队的事全部处理完后，又向蒋委员长报告说：“走私车队全部截获，只是主犯逃之夭夭，好像是个女的。都怪我疏忽大意，没将其捉拿归案，请求委员长处罚……”蒋介石一听，马上明白是孔二小姐的走私车队被截，但也是哑巴吃黄连——有苦说不出。他垂头丧气地说：“焕章兄，你干得好，干得好。”

1941 年 11 月 14 日，是冯玉祥 60 寿辰。前一天，《新华日报》就出了“冯将军 60 大寿特刊”，周恩来亲自撰文称赞冯玉祥是“抗战的中流砥柱”。对此国民党顽固派非常嫉恨，在第 3 天他的寿宴上，门卫送来一封信，冯玉祥

拆开一看，里面装有一颗子弹，纸条上写着警告他不要与共产党来往的话。冯玉祥知道这是蒋委员长的得意门生戴笠手下所为，就当着众多客人的面说："真是不择手段。来而不往非礼也，我也要将这封信原样送给他们的主子……"于是，他将"子弹信"原样封好后在信封上写了几句简短的话就派专人送给了蒋介石。蒋打开信一看，只见上面写道："收到一封奇信，我不敢一人独赏，特奉献给贤弟一阅。"这意思很是明白，蒋介石看后非常生气。他装腔作势地给冯玉祥回了一封"安慰"信，信中说："首都重地，竟有如此狂徒，殊堪痛恨，已饬限期破案矣。"冯玉祥看后当着众多宾客，冷笑几声就将这回信扔到了废纸篓中，众人也是一阵哈哈大笑。

仁人之言

1926年5月9日，冯玉祥到苏联进行了为期3个月的考察。在苏联，社会主义的新制度、新气象使他耳目一新，他获得了许多新知识，为民众谋福利的思想趋于成熟。所以，他花大量的时间接见苏联工人、农民、文人、妇孺以及军政界的领袖，进入工厂、田庄、学校了解情况。经过广泛会谈、考察，结合自己对革命理论与实践的潜心研究，他更加坚定了对革命的信心和决心。回国后，他于9月17日在五原誓师，策应广东国民革命军的北伐。在奉命南下平甘援陕途中留下了许许多多动人的故事。正宁的题字碑就是这一时期冯玉祥平民思想与社会主义思想相结合的产物。

冯玉祥是沿磴口、银川、固原这一路到平凉的。

在平凉最叫他伤心的一件事是：部队里受伤染病的弟兄，长途行军一到平凉，有些人走不动，就在半途搭便车。那时天气太冷，久坐不动，脚部都被冻得失去了知觉。每到一个地方，找店投宿，就急着生火取暖。那知脚冻久了，一接触热气，皮肉立刻泛成乌紫，溃烂不可收拾。如此冻断了足、成为残废者不下二三十人。冯玉祥认为这都是士兵缺乏卫生知识，官长又大意疏忽的缘故。他查悉这些情由，急着分派人员，到各部拦前截后，令沿途注意此事，落店后，当先以冷布擦脚试暖，不可急于烤火。他觉得那些断足的弟兄遭此无妄之灾，作为官长，有失察之责，深感内疚。

有一年圣诞节，大雪不止，冯玉祥有点感冒，正在房里坐着歇息，忽然他的顾问乌斯马诺夫派他的翻译送来一只大鸟，说是刚猎获的，这只鸟送给他作为圣诞礼物。那鸟周身羽毛雪白，展开翅膀，长达数尺，平常很少见，据说名为“地鹏”。问及本地人，说这是所谓的天鹅地鹏之鹏。冯玉祥觉得乌斯马诺夫不应该如此做，就对他的翻译说：“我请他来当顾问，不曾请他来打猎。这是一种珍贵的鸟，把它打死，如何对得起我国家？他以一个外国人，未得地方当局允许，就擅自行猎，我们的法律也不能容许。”于是冯玉祥把道尹和县长请来，问其何以不管外国人在地方擅自行猎，请他们查出法令，去和乌斯马诺夫交涉，让他知道国有国法，军有军纪，不可随便玩忽。乌斯马诺夫闻讯后十分惭愧，问冯玉祥如何才好。冯说：“第一，得认错；第二，不得命令不能自由行动。我们是革命军队，此等万万不可大意。”事后许多人认为处理过重，有伤外国朋友的面子。冯玉祥又说：“这个不然。我们是革命军人，不能因为给人留面子，就连国法军纪也不要。我们不能独外，他犯了错，我自必有纠正他的责任。若不然，我何以对国家和人民？这是大关键，不可丝毫放松。”

冯玉祥从平凉出发，取道泾川，沿途道路极坏，一边走一边修。到了泾川，看见人民捐献粮食非常踊跃。原因是这里得了一个丰收年，也因交通不便，不能向外运销，故粮价出奇得便宜。麦价每元60斤，白面每元50斤，其他杂粮更是价贱。因此，兵站征集粮食很容易。四乡人民运送的粮草，堆积如山。冯玉祥和百姓谈话，他们说：“今天最重要的是打倒军阀、打倒帝国主义的事，我们出些粮不算什么。”也许粮食来得太容易，那天冯玉祥见麦子撒满地上，随处都是，狼藉不堪，觉得十分可惜，就召集负责人员，大加申斥。

从泾川去长武至邠县途中，冯玉祥夜宿一家小小村店中。因为随从简单，人民都不相识。刚刚躺下，就听到有人敲门，操着甘肃口音，连吵带骂，进入店中，立刻向店主大发威风，极是蛮横。冯玉祥叫副官不要干涉，看他们

究竟干些什么事出来。来人带着3匹马，自己闯入店中，那马拴在门口树上，把树皮吃了净光。店中只有3间房，人已住得很挤，来人就和冯玉祥同屋而住。慢慢知道冯玉祥是什么人了，就变得老实多了。冯玉祥找他们谈话，自称是二、三军的，送信经过此地投宿。于是冯玉祥就好言劝说起来。冯玉祥说人民以血汗供养着我们，我们责任就是保护人民，为人民谋幸福，谁要欺侮人民，我们就和谁拼命。我们为什么打倒军阀、打倒帝国主义，就是因为他们苦害我们的人民的缘故。你们的父母兄弟姊妹是百姓，你们的亲戚、朋友、邻里也是百姓，你没有出来当兵的时候，也是百姓，我们怎么可以欺侮百姓呢。这样和他们谈着，他们竟痛哭起来，由衷地表示懊悔。冯玉祥认为兵士是好的，只因官长不负责任，失之教育。当日，天没明他们就动身走了。

冯玉祥到了邠县，住在县政府，就近查看了班房和监狱，见到黑暗内情，十分心寒。监狱在县政府旁边，牢子不许犯人躺坐，在地上泼了水，使之结成厚冰，又故意把窗户堵死，使气不能流通，凡进来者无不生病。班房在县衙内，囚犯中青年、老人都有，一般都无什么重大过失。牢房是一种装着木栅的狭笼子，每房1丈见方，最多只可容纳20个人，却挤着60多人。人群中放着一个大尿缸，大小便都在其中，桶中尿垢厚及数寸，臭气熏天，令人窒息。犯人若要向外呼吸一口新鲜空气，都要付10至20元。冯玉祥见此情形，心痛如锥刺。他以为牢子们所以敢于如此，完全因县官不去查看，明明知道，而心照不宣。他将邠县的代理县长找来，问何以掩耳盗铃，不加改革，县长说积重难返，一时没法改革。冯玉祥就把为自己预备的县府中的几间上房让出，请那些犯人去住。同时请县长和自己一块去打扫牢房，亲自和县长把那几个缸抬出，叫他嗅嗅那臭味，问他如此凌虐人民，良心觉得惭愧否，并令趁早切实铲除积弊，不得再有怙恶不悛的事情。后来冯玉祥连着看了长武、永寿数县，大同小异，如出一辙。觉得这是吏治的问题，原非整顿所能了事的。但身为县长如果正直不欺，亦能收到弊绝风清、局部改革之效。

此时邠县以东的正宁县，县中设立县党部，负责人是从长安派去的，都是些十七八岁的青年。他们以为革命一起，人民对于国家就可以解脱所有应尽的义务，不必再负什么责任。于是他们一到地方，就向百姓宣传，叫不完粮、不纳税。有军队过境，要粮草，要车马，他们又向百姓宣传，反对摊派差役，反对征发军用物资。自以为如此才是为劳苦大众谋幸福。弄得过境军队吃喝无着，苦痛万状，于是酿成军队和党部两方面的冲突。结果党部青年，被驻在当地二、三军大打了一顿，驱逐出境。冯玉祥到邠县后，因为他是西北党部代表，两方都来告状，互相以反革命罪名相骂。冯玉祥以为军队擅自殴辱党员，固然不好，但因为那种幼稚错误的宣传，致陷军队于不利的现象，党员们也难辞其咎。当时的党员中有年长老成的，约冯玉祥前去讲话。冯玉祥召开了一个规模很大的军民大会，向民众发问道："军阀祸国殃民，应该不应该打倒？"答道："应该打倒！""帝国主义侵略我们，压迫我们，使我民族不能翻身，不能抬头，应该打倒吗？""应该打倒！""军阀和帝国主义必须打倒，究竟谁去打倒呢？"答："主要还靠军队。""军队没饭吃，没衣穿，没有粮草马匹，可以打仗吗？"答道："不能。"于是冯玉祥说："只靠军队，是无法完成革命工作的。必须人民与之合作协助，才可以完成，才可以成功。"这样的问答数次，又经详细地讲解，大家才恍然大悟明白过来。那天到会的人很是踊跃，冯玉祥站在戏台上大声讲话，把嗓子都说哑了。末后冯玉祥问了一个老人，我说的这番道理，究竟对是不对，比你们以往听的那番道理如何。那老人笑着回答："他们说的那个痛快，粮也不出，草也不出，也就不闹革命了！"说得大家都笑起来。当时会场空气极是融洽，事后军民之间的隔阂打破了，党与军之间的意见也化除了，一场风波才算平息。冯玉祥认为民众对革命支持不力、配合不够的原因是部队宣传不到位，建立什么样的政府和军队，为老百姓干些什么事，都没有明确主张，使民众无所适从，故而他常常亲自写些东西，编些歌词，抓紧宣传，弥补缺陷。冯玉祥回想一路来的所见所闻，形成了明确的政治主张，写下了一段精辟的话，由正宁县县长杨楚材做了一个高 1.57 米、宽 0.63 米、厚 0.13 米的碑。碑额为"仁人之言"，碑文曰：

我们一定要把贪官污吏土豪劣绅扫除净尽；我们誓为人民建设极清廉的政府；我们为人民除水患，兴水利，修道路，种树木及种种有益的事；我们要使人人均有受教育、读书识字的机会；我们训练军队的标准是为人民谋利益；我们的军队是人民的武力。

中华民国十六年　冯玉祥
甘肃正宁县长杨楚材敬立

此文反映出了冯玉祥的平民本色，以及贴近人民群众，不欺压老百姓，反对官吏贪污腐败，倡导为人民谋利益，与士兵同甘苦，严肃军纪，抗击外侮，反对内战等方面的心志。据说，以此文为内容的题字碑在河南、陕西、甘肃等地广为流传。这说明冯玉祥将军不但喜欢立言，而且喜欢立“不朽之言”。现在读此碑文，人们可以洞察作者的政品和人品。为政者也应以此为鉴，造福人民。

阎锡山：民国政坛上的“不倒翁”

阎锡山能团结周围一大批有识有才之士，首先是想干一番事业，有延揽人才的需要；其次他待人厚道，否则很难与很多人相处始终。有许多人在他危难的时候亦追随不舍，甚至舍命相随。他一生奉行“中的哲学”，掌控山西三十多年，他个人生活俭朴，不抽烟，不喝酒。离开政坛后，整理文献，阐述思想，著述颇丰。晚年笃信三民主义和世界大同的理想。

驭下有术

在中国近代大大小小的军阀中，阎锡山别具一格，具有许多其他军阀所没有的特点。他之所以能以土皇帝自居、统治山西达38年之久，除了他狡诈多变、见风使舵、拥兵自重，有一定政治头脑之外，其独特的“驭下”之术也不无关系。

为了能有效地驾驭下属，阎锡山在用人时特别强调非亲不用。他本人是山西五台山人，凡五台山的同乡多深得重用。当时山西有名的高级军事将领、阎锡山军事上的得力助手杨爱源、赵承绶、王靖国三人，都是他的五台山同乡。曾任山西省政府主席的赵戴文，也是五台山人。山西省政府的其他许多显位要职也多为五台山人

占据。当时太原就流传着这样一首歌谣：会说五台话，便把洋刀挎。凡是五台山人，又忠于阎本人者，不管才能大小，一律得到重用。即使是山西人而非五台山人，同样会遭到歧视、排斥。至于外省人，在阎锡山政府中能居要职的更是凤毛麟角。阎锡山对五台山人是这样，对其亲戚更是委以重任。掌握财政大权的是阎锡山的岳叔徐一清、内侄徐士珙。徐一清任山西银行经理；徐士珙任山西交易公司经理。曾任山西省政府代主席的大特务头子梁化之，是阎的姨表侄。在政府的各部门，阎锡山结成了一个宗族关系网络。

为了能有效地驾驭下属，阎锡山总是习惯于制造和利用下属之间的矛盾。他常利用下属的地区不同、部门之别，扶植许多小派别组织，例如他先支持王靖国搞起铁军系统；接着又支持梁化之、李冠洋等文人搞起“革命同志会”；同时又怂恿杨贞吉建立“敌工”系统。在文人之间，在军人内部，在13个高级干部之间，阎锡山有意识地制造矛盾，形成对立面，让他们互相牵制，互相监督，争先向他邀功请赏。谁对他稍有不满，他就把谁搞掉。

为了便于驾驭下属，阎锡山往往恩威并用。他利用一些人的名位思想，大量封官晋级。他制发一种布质徽章，分将、校、尉三级，以红、黄、蓝三色区别，把廉价的官衔到处送人，以博取下属的欢心。当时有人讽刺说：红边多如狗，司令满街走。阎锡山在对下属施以恩惠的同时，也慑以淫威。凡对他稍有不满言行，或对他的统治不利的官吏，他都无条件地铲除。如第70师师长刘墉之等人就是被阎锡山以莫须有的罪名加以杀害的。阎锡山特别注重对官吏的控制，认为“人心险诈莫测，人言不可轻信”。他颁发了《山西省分区视察办法》，每个行政区派遣一组观察员，分驻区、县，负责监视专员、县长。他还派遣大批特务混入各级官吏中，监视官吏的行动。阎锡山软硬兼施，使下属既感激他的恩典，又慑服于他的淫威，于是只好俯首帖耳地任其驱使。

为了牢牢控制部下，阎锡山还乞灵于封建帮会组织。他说，旧时帮会组织在社会上势力最大，应将现有帮会人士加以组织化、现代化。在1942年前后，阎锡山利用青、洪帮形式，分别建立了青帮组织“安青进步委员会”和洪帮组织“进步总社”，并按帮规立起明德堂和进步堂。阎锡山自封为帮主，把他的大部分文武官员都拉进去作为徒子徒孙。在帮内，阎锡山大肆宣扬“领袖至上，山主至尊，组织至上，义气第一”，以使帮会成员绝对服从于他、服务于他。阎锡山利用帮会组织，从而使他的独裁统治又蒙上了一层神秘的色彩。

这些“驭下”之术，使阎锡山的专制统治得到强化，也使他得以长期割据山西。但是，不管他“驭下”多么有术，最终难逃失败的命运。1949年4月24日，人民解放军解放太原，宣告了阎锡山在山西38年的统治彻底结束。

鸡蛋上跳舞

1935年，日本在侵占东三省后，开始筹谋“华北五省自治”，想让河北、察哈尔、绥远、山西、山东组成联合自治政府，成为第二个“满洲国”。山西，因其战略地位、煤铁矿产，以及阎锡山的影响力，成为这盘棋中的首落子。

日本特使及其说客不断做阎锡山的工作，请他挂帅五省。但任凭软硬兼施，他总是一副太极身段，“极力忍耐敷衍”。他“不出头”，但也没置身事外，因为他知道，总会有人出头，那对华北乃至中国的危害总会祸及他的地盘。蒋介石、日本人、共产党这三方面的压力加诸其身，阎锡山自喻为“在三颗鸡蛋上跳舞，踩破哪一颗都不行”。反复权衡之后，他做出“迎共抗日”的选择。

中共代表、山西定襄人薄一波，就是在这时候到达山西，接管了牺盟会，在这条特别的统一战线上，跟阎锡山合作、周旋、智斗了8年。当时牺盟会掌握了全省80%以上的抗日县政权，新军发展到40个团10多万人，撑起山西的抗日局面，被誉为“敌后抗战楷模”。

此间，阎锡山提出“守土抗战”的主张：以反侵略反畏缩的意义，站在整个国家责任的立场上，纯论是非，不顾成败，不能等准备的力量足以抗战时再抗战，也不能把一件件事情都做得赶得上人家了，能和人家列强并驾齐驱了，然后把自己已失的土地收复回来，只要这块土地上有一个人，也该守土抗战。

他提出的对日“实行持久战”、“宜在有利之地形与之作战”和八路军的实践不谋而合。

在与傅作义共同领导绥远抗战时，阎锡山以继母陈秀卿的名义，将父亲的遗产 87 万元捐给前线。晋绥军将领、学生、商人，随即纷纷解囊。

凡此种种，包括摒除党派之见起用共产党人，放手让薄一波发展壮大牺盟会，表现出他的政治胸襟，是他真心抗日的举动。山西当时成为陕北之外的又一个抗日中心，吸引了许多爱国志士。

徐向前是五台山人，阎锡山的同乡，且在阎创办的省立国民师范读过书，是阎的学生辈。1937 年 9 月他作为“向导”，与周恩来、彭德怀等赴太原同阎锡山商谈八路军入晋抗日的事。

半个月后，由阎锡山筹划，林彪、聂荣臻指挥的一一五师在平型关打了一个伏击战，取得八路军抗战以来第一个胜仗，也是华北战场上中国军队主动歼敌并首次胜利的战斗——尽管它无力扭转中国军队在整个平型关战役的被动局面，无法改变对日作战的一连串失利及太原的沦陷。

节节败退的过程中，阎锡山有过骑着毛驴撤退的经历，也曾赋诗抒怀：

夜向吉县行，昕水百余经。

行人身半湿，残冰伴稠星。

正因为阎锡山与共产党的合作，国民党内部有“山西赤化”的诘责。1960 年 5 月 23 日他在台北去世，有报纸刊载社论《阎锡山值得国葬吗》，认为他“大量培植左倾分子，卒使共党势力在山西坐大”，结果“晋西事变”后，新军加地方团共约 15 万人同时叛变，携带新武器，投向朱德、刘伯承、林彪和贺龙；更有人暗指，阎锡山是国民党垮台的“首祸”。

阎锡山真心抗日的同时，蒋介石却横下一条心：攘外必先安内。他不断调遣阎和张学良带兵“剿共”——让晋军奉军与共军彼此消耗。阎、张同病相怜，深感再这样下去只能两败俱伤、国家受难；停止内战、共同抗日，才能保全自己、保全国家。

一年之内，张学良5次飞抵太原跟阎锡山“共商陕北剿匪事”，双方小心翼翼，边试探边由浅入深、由虚而实，彼此心照不宣。

1936年10月31日是老蒋50寿辰，阎锡山就停战问题进言，蒋厉声道：“你们只答复我一句话，是我该服从你们，还是你们该服从我？”阎锡山对张学良说：“汉卿啊，看委员长态度，咱们不能再说话了，以后看机会慢慢做吧。”

42天后，张学良和杨虎城在西安兵谏，扣押了蒋介石，史称“西安事变”。面对国家危机，和平解决西安事变是较好选择。毛泽东在写给阎锡山的信中说：“共维大局之语，至理名言，曷胜钦佩……愿我公出以有力之调停手段。”事实证明，阎锡山多方斡旋调停，功不可没。

至于1940至1944年间，阎锡山与日本人频繁的接触，通常被指斥为“勾结”。事实上，这是一场无甚进展的讨价还价和软磨硬泡。日本想利用阎的身份、资历和地位令山西乃至华北脱离重庆政府；而阎想借助日本，在“剿共”的同时克服自己的困难，加强经济和军事实力。赵戴文曾向阎说：“以后无论局势如何变化，希望你不要走汪精卫的道路。”阎回答说：“我有我的主张，我为了存在，利用他们，绝不会走那条道路。”

谈判中曾出现过这样一幕：日方代表花谷正极不耐烦，对阎锡山拉扯起来。阎毕竟是读四书五经长大的，尽管难堪，也只是皱起眉头。

日本军方回忆录里记载：阎是个“有自私自利打算、老奸巨猾不吃亏、难以揣度的人物”。在日军1938年就制定的瓦解、诱降中国军队的计划中，阎锡山这部分代号为“狸”。

“二”的做法

“二”的哲学即中的哲学，有四个明显特点：一是自存自固是其出发点和归宿；二是不偏不倚，保持中立，见风使舵，从中渔利；三是制造矛盾，利用矛盾，巩固统治；四是追附形势，标新立异，特立独行，彰显个性。其实质是存在就是真理，需要就是合法；存在就是一切，一切为了存在。

阎锡山的青少年时期基本上是在他父亲开设的积庆长钱铺度过的，日常的业务便是放债收息并参与金融投机。商海之中有的重承诺、讲信誉，有的却强凌弱、智诈愚，贪婪、狡猾、伪善、欺骗，形形色色，不一而足。阎锡山深谙此道，掌权之后也习惯用商人的眼光看待下属。他大量用人，不信任不使用，但又怕他们不忠于自己，欺骗自己。所以他说："必须以小人防人，以君子待人。不以君子待人，无以处君子；不以小人防人，无以处小人。以小人防人，君子乐之，小人幸之；以君子待人，君子安之，小人荣之。凭人不可以为人太好，疑人不可以为人太坏。任人不可不专，防人不可不密。要在密防之下专任。以君子待人，以小人防人，才是为政之道。"

人们由于出身、籍贯、学历、爱好等的不同，往往形成一些小圈子。阎锡山的干部队伍亦如此。他针对这个特点，就用"二的方式"分析事物，用"二的做法"树立对立面，通过对立面的相互监视、掣肘、攻讦、争功、邀宠，来达到他了解情况和控制干部的目的。在组织机构上如此，在干部配备上亦如此。

阎锡山于中原大战失败后总结经验教训，其中一条就是要建立政治组织。1932年，他东山再起出任太原绥靖主任后，为了笼络青年，便授意李冠洋组织"中国青年救国团"(简称李派)，不久又授意邱仰浚组织"建设救国社"(简称邱派)。这两派都以青年学生为发展对象，都发放津贴收买学生，你争我夺。两派学生各有其主，不管对方的主张与做法是否正确，只要不是自己一派提出的就予以反击，所以经常发生摩擦，但总的目标又都是拥护阎锡山的。后来阎锡山将它们合并，成立了自强救国同志会。1936年，自强救国同志会内部的进步人士发起成立了牺牲救国同盟会，在薄一波的主持下成为特殊形式的国共合作的统一战线组织。它于抗战爆发前后在动员和组织群众参军参战、发展抗日武装、建立敌后抗日根据地等方面做了大量的工作，成为山西抗战的中流砥柱。1938年1月1日，蒋介石在武汉召集高级军政官员讨论和战问题，阎锡山是主和派。回到临汾后，他即宣传妥协，遭到牺盟会领导人薄一波等的反对，这使他认识到只能依靠牺盟会抗战，不能依靠它来妥协。

于是，阎锡山在日军已发动春季攻势的情况下，于2月16日成立了民族革命同志会，自任会长。两个组织，一个代表新派，一个代表旧派，他希望前者帮他抗战，维持山西的抗战局面；当和平到来之时，由后者维持妥协。但由于立场和政治见解的不同，终于爆发了“十二月事变”，使牺盟会离他而去。

同样，阎锡山也让他的官员搞文武对立。1939年，他授意王靖国在军队里建立了铁军组织，掌握全部军权。阎此时提出“领导一元化”、“军政一元化”、“组织一元化”等口号，王趁机提出由军长兼专员、师长兼县长，甚至想由军人兼任同志会的地方特派员。当时的第二战区几乎成了军人的天下。这当然引起文人们的不满，梁化之、李冠洋等人便私下成立了文人组织（又称最后同志），仿照铁军纪律，规定“凡背叛、脱离、诋毁领袖者，愿受组织之处死”。文人组织是在阎毫不知情的情况下成立的，铁军组织便有人向阎检举。恰在此时，王靖国在西安被蒋介石召见回来后，未向阎汇报即宣传蒋对他的倚重，并印发蒋与他的谈话。阎闻之大发雷霆，骂道：“有人要当曹操，我可不想当汉献帝！”吓得王靖国自打嘴巴，下跪求饶，坚决表示忠贞不二。由此，阎锡山也发现不能单独依靠王靖国，文人组织这个“私生子”便得到承认。从此形成了文武对峙，王、梁争功邀宠，都要与阎同生死共患难，都愿受最严厉之纪律制裁，都要尽力完成自己的任务，又都互相监视，不时向阎反映对方的问题。阎锡山稳坐钓鱼船，不但对他们的动向了如指掌，而且可以运用自如。

1941年，阎锡山开始利用帮会笼络社会上各色人物。他先成立了民众进步委员会（青帮），自封为大字辈老前人，不久又成立了民众进步总社（洪帮），自封为山主。一时设坛收徒，蔚然成风，就连许多军政人员都成为其门徒。这也说明阎在利用两个对立的帮会为其服务。

阎锡山的特务组织也是两套人马。1938年，阎成立了由杨贞吉领导的敌工团，最初有对敌伪工作的任务，后来发展成为专门侦察、搜捕、关押以至杀害共产党员及其同情者的同志会政卫组。1942年，阎锡山又成立了几个战地工作委员会，梁化之任隰汾区战地工作委员会主任，下属战工团的侦

察组，开始执行与政卫组同样的任务。1943 年，战工会撤销，梁在侦察组的基础上成立了同志会流动工作队；抗战胜利后，又改称为第二战区特种警宪指挥处；第二战区结束后，则改称太原绥靖公署特种警宪指挥处。同志会政卫组则改称太原绥靖公署建军委员会政卫处。从此，两个特务组织——特警处、政卫处，为了“肃清伪装”，展开了杀人竞赛。

具体到一个部门里，也不乏这类事例。抗战胜利后，阎令其内弟徐士珙担任山西贸易公司的经理，却让与徐意见不合的表侄曲宪南担任副经理。梁八元（定襄人）本来是从事医务工作的，阎有次问他做一件衬衣需要多少布，梁说了个大概数字，回去后又请教人做了详细计算，向阎做了汇报。阎即令其出席有关军服生产的会议。负责军服生产的那些人同他开玩笑说：“你不好好看病，来夺我们的饭碗子干啥！”梁这才恍然大悟，借故摆脱了这件事。

阎锡山向来善于制造矛盾，利用矛盾得到权势的平衡，确保他的绝对控制权。凡是在他领导下的军政单位，哪怕一个军师，一个专县，都是在他支持下的两种矛盾着的势力同时存在。如果哪一个军师或专县正副职之间团结得好，工作上配合得好，他就要想办法调走一个，再派一个对立面来。在他领导下的大小单位，没有矛盾的班子几乎是没有的。哪里是团结一致的，他就认为那里出现了不正常现象，就得进行调整。

治理山西

1930 年，美国《时代》杂志记述：作为山西省的模范督军，阎实际上耸立在一个独立王国之中——处于各军阀的包围之中。尽管目前晋西南地区还存在粮食短缺，但阎为 1100 万人带来了繁荣。在中国，他们最富裕，因而使他显得出类拔萃。阎的嗜好不是女人、酒、鸦片，甚至也不是金钱，而是优质的道路、纺织、防御部队、维持秩序的警察，发展优良的牛、马、耕具、家禽、肥料——所有能为他的乡亲直接带来好处的事物。

阎锡山不好女色。他之所以娶了一房姨太太徐兰森（5 个子女皆其所出），实在是因为原配徐竹青不能生育。阎锡山是独子，迫于压力才续娶。

从1917年9月3日北洋政府委任阎锡山为山西督军兼省长起，他就使山西在政治、经济上自成一体，对外以“保境安民”为由筑起军事堡垒，不许外省军队入晋；对内推行“自存自固”。面对北洋各派系争雄的局面，他表示服从中央政府命令的同时采取“中立”态度，一不入党派，二不问外省事，三不为个人权利用兵。他专注于保卫地方治安，提出“三事”（种棉、造林、牧畜）“六政”（禁烟、天足、剪发、水利、种树、蚕桑），同时兴修公路、铁路，建工厂，埋头经济建没，扩充本省实力。在民国成立后的头20年里，确实为山西带来了稳定与繁荣。

阎锡山造的铁路自成一体，全是窄轨。正太铁路局局长朱霁青曾对人说：“不知阎老西到底安的什么心。他坚决不肯让同蒲和正太两条路与全国铁路成为同样的轨道，以便衔接，我屡次向他建议，他就是不理。”无论如何，1919年胡适陪同杜威到太原，1934年潘光旦走在正太路上，都曾对山西留下赞美之辞。

山西教育当时也在全国领先。阎锡山很早就推行国民义务教育，在《人民须知·民智篇》中他说：国民学校的功课，就是修身、国文、算术、体操、图画、手工等事，有四年功夫就毕业，学下算盘、写信、记账的本事。稍有钱的，再上高等小学校；实在穷的，也可自谋生活。这就是求知识的第一样要事。

到1916年，山西每万人中有小学生290名，居各省之首。从1924年起，山西适龄儿童入学率每年都在80%以上。他在家乡河边村创办的川至中学也设附小，共7排140间瓦房，礼堂、会议室、生化研究室、标本陈列室、运动场等一应俱全。头4年不收学费，每年还给学生发一身校服、一双皮鞋（后改为帆布鞋）。这都是阎锡山自己掏的钱。

到1937年，山西有55所中学、17所师范、6所大学。黄炎培在《读中华民国最近教育统计》中说：民国初年山西学校、学生数量的增长“速而最稳”。

阎锡山对农村的民治试验特别有热情，从1917年起，他在山西搞起了

“编村”、“村治”。在他看来，实行民主和人们的文化程度没有必然联系，因为一般的是非曲直在人们心中是几近本能的东西。

还有一些事颇能说明阎锡山的“善治”。1918年的《山西省疫事报告》中说：当年1月5日，阎锡山接到晋北肺病疫情严重的报告，立刻通电各县，遮阻交通，严格检查，并要求官民清洁隔离、埋尸封室——用今天的话讲，就是公开事实、尽量透明；当时内务部派了个叫杨怀德的美国医学博士赴山西，阎立刻授以医务全权；同时，他相信并借助一切社会力量，如聘请当时在山西的各国医生、牧师和教士，参与救治。他以开放的胸怀和当机立断的决策，两天之后就控制了疫情的发展。

阎锡山“独立王国”的形成与1920年前后各省自治、联省自治的风潮有关。他在山西的统治与“联省自治”有明显不同，但目标同为“保一方平安，促一地繁荣”。他与众不同的政策使山西成为20世纪二三十年代中国相对平安、繁荣、稳定、日子好过的地方。

其实，阎锡山是在用一套治国之策治理山西。他有政治组织；有一支20万至30万人的晋绥军；有培养人才的各类学校和训练机关；有严密的安全机构；有较强的经济实体和各类“公营”事业——20世纪20年代末他名下有各种产业：银号、钱庄、汽车公司、五金行、粮店……

他同时创建了包括采煤、采矿、炼焦、冶金、电力、机械、化工、建材、毛纺、皮革、面粉、火柴、造纸、印刷等厂矿的西北实业公司；整顿了山西省银行，新设了铁路、垦业、盐业等银号及其实物准备库，发行钞票；总资产达到2亿银元。

20世纪30年代中，上海英文报纸《字林西报》刊登过一幅阎锡山的漫画：他身着长衫马褂，头戴瓜皮小帽，一边拨拉算盘一边念叨：今天又进多少钱。其公众形象的一面就是：精明、会算计。

李宗仁：青春戎马，晚节黄花

李宗仁是现代中国的传奇人物，他最大特色，就是他以杂牌军的头领地位，与黄埔系一路分分合合 20 多年，而始终没被“吃”掉。他与蒋介石一路纠缠，但在风云变幻之际，蒋介石始终未能完全斗垮他，他们最后在无可奈何中劳燕分飞。他最终思乡心切，回归祖国。

杀出一片天

二次革命中，龙济光因效忠袁世凯而窃据广东都督职；袁世凯称帝时又封其为一等公加郡王衔。袁世凯复辟帝制时，龙虽然宣布广东独立，参加军务院而为抚军之一，但他却未真心讨袁，不愿护国军假道粤境北伐。袁死后，龙立即宣布拥护段祺瑞而取消独立，并派兵在粤省韶关阻止护国军北伐，从而引发了护国军的讨龙战役。此时，陆荣廷已被段祺瑞任命为广东督军，为攫取粤省地盘，他乘机指使桂军进攻广州。

讨龙战役发生后，林虎第六军在粤汉铁路南段沿线与龙军发生冲突，李宗仁所在第十三团也由肇庆出发开向前线。这是李宗仁从军后第一次参加战斗。

隆隆的炮声和犹如鞭炮的枪声，响彻云霄。李宗仁当然未便询问别人此时的感觉如何，但他自己内心忐忑，神经紧张，呼吸上气不接下气。他深信他的爱国热忱与人无异，而视死如归、不避艰险的胆量，尤不在他人之下，何以一听到枪炮声，情绪就如此紧张，连他自己也莫名其妙。

其实，即使是最勇敢的军人，第一次参加战斗时也很难避免紧张的心态，如果不是这样，反倒不正常了。尽管如此，李宗仁第一次参加战斗实际表现还是十分出色的。

战斗打响后，李宗仁所在连队的连长因胆怯而临阵离职，营长也不知去向，士兵便也畏葸不前，所以在龙军的进攻下，队伍有些动摇。李宗仁见状，决定以逆袭阻止龙军进攻。他挺身而出，命令掌旗兵高举连旗，号令全连士兵冲锋，并一马当先冲在了前面。战斗中，一颗子弹击中他的右颊，顿时血流如注，满嘴都是碎牙。李宗仁第一次参加战斗就挂了花，确实有些意外。不过，幸好他的伤势不重，子弹没有留在头部，而是从左边鼻孔穿了出去，因而免去了开刀之苦。受伤之后，李宗仁在后方医院养伤十余日，营长黄勉即催其早日归队，原因是原来的连长临阵畏缩，为人所轻，战斗结束后回到连队已无法约束士兵，只好请辞，而李在战斗中表现勇敢，故连长一职由其递补。李宗仁接到命令后，又在医院住了20余天，便回到部队正式接任连长职。这是他从军后第一次因军功而擢升。

李宗仁归队后不久，讨龙战役即以龙军的失败而告结束。李宗仁随林虎部驻军广东雷州，之后又进驻高州。此时，李宗仁并不热心政治，但政治局势的变化，又一次使他有了显露军人勇敢禀赋的机会，并因此而再次升迁。

护法战争开始后，李宗仁所在第十三团随广东护国第一军开抵湖南，经宜章、郴州、永兴、仁安、攸县直驱醴陵。此时北洋政府冯段失和，冯免去段的总理职务，北军作战情绪受到影响，因此南军进展顺利。11月底，南军继克复醴陵后占领了长沙，次年1月，又攻占了岳州。护法军的节节胜利，迫使冯同意段复出，北洋军劲旅吴佩孚再次入湘，战局发生逆转，南军渐处下风。

1918年3月，南军长沙失守。李宗仁所属营随中路军退至安仁县后，奉命在绿野圩附近阻击北军。部队刚刚进入阵地，营长忽然生病发烧，必须回后方治疗，于是命令李宗仁代理营长指挥战斗。翌日拂晓，战斗开始。北军发射炮弹后，利用地形向南军阵地猛扑。李宗仁在阵地前沿指挥，发现南军中央阵地已被北军突破，友军纷纷溃退，战况十分不利。在这紧要关头，李再次使用逆袭战术，令号兵吹出冲锋号。不料，号声过后竟无一兵一卒向前冲锋。情急之下，李宗仁大吼一声跃出战壕，高举着营旗冲向敌阵。全营官兵见他身先士卒，立即精神大振，蜂拥向前冲杀。北军遭到李部反冲锋后，开始全线后撤，李宗仁指挥全营追击。这时，北军射来一排机枪子弹，击中李的胯下，顿时将他击倒。他不顾伤痛，倒在地上仍大呼冲锋不止，并悬赏500大洋夺取敌炮。在他的指挥下，当面北军丢弃4门山炮而逃。

战斗结束后，李宗仁检查伤口，发现一颗子弹射入大腿，另有三弹穿裤而过，却不曾伤及皮肉。士兵用一木梯将他抬到安仁县城，因无医院，只好请来一位草药郎中医治。郎中告知，子弹未伤到骨头。

第二次负伤，又使李宗仁得以晋升。原营长奉调回粤，李宗仁补任营长。因每次打仗都冲锋在前，异常骁勇，李宗仁得了个“李铁牛”的诨名，在军中也渐渐有了些名气。不过，当时李宗仁所在部队已归桂系马济指挥，作为一名与旧军系统毫无关系的下级军官，他的前程并不光明。

南方军阀参加护法，并不是为了维护《临时约法》，他们的真实动机主要是借护法而攫取更多的地盘，以扩充个人势力。所以，护法运动难免以失败收场。1918年春，南方军阀开始酝酿南北议和，同时，开始对孙中山进行排挤。4月，在桂系操纵下，国会非常会议通过改组军政府的决议，改大元帅制为总裁合议制，实质上就是要剥夺孙中山的大元帅职务。5月，孙中山大元帅职被正式解除，孙愤然离开广州，发出“南与北如一丘之貉”的感慨。是年底，陆荣廷与北洋直系军阀言和，桂军相继返回广东。1919年2月，李宗仁所在营也从湖南宜章开拔，奉命往广东新会县城驻防。

李宗仁驻防新会后，因暂无战事，闲时不免思念妻子。此时他已升任营

长，生活条件比以前有了很大改善，因此他决定把妻子从家乡接来。两广交通毕竟方便，不久，他的妻子就在他的副官专门护送下来到了他的身边。两人久别，见面自有一番高兴。李宗仁一生结婚 3 次，只有第一位夫人给他生养了一个儿子，而这个儿子就是在新会出生的。儿子出生后，李宗仁十分高兴。待儿子满月时，他给孩子取名叫幼邻，这与他自己的字德邻仅有一字之别，显然有因承的含义。

新会是侨乡富庶之区，驻防于此的历届长官，无一不借机中饱私囊，腰缠万贯而去。李宗仁率营驻防后，亦不乏发财的机会。他驻防后立即声明公事公办，对不法绅商毫不通融，视黄金如粪土，不愿苟取一芥。可是地方乡绅富贾出于个人目的，对其奉迎买好，乘幼邻满月的时机争相送来贺礼，他挡开了几宗大的礼品，但金锁、金镯、金罗汉等贵重贺礼，他也确实笑纳了不少。

李宗仁在新会驻防了 9 个月。这期间，他身为驻防军营长兼代理县长，是地方最高首脑，第一次领略了掌握权力的滋味。不过，作为一个平民出身的下级军官，李宗仁尚知体恤百姓，并未滥用职权图谋私利。与驻粤其他桂系地方官敲骨吸髓而广结民怨的情况相比，他在新会时的作为颇得当地绅商与百姓的称赞。

李宗仁涉足军旅时间不长，但按照那时职业军人的标准衡量，他已经具备了在军界谋生的一切本领。他不仅敢于在战场上冲锋陷阵，善于协调上下级之间的关系，而且有了依靠军队掌管地方权力的最初经验。这一切，都为他以后在军界的崛起，创造了十分有利的条件。

扬名台儿庄

徐州位于黄淮两水间，地据鲁、豫、皖、苏四省之要冲，是津浦、陇海两铁路之枢纽；徐州四周山峦重迭，河川纵横，在我国历史上历来是兵家必争之地。南京政府鉴于徐州战场的安危直接关系到全国的抗日大事，决心全力防守，在此进行一次会战。这次会战以徐州为中心，史称徐州会战。1937年10月，李宗仁被任命为第五战区司令长官，驻节徐州，指挥津浦路沿线作战。

李宗仁在指挥津浦路艰难抵抗北进之敌的同时，又积极阻截华北日军南下。为确保徐州地区的安全，李宗仁命孙桐萱部向运河以西推进，袭取济宁、汶上的日军据点，以牵制敌人主力。孙部第二十二师负责攻取济宁，于2月12日晚由大长沟渡运河，14日晚有一小部攀登入城，双方短兵相接，血战竟日，终因敌我双方力量悬殊，入城部伤亡极大，17日晚撤至运河西岸。与此同时，第十二军八十一师也直取汶上，于12日晚由开河镇渡运河，一部由城西北攻入城内，与日军进行激烈巷战，终因人少势弱，损失严重，13日奉李宗仁之命撤向运河西岸。19日，日军攻陷安居镇，22日突破曹福林第五十五军阵地。25日，日军突破杏花村阵地，守军被迫撤至相里集、羊山集、巨野一线。但李宗仁在这一线布置大量兵力，不断侧击北段南下之敌，使敌军在这一带徘徊不能南进，暂时稳定了战局，摆脱了危机。

日军津浦线主力南攻不成，遂改变策略，由少壮派军人板垣征四郎、矶谷廉介率两师团企图会师台儿庄。台儿庄位于津浦路台枣（庄）支线及台潍（坊）公路的交叉点上，扼运河的咽喉，是徐州的门户，在军事上具有重要地位。日军一旦得手台儿庄，便可策应津浦路南端日军攻势，一举拿下徐州。板垣、矶谷两师团，是日军精锐之师，大部分官兵都是参加过日本“二·二六”政变的，此次进攻，来势相当凶猛，大有一举围歼中国军队之势。3月下旬，日军以七八万兵力，在华北方面军第二军司令官西尾寿造指挥下，分两路向台儿庄进发。一路为坂垣第五师团，自1月12日在青岛岭山湾、福岛两处强行登陆后，沿胶济路西进，至潍县转南，经高密，循诸城、莒县一线，进逼临沂；一路为矶谷的第十师团，该师团沿津浦路南下，直取台儿庄。

2月，中国军队为堵截日军前进，在临沂、滕县同日军发生了激烈的战斗，揭开了台儿庄会战的序幕。

在李宗仁的指挥下，临沂之战取得了巨大的胜利，它砍断了津浦路北段

日军的左臂，粉碎了日军会攻台儿庄的计划，促成了以后台儿庄会战中，李宗仁围歼孤军深入台儿庄的矶谷师团的契机。

坂垣败绩累累，矶谷仍然武士道精神十足，不顾一切，日益向南推进。李宗仁急调自郑州来的邓锡侯第二十二集团军的第四十一军孙震赶往滕县，拒敌南下；孙部刚在滕县部署就绪，3月15日，矶谷师团就发动攻击。日军以数十架飞机、30余门大炮狂轰滥炸，守军师长王铭章督战死守。李宗仁见滕县危险，又急令新拨归第五战区指挥的第二十军团司令汤恩伯派部驰援。汤的主力八十一军王仲廉部因行程过远，未能及时赶到，3月17日晚，日军配合炮火攻陷滕县，20日攻占郅县，并沿台枣支线向台儿庄阵地突进。对矶谷军事行动的后果，李宗仁有着充分的估计：此次台儿庄一失，不但前功尽弃，士气、民心将受到巨大的挫伤，国内恐日情绪大涨，而且将给日后的战略转移带来难以想象的损失。

为了确保台儿庄，李宗仁制订了相应的作战计划。他考虑到孙连仲的第二集团军最善防守，即令孙派3个师，沿运河布防，扼守台儿庄正面阵地，李判断矶谷前次战役占了上风，骄狂不可一世，一定不待蚌埠方面援军北进，便会直扑台儿庄，以期一举攻下徐州，夺取打通津浦路的首功。因此，李便决定设圈套，诱其入瓮。于是，他命令汤恩伯第二十军团的2个师让开津浦路正面，诱敌深入，待矶谷直扑台儿庄后，再回头击敌之背，与孙连仲一起将敌围而歼灭之。事态的发展正如李宗仁所预料的那样，敌人从滕县南下，舍汤恩伯军不顾，直扑台儿庄。敌军总数约有4万，拥有七八十辆坦克，百余尊山野炮和重炮，重轻机关枪更是不计其数。3月23日，矶谷军冲到台儿庄北泥沟车站，徐州城内已炮声可闻，台儿庄会战的战幕正式拉开。

3月24日，敌军采用上次攻打滕县的战术，先猛烈轰击孙连仲军的防御工事，接着以坦克为前导，向孙部阵地推进。狂风暴雨般的枪炮弹，把台儿庄外围阵地工事基本摧毁，敌人步步逼近。日军的这种凌厉攻势，孙连仲部在一无平射炮，二无坦克的条件下，无法反击。但他们知道，台儿庄是他们的光荣，也是他们的坟地，因此以血肉之躯与靠近的日军拼杀，与横冲直撞的日军坦克同归于尽。战争中，武器在某种程度上起决定的作用，因此，尽管孙部士兵英勇抵抗，但由于未能阻挡住日军冲入城内。孙部没有退却，与城内日军展开了激烈的巷战。

此时，担负台儿庄中央防线北面作战的汤恩伯军团，在峰山、枣庄一带同日军作战后不久，置台儿庄危急于不顾，转移到姑婆山区躲起来。李宗仁严令汤军团迅速南下，协同孙连仲夹击台儿庄正面之敌。汤为保存实力，仗着有蒋介石为后台，置军令于不顾，在姑婆山迟疑不进。李宗仁深知其人，一贯自恃是蒋介石的嫡系，骄横不可一世，谁也不敢轻易得罪他，因此，李三令五申，晓以大义。汤仍不予理睬，这边战火熊熊，战斗惨烈，那里却养兵于山区，无动于衷，李宗仁陷入痛苦之中。军情危急，李宗仁无可奈何之下，再次发电汤恩伯："如再不听命令，贻误战机，当以军法论处，同韩复榘同样下场。"汤敬酒不吃吃罚酒，李宗仁下了死令，他才同意挥师南下。

然而，此时台儿庄孙连仲部守军已伤亡殆尽，全庄四分之三地盘为日军占据，他们一面在电台宣称已将台儿庄占领，一面调集重炮、坦克疯狂冲击，企图一鼓作气，完全夺下台儿庄。孙连仲强烈地意识到，再孤军死守，必将全军覆亡，因此4月5日直接与李宗仁通电话，要求把部队暂时撤到运河南岸，让他的第二集团军留点"种子"。李宗仁听得出，孙连仲讲这番话时，几乎是哀求，他深知孙的处境是何等的艰难，又是何等的悲壮，但李宗仁更清楚台儿庄目前的重要性，他估算着汤恩伯军团第二天中午可赶至台儿庄北部，因此鼓励孙连仲说："敌我在台儿庄已血战一周，胜负之数决定于最后5分钟。援军明日中午可到，我本人也将于明晨来台儿庄督战，你务必守至明天拂晓。"说完，李怕孙情绪低下，影响士气，又下令道：我的命令如若违抗，当军法从事。

孙连仲以前虽和李宗仁只有一面之缘，但他听人说过，李在战区司令官中，属较通情的一位，此时此刻李下这样的命令，说明台儿庄对整个战役至关重要，以及李宗仁对此次战役有着必胜的信心。于是孙态度坚决地表示："我绝对服从命令，直到整个集团军打完为止。"孙连仲的态度，使焦急万分

的李宗仁感到些安慰，但他总有些不放心，于是又指示孙连仲：今夜你还须向敌夜袭，以打破敌军明晨拂晓攻击的计划，汤军团明日中午到达后，我们便可对敌人实行内外夹击。孙表示部队已用完，夜袭不容易。李听后立即指示："我现在悬赏10万元，你将后方凡可拿枪的士兵、担架兵、炊事兵与前线士兵一起集合起来，组织一支敢死队，实行夜袭。这10万块钱将来按人平分。"

孙连仲将李宗仁的命令传达后，数百人组成的敢死队很快成立起来。4月5日午夜，敢死队分组向敌出袭，冲击敌阵。他们个个精神异常振奋。各自为战，已是血战经旬的敌军，也精疲力竭，深夜正堕入梦乡，听到不知从哪来的枪声，顿时乱作一团，一面仓皇应战，一面后退。经数日血战为敌所占的台儿庄各街，竟在短短不到一小时内，一举被孙部夺回四分之三。此时，李宗仁不但得报孙连仲夜袭成功的喜讯，又得汤恩伯部翌日天明前可赶到台儿庄的消息，高兴极了。他立即率随员，连夜赶到台儿庄郊外，准备亲自指挥对矶谷师团的歼灭战。

矶谷师团的厄运终于降临了。6日黎明之后，台儿庄北面枪炮声渐密，汤恩伯军团已向敌人开火。矶谷知已陷入重围，开始动摇，下令部队全线撤退。4月6日晚，李宗仁亲自指挥台儿庄守军全线出击。一直处于防守状态的孙连仲部，听说反击，神情大振，杀声震天。此时敌军已成强弩之末，弹药汽油也用完了，机动车多被击毁，全军丧魂落魄，狼狈逃窜。李宗仁命令部队猛追，敌兵遗尸遍野，各种辎重到处皆是，矶谷本人率残部拼命突围。至此台儿庄战役胜利了。台儿庄会战，在李宗仁的亲自指挥下，击溃日军第五、第十两个精锐师团的主力，歼灭日军2万余人，缴获大批武器、弹药，严重地挫伤了日军的气焰，振奋了全民族的抗战精神，坚定了国人抗战胜利的信念。这次战役，李宗仁立下了不可磨灭的功勋，赢得了全国人民的尊重。

夫人们的悲喜人生

李宗仁在自己身后留下了堪称传奇的人生之路，而陪伴他走过这条人生道路的是他先后迎娶的三位夫人李秀文、郭德洁和胡友松。

1911 年 20 岁的李宗仁在父母的包办下迎娶了他的第一位夫人李秀文，她为李宗仁生下儿子李幼邻。1992 年，102 岁高龄的李秀文在广西去世。

1924 年，李宗仁屯兵广西桂平，在这里他遇到了日后陪他走南闯北的知音郭德洁。郭德洁原名月仙，是一位具有先进思想的现代女性。当李宗仁第一次去她所在的女校训话，郭月仙作为当时的校花给李宗仁献花的时候，两人便已互相倾心。虽然当时郭月仙已有婚约在身，但在身为广西自治军第二路总司令李宗仁的安排下，郭月仙还是和他成了婚。结婚当晚，李宗仁取“品德高洁”之意为郭月仙改名为德洁。郭德洁不仅在生活上照料李宗仁，在事业上也给了李宗仁很大的帮助。她主张妇女解放，并在抗日战争期间发动广西妇女组织声势浩大的募捐活动，堪称广西妇女运动的领袖。1949 年，国民政府倒台，李宗仁携同郭德洁开始了旅居海外的生活。1965 年 7 月 20 日，旅居海外十余载的李宗仁陪同夫人郭德洁排除了各种艰难险阻回到了祖国的怀抱。当所有人都在赞叹李宗仁落叶归根的时候，谁也不知道在他回国的问题上郭德洁起了决定性的作用。5 个月前郭德洁在美国被确诊患上了晚期乳腺癌，只剩下了 8 个月的生命，而她最大的愿望就是能把自己的遗体安葬回广西老家。一生钟爱郭德洁的李宗仁当然会满足爱妻的要求，他决定不再犹豫，回到了祖国。1966 年 3 月，郭德洁在北京医院逝世，结束了她与李宗仁 42 年的婚姻关系。

60 岁刚刚投入祖国的怀抱却又遭遇丧妻之痛，李宗仁一面感叹祖国的山河壮丽，一面又唏嘘身边无手可执。这件事在当时不但成为他的一块心病，也成为了国家统战部乃至周总理关心的问题。在组织的安排下，60 多位女士的照片资料摆在了李宗仁的面前，但都被依然沉浸在丧妻之痛中的李宗仁

一一拒绝了，又有谁能替代郭德洁在他心目中的位置呢？造化弄人，当一个叫胡友松的女孩子的照片摆在他的面前时，偏偏这个浓眉大眼的女孩子让李宗仁产生了好感，由此李宗仁开始了他鲜为人知的第三次婚姻生活。胡友松是一代影后胡蝶的女儿，新中国成立后她和养母搬到北京居住。1959 年从医专毕业后胡友松就一直在北京复兴医院当护士，她不仅人长得漂亮、气质好，又正好从事医护工作，最符合照顾李宗仁的条件。她马上就被请到了李公馆与李宗仁共进晚餐。李宗仁对这个落落大方、聪明伶俐的女孩子一见倾心，周恩来总理也支持这桩婚姻，但是李宗仁和胡友松一个年过古稀，一个风华正茂，婚事的关键在于胡友松。

当胡友松刚听到这个消息的时候头一炸，她要求考虑半个月。能够照顾自己心目中的英雄当然是一件好事，但李宗仁已经 74 岁了，还有几年寿命尚不可知，如果成为他的妻子虽然生活上再也不用发愁，但将来的日子怎么办？胡友松陷入了深深的犹豫。李宗仁并没有给她那么多考虑的时间，刚刚四天他就把胡友松接到了官邸。这或许就是命运的安排吧，胡友松服从了。

1968 年 7 月下旬的一天，李宗仁和胡友松在北京西总部胡同 51 号李宗仁的官邸结了婚。鉴于当时的形势，他们的婚礼并没有大张旗鼓，只是请了几位党外人士的朋友吃了吃饭。胡友松与李宗仁的结合应该说是一种政治婚姻，从统战角度上考虑，胡友松做出了很大的牺牲。

新婚伊始，胡友松陪同李宗仁去北戴河游玩，李宗仁对这位新娶的妻子呵护有加。胡友松不会游泳，他教她游泳；胡友松夜里容易醒，李宗仁就不穿拖鞋光着脚起夜……那段时光是最轻松的。但当他们的专列从北戴河驶入北京的时候，红卫兵造反运动也驶进了他们的生活。

社会上对胡友松有不同的看法，大多数人以为她贪财，说李宗仁带回许多的美元钞票、金银财宝。另一些人认为李宗仁是原国民政府的代总统，回国后又娶了比自己小 48 岁的胡友松，这是反革命加走资派的罪行。虽然周总理明令禁止冲击李宗仁，可是天不怕地不怕的北大红卫兵还是逮着机会冲进了李府。胡友松在楼上的屋里心跳得都快从嗓子眼里掉出来了却又不敢下楼，怕下楼反而因为她引起什么事情来。一个小时以后，楼梯响起来，李宗仁笑嘻嘻地上来了。胡友松说:哎哟,你还笑呢,我都快急死了！李宗仁答道:急什么呀，北大的学生挺好的，问了好多历史问题，挺满意的就走了。虽然是虚惊一场，但周总理一知道这件事马上把他们转移到了301医院特护了一个月，回家后的李宗仁被限制出门，终日无所事事、郁郁寡欢。而胡友松在这期间只能陪李宗仁下下棋、读读书，自己临摹李宗仁收藏的名人字画打发时间。

李宗仁的身体情况伴随着他情绪的低落很快恶化起来，他被查出患有直肠癌。但在那个特殊的年代，由于他是最大的走资派，医院不可能给他什么精心的护理，胡友松只能凭借自己的医护本领照料李宗仁度过了他生命的最后三年。李宗仁掉眼泪了，他说这一生就只掉过两次眼泪，一次是他妈妈死时，这一次是他觉得活的期限到了。

1969年1月29日12时50分，李宗仁因病逝世。弥留之际他对胡友松说的最后的话是：每年清明别忘了给我扫扫墓，让人知道我还有一个年轻的妻子。

没有了李宗仁庇护的胡友松很快被赶出李府，隔离审查了起来。之后她又被下放到湖北五七干校参加劳动，等她再回到北京，组织上安排她当了工人，之后又把她调入国家第一历史档案馆工作。胡友松为了避人耳目改名叫王曦。20世纪80年代初，在李宗仁离世十多年后，她又结了一次婚，但这次婚姻并不幸福，她很快又离了婚。

金兰之交，兄弟情深

1969年1月26日，李宗仁深感余日不多，他在病危之际，气喘吁吁、断断续续留下遗言，除了表达对祖国统一的愿望外，便是不忘把几瓶名酒送给毛主席和周总理。

这几瓶酒颇有来历，大部分是法国白兰地和英国威士忌，已有两个多世

纪的历史了。李宗仁保存了几十年，酒由外国进口，又由他带到美国，而后又带回国内，始终没有开封品尝。酒瓶上都有历代专家鉴定的签字和收藏家的签名封条。其中两瓶，是抗战初期他坐镇徐州时，由一位与英国人交情很深的实业家杨树诚所赠。

杨树诚，就是创办安徽蚌埠宝兴面粉厂的“杨三”，他是一个贫农出身的企业家。他1885年出生在河北盐山县农村的一户佃农家庭。16岁到河南英福公司的焦作煤矿当学徒。后来，他偶尔在矿场拾到了英籍总矿师丢失的一盒矿机钻石，在完好地交给总矿师后，他也被留在矿师身边学习勘探技术。1920年，他独自在徐州建立了宝兴钻务处。后转向兴办宝兴面粉厂，1928年又选择蚌埠这个小麦集散地，建立宝兴第二面粉厂。为利用淮北的大豆资源，还筹建起植物油厂。他所创办的企业在皖北地区有龙头之称。

1927年初，李宗仁任国民革命军第七军军长和西征军总指挥，一度率军驻扎徐州。当时杨树诚在徐州创办的宝兴面粉厂，已是当地最大的机制面粉加工厂。为订购驻军食用面粉及军马所用麸皮，一天，李宗仁在随从人员陪同下，来到宝兴面粉厂参观。杨为尽厂主之意，予以盛情款待。两人在酒酣耳热之际，彼此畅谈平生抱负，似有相识恨晚之感。他们都在壮年，一个投身军界，一个热心于实业；加上李宗仁又流露出对开发中国矿业的兴趣，也正是杨的技术专长，于是两人结下“金兰之交”，成为换帖兄弟。因杨年长李五岁，在家排行第三，李宗仁便称他为三哥。后北伐军开拔，两人暂中断联系。至1931年初，李宗仁因蒋桂战争退回广西，开始积蓄力量经营两广时，特电邀杨树诚，杨带领宝兴面粉厂早年从事钻探的人员，前往南宁协助李进行探矿，两人又有了交往。

抗日战争初期，杨树诚为了保住积半生心血创办的宝兴面粉厂及植物油厂，计划把蚌埠宝兴面粉厂迁至西安附近的扶风。由于南京沦陷，日军沿津浦线铁路大举进犯，李宗仁受任第五战区司令，驻节徐州，负责指挥津浦铁路的防御。李上任后，徐、蚌两地大军云集，为解决军粮民食，特意召见了杨树诚。李当时对杨推心置腹地谈到：“讲私谊咱们是兄弟，现在国难当头，应以民族大义为重。我希望三哥不要临危而退、举厂内迁。在徐、蚌两地，三哥开设的面粉厂首屈一指，五战区的军粮民食很大程度上得仰仗三哥了。”杨听了这一席话，深明大义；当即表示：“我徐、蚌两地面粉厂一定全力以赴，日夜开工，供应面粉麸皮，兄弟和属下愿与五战区抗日将士共存亡。”同时，杨还应李宗仁要求，让徐州防空司令谭辅烈在宝兴面粉厂大楼顶安装了防空警报系统，担负空袭警报的任务。前后约五个月时间，宝兴面粉厂就地坚持生产，为军队提供面粉60余万袋。中国军队以宝兴面粉厂提供的这些军粮，在蚌埠与日军展开了闻名全国的“淮河阻击战”，并支援了台儿庄战役。

1946年，杨树诚年逾花甲，因历经磨难，身体及精力大不如前，于是辗转北平养病。当时，李宗仁在北平任行辕主任，便邀请他协助其高参刘仲华制定开采煤矿的计划，在此期间，杨树诚因蚌埠沦陷时期“捐款献机”而受指控为汉奸。杨在被传讯时申辩了被迫“捐款”的真相，后由李宗仁过问，北平行辕军事法庭最后审判，撤销了对杨树诚汉奸嫌疑案的指控。1948年淮海战役胜利后，国民党军队全线溃败，李宗仁曾电致杨树诚，“期望仁兄早日南下”。杨当时筹划将蚌埠宝兴面粉厂迁至南京，因受当地面粉业阻止，又欲改迁常州附近的奔牛，由于人民解放军渡江南下，这些计划均落空。新中国成立后，李宗仁去了美国，杨树诚去沪疗养。

沧桑巨变，故人又相逢。1965年7月20日，李宗仁偕夫人郭德洁，冲破重重阻力，毅然回到祖国大陆，当年在北平行辕为李宗仁当高参的刘仲华，原系中共地下党员，后改任北京园林局局长，这时，他特致函杨树诚之子杨春曦，告诉他李宗仁归来的喜讯。杨春曦夫妇立即回信，由周总理直接转交李宗仁。1966年5月18日，李宗仁在程思远和尹冰彦的陪同下到上海参观，当天下午便约杨树诚一家在锦江饭店会面。因宋庆龄副主席闻讯拜访，会面改在5月20日上午。这天早上，李宗仁派专车接来了杨树诚及儿媳一家人到饭店，在九楼的特别套间会客厅里，李宗仁与杨树诚一见面便拥抱在一起，相互问候。李握着他的手说：“我们兄弟之间有这次见面，真是世间奇闻。三哥年已八旬，身体这样硬朗，我感到很高兴。”杨树诚向他谈了自己在新

中国成立后继续从事早年的探矿，为淮北地区勘探发现了一些新矿区，了却了埋藏心中多年的意愿。李宗仁感慨地说："我回国后，亲眼目睹共产党的政策，感到这条路走对了。"时近中午，两人话别，为照顾杨树诚年事已高，李宗仁亲自送他到楼下门厅，并为他打开轿车门。这时，两双饱经沧桑的大手再次紧紧相握，他们似乎意识到这可能是最后的一面，久久不愿松开。最后，李宗仁先生以手护车顶，将杨树诚送入车内坐下，在即将启动的轿车旁边为杨树诚鞠躬送别。

大树底下难乘凉

李宗仁身居高官要职后，多少年以来，不知有多少他的同学、同乡和亲戚朋友投奔他，或开口或伸手向他要事做要官当。但李宗仁不论亲疏，量才用人，虽系亲朋故旧，若无术无才，绝不重用。

李福生是他的原配夫人李秀文的表叔，早年在他胞兄李德明手下打杂。李德明见他忠厚老实，手脚麻利，做事勤快，就把他推荐给李宗仁当卫士。从此，李福生一直在李宗仁身边22年，随他潜逃香港、流落西贡、参加北伐抗战，辗转南北，历尽坎坷，在硝烟火海中进进出出，置生死于不顾，立下了汗马功劳。然而，他却大字认不得一箩筐。因此，李宗仁并不因为他是"内亲"和在身边多年的"亲信"而提拔重用。李福生从卫士升至少校随从副官以后，就一直官居原职。而与他同时或很晚才来到李宗仁身边工作的人，不管是不是家乡的，几乎没有一个不提拔的，或中校、上校，或少将、中将。所以，当时国民党的一些军政要员都承认李宗仁比蒋介石能容人、用人。为此，李福生和一些同乡抱怨连天，牢骚满腹，常在背后说李宗仁"不认人"和"寡水"。

李宗仁听了，不但置若罔闻，而且依然我行我素，以致对他同庚张幼邻也未能例外。张幼邻原来就是第四集团军司令部的少尉传达排长，20年后仍然是此职。1943年中秋，张幼邻的一位亲戚从家乡来到湖北老河口，要张幼邻帮他向李宗仁引荐谋个一官半职。当他看到张幼邻还是十数年前的“炒排骨”（即排长）时，不禁大为惊讶，张幼邻唉声叹气地说：“我恨不得当军长、总司令，只是没办法，我能搬石头砸天？”接着向这位亲戚倒出了自己的一肚子苦水：一次，张幼邻的上司要提升他为上尉连长，可是报到李宗仁那里却通不过，朱笔一挥就把他的名字和任职画掉，而后，对军务处长梁家齐说：“张幼邻是我同年仔，又在我眼皮子下工作，对他我清楚明白，他一无战功，二无突出贡献……”这样一来，张幼邻理所当然地被“委屈”和“埋没”了。

张幼邻的亲戚听了，愣怔了许久，然后无不伤感地说：“看来大树底下也未必好乘凉啊！”

其姨表黄敬修，陆军大学将官班毕业，想当师长，李宗仁只派任师的上校参谋长，黄坚辞不就，牢骚满腹，虽多方疏通，李仍不允，后改派为某步兵团上校团长。该团曾一度驻广西百色区田阳县附近，归梁家齐指挥（当时任该区指挥官兼行政专员）。李宗仁一向回避近亲在身边工作，后来王建平因故力辞第五战区军法执行监职务，并一再推荐黄敬修补缺，李宗仁再三考虑，始允其请，但交代先试后委。又如李宗仁的堂侄李常谦到老河口，希望谋得一官半职，李宗仁对他说：“你想做事，应照规定备详细履历，送军务处梁处长审核后，再报请委用。”后来报委为《阵中日报》印刷厂厂长，李常谦接任后成绩显著。

李宗仁消灭盘踞在广西的大小军阀之后，于1925年秋统一广西，励精图治，开始积极整顿军、民、财、建、教各政。值此用人之际，李宗武（李宗仁的嫡堂弟）等三个亲戚南下谋职。遂以李宗仁的亲戚关系，由桂平税务局给他们安排了税务员的工作。三个亲戚还好，自幼攻读私塾，也曾上过几年新学堂，若论知识，多晓孔孟之道，擅长毛笔字和算盘，但对于专业税务却是难以胜任的。尤其是李宗武书不成文，言不达意。经过两个月的工作考察，皆不称职。但鉴于三人均为李宗仁的亲属，有裙带关系，故税局上司有口难言，无可奈何。

一日，恰逢李宗仁因公事来到桂平，当即有人据情禀报。李宗仁平生最

反对“刘公得道，鸡犬升天”的恶习，极力主张任人唯贤。闻罢自觉脸面无光，愧疚交集。翌日，李宗仁请嫡堂弟和妹夫到他的住处就餐。席上笑容可掬，共叙家常。待饭罢茶后，李宗仁就开门见山、郑重其事地说：“你们吃不动这碗饭，还是回家去吧！我给你们一点盘缠，回去好好种田，不然做点小生意也好，以后不要再往外面跑了。”就这样，三人被解职还乡了。三人怅然而归，走到村口便哭了起来，家里人见状莫名其妙，惊诧万分。待闻知其原委后，众说纷纭，多为李宗仁用人无私的精神所感佩，此事一时传为趣谈。

白崇禧：一代战神，死于非命

白崇禧没有官架子，反对打骂士卒，主张吃苦耐劳，禁烟禁赌，反对不良嗜好，在国民党统治阶层中比较自律。他是军事战略家，国民党新桂系军政首脑人物之一。北伐战争和抗日战争中以副总参谋长之职制订全局战略计划，为中国国民革命和抗日救国运动做出了重要贡献。一生足智多谋，多次逼蒋下台，最终却死于非命。

指挥卓越，战果累累

白崇禧字健生，广西临桂县人，中华民国国民革命军陆军一级上将，有“小诸葛”之称。属国民党“桂系”，名作家白先勇之父。

白崇禧与李宗仁、黄绍竑最初联合时，总共只有4000人马。然而很快就击败了盘踞在广西的旧桂系陆荣廷、沈鸿英、谭浩明，统一了广西。在这些战斗中，尤数前敌指挥官白崇禧亲率8000士兵，北攻柳州，西击南宁，以少数兵力荡平陆沈谭部，从而奠定了统一广西的基础为人称道。

北伐期间，白崇禧调任国民革命军总司令部的参谋长，统筹全局，指挥作战。当北伐军进至南昌九江一带时，孙传芳以三倍兵力进行猛烈反扑，蒋介石亲自统领的军队都被孙击败，九江被孙夺回，南昌也被围。是李宗仁与

白崇禧亲自率领从第七军中挑选出来的精锐，以急行军速度赶去救援。在与孙的先头部队相遇时，一个回合就把孙的两个师给歼灭了。尽管孙传芳仍有大量后续部队，双方兵力对比极为悬殊，而且还有孙在南京、安庆的部队源源不断地输送军需品，但白崇禧仍决定集中兵力攻击德安以断绝南浔线从而收复九江，并解南昌之围。于是双方展开了三天三夜的肉搏战。最终，白击溃了孙的主力，并俘虏师旅长三人，官兵两万余人，此乃北伐以来最大的胜利。收复九江后，李宗仁调任江右军总指挥，白崇禧则担任前线总指挥，向东追击，扫荡全浙江。之后断绝宁沪线交通，以破竹之势收复了上海。后来，北伐军内部闹分裂，汪精卫、唐生智在武汉宣布讨伐蒋介石。孙传芳趁机反攻。在敌众我寡的情势下，白崇禧与李宗仁沉着冷静，经过浴血奋战全歼了孙传芳的部队。取得了北伐以来的第二次大捷。

宁汉分裂一事解决后，白崇禧任第四集团军前敌总指挥，继续北伐。亲自指挥了攻占保定、石家庄、北京等地的战斗。滦东之役，把张作霖、张宗昌两部彻底打败，占领了山海关。至此，长城以南，再无敌踪。

因此，北伐期间，国民党政权不绝如缕，危而复安，李、白两人共挽狂澜，俨然擎天一柱。实乃较客观公正的评价。

“八·一三上海会战爆发时，白崇禧以军委会常务委员名义，指挥全国健儿，首挫敌锋，上海会战之惨烈斗争，表现白氏之卓越指挥天才及广西将士之悍勇善战。”

台儿庄一战，也是白崇禧和李宗仁一道指挥的。所以当捷报传到国民政府的行都武汉，人们高兴地举行庆祝游行时才会将李、白两人的巨幅画像装载在卡车上作先导。之后，李宗仁因病不能主持战事时，白崇禧便代行战区长官一职。在进一步部署保卫武汉的外围部队方面，取得了较大的成绩。继武汉会战后，白崇禧还参与指挥了南昌会战、桂南会战、长沙会战。曾指挥杜聿明、夏威、邓龙光、叶肇各部，在广西昆仑关歼敌万余人，并击毙日军旅团长中村。

1949 年，国民党军兵败如山倒，蒋家王朝大厦将倾之际，能冷静并敢于抓住机会进行果断反击的只白崇禧一人。

孤军冲入青树坪的是四野风头最健的号称中国巴顿的钟伟的部队——49军146师。146师在青树坪坚守待援，援兵来了。白崇禧是不幸的，他没有更多的基干部队能给钟伟致命打击。青树坪战斗是白崇禧军事生涯中最后的战果。

拥李倒蒋，和平骗局

1948年，为了迎接解放军进城，武汉的各界爱国人士聂国青等在武昌成立了一个名叫“十人座谈会”的组织，目的是想与湖北省参议会内争取和平运动的人士相互呼应，与中共地下党密切联系，迎接解放。

“十人座谈会”中有的人负责策反国民党军政人员，有的人撰写文电，制造舆论，呼吁和平。1948年秋，由“十人座谈会”中的几名参议员在湖北省参议会的全体会议上公开提出了和平运动的倡议。参加会议的议员，有识时务的进步人士，有风吹两边倒的“墙头草”，也有效忠蒋介石的顽固分子，刚刚当上立法委员的刘树任就借机吹嘘蒋介石实力雄厚，足以抵挡中国人民解放军，仍可转败为胜……使得少数立场不稳的人犹豫不定，不知所从。因而会议议而不决，没有达成共识。尽管如此，和平运动却在武汉、华中乃至全国引起很大的震动。

总揽华中军政大权的华中“剿匪”司令白崇禧得到这一信息后，出于他拥李（宗仁）倒蒋（介石）的立场，对和平运动不仅未加反对，而且表示欣然赞同。于是那些踟蹰不前的省参议员们一改初衷，在第二次会议时，争先恐后地在提案上签字。参议会决定派代表与白崇禧联系，商讨和平问题。

尽管白崇禧手摇橄榄枝的表态未必可靠，但湖北省“人民和平运动促进会”仍然抓住这个契机在武昌阅马场成立，发起会员有张难先、李书城，耿伯创、喻育之等30余人，并发表电文。

“和平促进会”的电文由22岁就参加辛亥革命、刚过花甲之庆的喻育之

等执笔，是与省议会联名致电中国共产党和国民党双方首席和谈代表周恩来、张治中的。电文“略陈人民痛苦与意见，籍供参考。总之人心士气，不堪再战”。

呼吁和平的电报发出之后，汉口市也成立了和平促进会。豫、湘、赣、桂四省代表也相继来到武汉联系和平运动。白崇禧装出一副顺应民情的姿态。和平运动声势迅速波及全国，要求蒋介石接受中共和平谈判八项条件的呼声响彻云霄，蒋介石终于在 1949 年 1 月 21 日宣布下野。次日，李宗仁乘势上台，当上了“代总统”。

正是蒋介石下野这一天，湖北省和平促进会公推李书城、李伯刚两位代表赴河南解放区会晤人民解放军刘伯承、陈毅两位司令员，联系和谈事宜。白崇禧对此极力支持，不仅派专车、送路费（银元 300 元）还亲笔给刘、陈二司令员写了一封求和文，似乎有诚意和谈。

1949 年 3 月，李书城由河南解放区到武汉，满怀希望想面见白崇禧，然而几次都未见到，李书城只好写了一份书面报告给白崇禧，但久久不见回音，很显然，白崇禧所谓的和平愿望和他对和平运动的种种支持，其实只是一个骗局。

1949 年 4 月下旬，周杰等地方耆宿去见白，恳求他维持武汉的和平秩序，白崇禧一听，站起来，板起面孔说：“你们的意思我知道，无非是要我退出武汉，不在武汉打仗。可是，如果我退到长沙，长沙也要我维持秩序，不在长沙打仗；我又得退到广西，广西又要我维持广西的秩序，不在广西打仗；试问：我再退到哪里？”接着，白崇禧挺了挺胸，整了整腰间的皮带道：“我是个军人，守土有责，我不能以别人的意志为意志！”顽固嘴脸，暴露无遗。

尽管白崇禧出尔反尔，但中国人民解放军势如破竹，已兵临武汉城下，和平促进会仍不断变换方式与白崇禧周旋，目的只有一个，力求人民休养生息，城市不受破坏。张难先、李书城、喻育之等又联名给白崇禧写了一封要求维持武汉地方秩序的信。

对于人民的呼声，白崇禧无动于衷。因此，和平促进会配合中共江汉军区域 2 部的地下工作对汉口市长晏勋甫、汉口市警察局长李经世、武昌市长蒋铭、湖北省警察局长胡慎仪进行策反。还利用湖北省政府“应变方案”中所说的“为适应时势需要，人民可以组织团体、维持自己”的规定组织了武汉市民救济委员会。救济会成立之时，已传来百万雄师过大江的捷报，白负隅顽抗已不可能，但在逃跑之前对武汉进行一次大规模破坏，烧杀抢掠是完全可能的，救济会在中共地下党的指示和帮助下，做了大量工作。

5月15日上午,白崇禧和他的总部已由汉口撤到武昌大东门一所学校内，准备南逃。

为什么前两天白崇禧还在大喊“守土有责”，而这两天又慌慌张张不战而逃？原来，人民解放军已兵临城下，南昌亦已陷于南下大军的包围之中。一旦南昌解放，人民解放军即可沿浙赣线直捣湖南，白崇禧队伍的退路都将被切断，而且张轸率领的两个军又在贺胜桥起义，有截击白军的计划，如此一来，白军必将全军覆没。5月15日上午，白崇禧已不见踪影。

大肆敛财，作恶多端

白崇禧生平忙于谋逐个人的政治欲望和权力，标榜不治私产。但是，在看到国民党大势已去时，不得不趁势大捞一把，以便做逃亡海外之用。

1948年白崇禧一到武汉就任华中“剿匪”总司令，就开始抓经济大权。他成立了一个经济委员会，派亲信唐纪任主任委员，专门掌握一切搜刮来的黄金、白银和各种物资。为了抓住国民党联勤总部第九补给区的大权，以便于搜刮物资，他把补给区原司令朱鼎卿调派为湖北省主席，另派其亲信许高阳控制这个部门。在军事物资补给方面，白崇禧开始把从四川通过湖北运出去的武器、弹药、粮食截留在武汉，不许外运。他还派新桂系的林逸圣为铁路运输指挥官，经常把从安徽运出的军火在武汉装上火车运回广西去。其他的要害部门，白崇禧也是分派其亲信掌握。如设“戡乱”特捐处，派亲信曾超群为主任；又派其外甥孙国铨担任武汉城防工事委员会办公室主任，另一外甥廖行健任新湖北日报社社长等职。

在控制了财权后，白崇禧就开始想方设法从社会各阶层人士中搜刮更多的物资。白崇禧除了把国民政府从四川通过武汉运出的物资扣留，还搞出了一个新花样，美其名曰“戡乱捐”。这项捐款收的是“金圆券”，由经济委员会向中央银行兑换成金条或银元。银行的负责人慑于白崇禧的权势，不敢不兑换。更有甚者，白崇禧还利用通货膨胀、“金圆券”贬值的机会，以自己的名义向中央银行透支几亿元，又转过来用透支的“金圆券”去兑换黄金和白银，银行也无可奈何。手段之高真是让人望尘莫及，“城防工事捐”也是白崇禧剥夺人民的一种手段。它规定在保甲捐中附加百分之五十。同时，还以募捐的形式，向武汉工商界进行硬性摊派。尤其是许多物资，更是按行业摊派，如砖、砂、水泥、钢材、木料等，由各专业商会负责摊派。名义上是征购，实际上是征用，也就是强要。许多资金小的商号，经白崇禧的一番搜刮而破产。很多商号被迫以现金捐助。白崇禧运往桂林的黄金和白银就有这些商号的一些捐款。

一次，白崇禧以充实军饷、筹集“戡乱经费”等名义，强令汉口市政府筹集银元2万元。汉口市长晏勋甫为此事被搞得焦头烂额，汉口商会也被闹得人仰马翻。白崇禧在建造城防工事时，不顾人民的死活。

白崇禧还见利忘义，背着李宗仁偷偷接受了蒋介石贿赂给他的几万两黄金。作为对蒋的报答，他在关键的时候逼着李宗仁走进蒋设计的政治圈套里(就是行政院迁到广州的事件)。随着人民解放军大军的迫近，武汉的形势对白崇禧来说，真是一天比一天急。因此他便想方设法把搜刮来的大量物资运出去换成金银财宝。

白崇禧把武汉大量的物资运到广州私售，同时还把大量的黄金、白银用飞机空运到桂林，交给妻子马佩璋收验入库。白崇禧到底搞了多少钱，恐怕只有他老婆知道。

武汉解放前夕，白崇禧还想动员一批较大的厂矿企业到桂林去，为其所用。但是，在中共地下党组织的领导下，广大的工人和不少的工商界人士都进行了保厂、护厂的斗争，最后一个工厂也没有迁成。

5月9日，国民党汉口特别党部和白崇禧坐上专车逃向湖南长沙，在湖南又大捞特捞了一大笔。10月7日解放军迫近长沙他又坐飞机逃向桂林。10月22日又仓皇逃向南宁。12月4日下午，我解放军第四野战军在雷州半岛打掉了他的第二兵团，他又率部渡过琼州海峡逃到海南岛，想守住海南岛，但解放军马上发起了解放海南岛的战役，打得他抬不起头来，他又率残部坐船逃向台湾，到此白崇禧彻底逃离了大陆、逃离了故乡。

合作无间，亲如一家

李宗仁和白崇禧人称“李白”，二人是国民党内最具实力的地方军事势力桂系的中心，多年来一路合作无间，亲如一家。

白崇禧是回民，祖先是移居中国的阿拉伯人，祖居于南京一带。1907年，白崇禧考入陆军小学，后因病退学。

1911年，辛亥革命爆发。当时在广西省立初级师范读书的白崇禧，加入广西学生军，开赴湖北，随后入武昌陆军预备学校、保定陆军军官学校。

1916年，白崇禧于保定陆军军官学校第三期毕业。之后在广西陆军第一师任营长。

1921年，白崇禧代表当时已是旅长的同学黄绍竑，到广州见孙中山，要求参加革命。孙中山任黄绍竑为广西讨贼总指挥，白崇禧为参谋长。二人与李宗仁合作，于1924年分别打败旧桂系军阀陆荣廷和沈鸿英。白崇禧在统一广西的过程中，充分表现出他的计谋和军事能力。同年，“李白”加入了国民党。李、白、黄三人的合作使广西纳入国民党控制之下，三人亦成了国民党内桂系的骨干。

1926年，北伐战争开始。白崇禧任国民革命军副参谋总长。1927年初，白任东路军前敌总指挥，从江西攻取浙江。1927年4月，白崇禧任淞沪卫戍司令，配合蒋介石在上海清党。同年1月、3月、8月和10月的多次战役中，白崇禧战胜孙传芳。孙传芳部下唐生智被迫在1928年初在湖南投降。

1928年北伐成功，到1937年抗战爆发的10年间，桂系多次以军事和蒋介石对抗。1929年3月，桂系在蒋桂战争中败于蒋介石，白崇禧被迫逃到越南。同年11月，李、白、黄回到广西，联同张发奎进攻广东。1930年，李、白又在中原大战中出兵支持冯玉祥和阎锡山反对蒋介石。

1931年，发生“九·一八事变”，国民党内各派系谋求妥协，桂系亦跟南京议和。1932年4月，李宗仁出任广西绥靖主任，白崇禧任副主任，和省主席黄旭初成广西三巨头。自此至抗战爆发的五年内，桂系一方面“自卫、自给、自足”及“寓供于团、寓将于学、寓征于募”，通过清乡、创立学校、改革税收建设广西；另一方面，在军事上则对蒋介石堵截红军的要求阳奉阴违。

1936年5月，李、白联合广东陈济棠，以“抗日救国军”名义反蒋。由于广东军队被蒋介石收买，陈济棠被迫下台。至8月，李、白宣布支持蒋介石领导抗日，遂与蒋介石和解。

八年抗战期间，白崇禧和李宗仁指挥各场大小战役，包括1938年李、白指挥台儿庄会战，取得在中国军队在抗战中的首胜；同年6月，白崇禧指挥武汉会战；1940年2月，白崇禧指挥桂南会战，在昆仑关两度挫败日军；1944年10月底，桂系军在黄埔系拒绝支援重兵器的苦境下，单凭轻兵器创造了日军侵华作战平均单日最高战亡兵数，可圈可点，青史留名。

1948年5月李宗仁当选中华民国副总统，一个月后，白崇禧离国防部长职，改任华中“剿匪”总司令。同年年底，国民党军在徐蚌会战中失利，蒋介石嫡系中央军基本损失殆尽。1948年12月24日、30日白两次给蒋中正发电逼宫，在李、白的施压下，蒋介石被迫在1949年1月下野，由李宗仁任代总统。

1949年12月30日，白崇禧从海南岛赴台。李宗仁说白崇禧是受蒋介石承诺委以国防部长职务而赴台，先前他曾警告白“桂系到台湾无用武之地”。白崇禧到台后，仅被委任“总统府”战略顾问委员会副主任，以及“中国回教协会理事长”等闲职。据程思远忆述，周恩来曾经这样评价白崇禧：白健生颇自负，其实在政治上无远见，竟听信蒋介石的话，给骗到台湾去了。李宗仁回到大陆，白崇禧牵制李宗仁的价值消失，白崇禧很痛苦地对身旁的人说："德邻投匪，我今后在台湾，更没有脸见人了。"

自此，李白正式分家。而这也加速了白崇禧的不安，因为，他在蒋介石中心中的分量将大打折扣，已经没有多少利用价值了，这也正是蒋介石报仇的大好机会。

一代战神，死于非命

白崇禧在台湾生活 17 年，除了偶尔参加一些礼仪性活动，很少有事可做。平时在家读书写字，据说白崇禧的书法造诣颇深，但不轻易示人。此外，他还有两大爱好，即下围棋和打猎，借以打发时光，舒解寂寞。

1965 年，李宗仁夫妇冲破阻难，抵达北京，受到中共党政军领导人的热烈欢迎和很高的礼遇。

李宗仁的回国，对于在台湾的白崇禧来说，却是致命的打击。李宗仁一回大陆，白崇禧牵制李宗仁的价值消失，蒋介石不再需要白崇禧了，白崇禧也就自身难保了，他也明白其中的利害关系。

事实上，李宗仁回大陆后，蒋介石即迁怒于白崇禧，他命令毛人凤对白氏直接采取制裁行动。毛人凤将这一任务交给谷正文办理。

谷正文奉命后，就积极策划暗杀行动，并确定行动的最高原则是：绝不留下半点痕迹，以免外界怀疑是一起政治谋杀。谷正文收买了白崇禧身边的一位姓杨的副官。不久，这位杨副官报告："先生去花莲县寿丰半山打猎。"这样，谷正文决定在白崇禧出外打猎时，于山野外杀死他。

谷正文密令侦防组："暗杀不准用枪。要把一切制造意外死亡的条件搜集起来。"

经过勘察，侦防组发现狩猎区有小型山间铁轨，可使用人力轨道台车登山。白崇禧当时已年逾七十，不会徒步上山，而一定会乘轨道车。

这样，侦防组派人到现场实地勘察后，决定等白崇禧上山时，把握时间破坏途中一木制小桥，等他下山行经桥面时，便会连同轨道车一起坠入50余米深的峡谷。经过实地演练，他们还找到了螺丝松脱法，能丝毫不留痕迹地使轨道台车“发生意外”。

事发当天，白崇禧等一行人兴致很高地去打猎。10点37分，白崇禧一行人通过预定的谋杀地点后，侦防组的行动人员迅速爬到桥下，将支撑桥面木墩的螺丝钉一一松开，然后，躲入不远处的树丛里，静候白崇禧等人下山。

下午3时许，寂静的山中传来轨道台车的响声，两辆车从高山背面滑出，相距约30米。前面一辆车上坐着林意双乡长父子与一名助理；白崇禧与两名副官坐在后面一辆车上。当第一辆车滑到已经去掉螺丝钉的桥中央时，突然连人带车一起坠入深谷中。说时迟，那时快，就在这千钧一发之际，白崇禧的一名副官用力将白崇禧推出车外，自己则随车跌入深谷。

白崇禧从地上爬起，拍去尘土，他望着谷底下的几具血肉模糊的尸体，再望望四周的山野，似乎明白了什么。事后，谷正文和毛人凤前往蒋介石官邸汇报行动结果，蒋介石并未苛责，只是不无遗憾地对他们说：“再从长计议吧！”

白崇禧经历这次险情后，行动更加谨慎，这使谷正文很难下手。白崇禧晚年异常苦闷。在白夫人去世后，为解除烦闷，居然与身边的护士张小姐热恋起来。侦防组了解到这一情况后，决定买通医生下重药，置白崇禧于死地。一天，谷正文打电话给医生赖少魂询问白崇禧的情况，赖少魂报告说：“白将军不是病，他想补……”

“不管他是买什么，你要发挥自己的专长，蒋总统要你多‘照顾’将军，须以猛药起沉疴，重病得下猛药。”谷正文暗示赖少魂在药的剂量上动手脚，使衰老的白崇禧不胜药力，“补”不起。赖少魂奉命后，立即给白崇禧开了一帖药力很强的药方。白崇禧照方到天生堂中药店买了两大包药回家泡酒。往后数月，白崇禧似乎从药酒中得力，与热恋的张小姐频繁往来。俗话说，“房中之事能杀人”，对白崇禧这样一个年逾古稀的老者来说尤其如此。不多久，白崇禧即油尽灯枯。1966 年 12 月 1 日晚，张小姐与往常一样到白宅夜宿。就在这天晚上终于发生了悲剧。第二天早晨，白崇禧的副官发现主人赤身裸体趴卧在床，而张小姐早已离去。这位国民党一级上将，叱咤风云数十年的“小诸葛”，却在失意中不明不白地走了。另有一说法是，白的遗体呈铜绿色，不像自然死亡；保姆曾看到床头柜上主人晚上喝的药酒杯中尚剩有小半杯药酒，但后来药酒与酒杯都不见了。但白家自觉此事背景复杂，并未追究。

出乎意料，曾经纵横捭阖的一代战神，竟以如此风流的代价，走完了辉煌的一生。

下篇 名士自风流

身历民国那样波诡云谲的历史时期，那些关注国家与民族命运的，是真正的大家，是令人景仰的大师。他们用自己的智识和才情，书写了属于自己的伟岸人格，发出了超凡绝俗的时代巨响。中国历史在某些方面因为他们的参与而加快了进程。他们外表朴素而内心高贵，心怀天下而汲汲于行。他们平凡地生活在芸芸大众之中，却无时不关注着全民族的命运；他们钻研于学问之里，却笑谈于人际之外；他们的思想离凡常生活很远，却关乎家国命运。作为文明的标杆，他们让文化立体化，让精神自由化，他们的理想抱负带有明显的时代烙印，而书卷气息却难以掩饰，也不需要掩饰；否则，他们，就不是他们了。凝望他们的“背影”，我们可以真切地感受到，站起来不仅是身体，还有永远屹立的精神。他们用自己的行为，诠释着“真名士自风流”的传说……

梁启超：经营天下，国家脊“梁”

梁启超，字卓如，号任公，又号饮冰室主人、饮冰子、哀时客、中国之新民、自由斋主人等。广东新会人，中国近代维新派代表人物，资产阶级改良主义者，著名学者。中国近代史上著名的政治活动家、启蒙思想家、资产阶级宣传家、教育家、史学家和文学家。戊戌变法（百日维新）领袖之一。曾倡导文体改良的“诗界革命”和“小说界革命”。

变法喋血，逃亡日本

1890年，17岁的梁启超在同学陈千秋的引荐下拜会了33岁的广东南海人康有为。

初次见面，两人竟从早上8点聊到晚上7点。此前梁启超接受的是传统教育，康有为给他打开了一扇西学的大门，立宪、维新、变法，这是一条全新的道路。梁启超觉得以前学的不过是科举考试的敲门砖，不是真正的学问。于是，他当场拜康有为为师。当时的梁启超已是举人，康有为却只是一名监生。

康有为在广州修建了一所万木草堂，开馆授徒。万木草堂为期一年的学习使梁启超获益匪浅，他后来回忆说“一生学问之得力，皆在此年”。同时，梁启超的学识和辩才，也开始在康有为的诸多弟子中脱颖而出。

可惜，神州虽大，却已容不下一张安静的书桌。

这是一个被内忧外患困扰的国度，平民以不谈国事为戒律，政府贪污腐化无能，对外只希望妥协可以换取短暂的和平，对内则盘算着同洋务运动后兴起的民营企业家争夺财富。

1895年春天，梁启超跟康有为一同进京参加会试。4月，《马关条约》签订的消息传来，梁启超和其他举人们愤怒了，康有为振臂一呼，1000多名举人签名上书，敦促朝廷拒绝和议，着手改革。史称“公车上书”。

这次会试，康有为高中进士，梁启超却榜上无名。出现这样的结果并不奇怪，因为主考官是守旧派代表徐桐，对变法维新深恶痛绝，凡是文章中有“离经叛道”的，都被摒弃不录。巧合的是，徐桐先看到梁启超的考卷，见通篇都是恣意发挥的今文经学的微言大义，以为是康有为的，当即刷了下来，康有为的考卷却因此侥幸过关。即便如此，副考官李文田还是颇为欣赏梁启超的文采，在文末颇为惋惜地批道：“还君明珠双泪垂，恨不相逢未嫁时。”

公车上书如泥牛入海，杳无音讯，康有为决定另辟蹊径宣传维新思想。1895年8月，他创办了《万国公报》，随《京报》发行，赠送给王公大臣阅读。梁启超作为主要撰稿人，撰写了大量介绍西方、宣传变法的文章，用饱含深情的文笔打动了许多上层人士，当康有为发起成立“强学会”时，张之洞、刘坤一等封疆大吏纷纷慷慨解囊赞助。

康梁的活动引起了守旧派的不满，次年1月，清廷强行解散了强学会。康有为应汪康年之邀，携梁启超南下上海，筹办《时务报》。《时务报》的精华文章几乎都是出自梁启超之手，他强烈反对自强运动中的技术决定论，由于学习了明治维新的经验，他坚定地认为，为了使中国复兴，政治的改革比技术的输入更为重要。梁启超主张，中国政治改革的关键是彻底改革教育制度，提供中国传统文化和西方政治经验这方面的教育。基于这种思想，当湖南开办时务学堂，黄遵宪推荐他为总教习时，他欣然领命。1897年秋，他到达长沙。梁启超的名字引发了人们的热情，有多达4000个年轻人来到长沙报名参加入学考试，结果只有40人被录取。梁启超向学生宣传排满的激进思想，他们秘密重印和散发黄宗羲的禁书《明夷待访录》。为学生写的评语中，梁启超直言不讳地提到，在17世纪征服中原的过程中满人犯下的屠杀暴行，这在当时无疑犯了大忌。1897年冬天，德国强占胶州湾，对清廷的软弱无能，梁启超十分愤慨，他向湖南巡抚陈宝箴提议，如有必要，湖南应宣布脱离北京的中央政府。

在此期间，梁启超还不忘结交权贵，为康有为援引势力。当他去拜会湖广总督张之洞时，正值张的侄儿娶亲，宾客盈门。张之洞听说梁启超前来，当即撇下宾客，大开中门，将他迎进内厅，与之彻夜长谈。

国家命运危在旦夕，康有为回到北京，再次向清廷上书请求变法。和以往的上书不同，他的请求立刻得到了朝廷肯定的答复。1898年6月11日，光绪皇帝发布上谕，宣布变法。6月16日，康有为被召入宫，“百日维新”拉开帷幕。7月3日，梁启超也受到光绪召见。

可惜，满口的广东方言害苦了梁启超，“孝”被读成“好”，“高”读成“古”，皇帝听不懂他的话，大为扫兴，只赏了他一个小小的六品衔，任印书局编译。

比起康有为与皇上几个小时的长谈，梁启超的这次召见并不成功。从此，梁启超痛下决心学习官话，妻子李蕙仙自幼在京城长大，官话十分流利。梁启超流亡日本后，请夫人教他官话。

很快，他的官话口语水平大有长进，在社交场合能得心应手，不再吃亏了。

轰轰烈烈的戊戌变法开始后，康梁等人根据皇帝授意，发布了不少实行新政的诏书，如设立学堂、奖励发明创造、改革财政等。

但是，变法的制定者们在政治上既不成熟也缺乏手腕，他们徒有激情而未顾及现实。改革官制，废除八股，取消旗人特权等，每一项改革都冲击着庞大的官僚集团的既得利益。维新党行动操之过急，言辞过于激烈，康有为面对一众大臣，竟然说出“杀几个一品大员，法即变矣”的狂言，实在是书生意气。情急之下，他们想到“围园杀后”。本以为看准了袁世凯，可惜，谭嗣同夜访袁世凯并未得到一个明确的答复。袁世凯察觉到风向不对，担心引火烧身，便跑到天津，将康梁等人的计划向直隶总督荣禄和盘托出。事态

扩大了，康梁之“罪”已不是同慈禧政见不同，而上升到了“谋反”的程度。震怒之余，慈禧下令逮捕维新人士，戊戌六君子喋血菜市口，百日维新以失败告终。

当时，日本首相伊藤博文刚刚结束访华的行程，滞留北京。他对日本驻华大使林权助说：“救救梁启超吧！让他逃到日本吧！到了日本，我帮他。梁这个青年对于中国是珍贵的灵魂啊！”在他和林权助的帮助下，梁启超剪掉辫子，换上西服，在领事郑永昌的帮助下，先逃到天津的日本领事馆，再化装成猎户的模样，准备离津。25日，两人在天津车站的月台上行走时，被梁启超的熟人发现并报告了官府，捕快很快追了上来。两人跳进帆船，躲至深夜才敢开船，沿白河朝塘沽方向驶去。

捕快发现动静，又乘蒸汽船追来。眼看蒸汽船越来越近，梁启超绝望了，准备束手就擒。正在此时，停泊在白河上游的日舰“大岛丸”向帆船驶来。原来，林权助事先打过招呼，让“大岛丸”在此接应。梁启超终于摆脱了清廷的追捕，登上开往日本的“大岛丸”。望着苍茫的太平洋，梁启超心事沉重，思绪万端，写下“忍慈割泪出国门，掉头不顾吾其东”的诗句。

梁启超抵日后不久，康有为也在英国人的帮助下，从香港辗转来到日本。师徒相见，犹如重生，热泪盈眶。康有为告诉梁启超，梁的老家被清廷查抄，幸好梁宝瑛和李蕙仙已携家人逃到了澳门。梁启超立刻给妻子写信，并将近照附在信中。在照片的背面，他写道：“衣冠虽异，肝胆不移。见照如见人。”

抛弃共和，倡导立宪

流亡的生活并不平静。除了办《清议报》和《新民丛报》外，在日本内阁大臣犬养毅家，梁启超结识了孙中山。

在以“得君行道”的康有为看来，孙中山倡导暴力反清，大逆不道，自己深受皇恩，断无与他合作的可能。

梁启超却没有丝毫成见，他乐于接受新鲜事物，从善如流，赞成革命，很快便与孙中山打得火热。当时，孙中山的声望无法同梁启超相比，很多东南亚的华侨和日本重臣都是由梁启超介绍给孙中山的。1899 年夏，康有为被日本政府驱逐，离开日本去了新加坡。少了老师的掣肘，梁启超同孙中山往来更加频繁。其实，梁启超并非对孙中山笃信不疑。他认为孙中山常说大话，“徒使人见轻耳”。

不久，梁启超联合康有为的 13 位弟子给老师写信说："国事败坏至此，非庶政公开，改造共和政体，不能挽救危局。今上(光绪)贤明，举国共悉，将来革命成功之日，倘民心爱戴，亦可举为总统。吾师春秋已高，大可息影林泉，自娱晚景，启超等自当继往开来，以报师恩。”

康有为接信后，怒不可遏，立即令其离开日本，到檀香山办理保皇会。梁启超表面上听从老师的话，内心却很不满。除了政见不同，经济的原因也很重要。梁启超流亡海外，主要靠办刊、卖文维持生计，生活清苦。而康有为声称有光绪的“衣带诏”，以保皇为名一路大肆敛财，掌握了百万巨款，却并未很好地接济梁启超。

到檀香山组织保皇会后，梁启超对当地华侨说，他组织保皇会，名为保皇，实则革命。此举顿时得罪了改良、革命双方，很多人指责他“挂羊头，卖狗肉”。然而没过多久，梁启超的态度就 180 度大转弯，彻底摒弃了用暴力革命建立共和的主张，转而支持开明专制的国体。

思想的转变源于他 1903 年应美国保皇会之邀游历了一番美国。在这片曾被他称作“世界共和政体之祖国”的土地上，他失望了。他见到鳞次栉比的高楼、兴旺发达的工业，却也见到了世纪之交的怪物——托拉斯，见到了马克·吐温笔下暗箱操作的“黑金政治”，更见到了华侨社会帮派林立、互相残杀的种种丑陋现象。于是，他得出一个结论：共和不适用于中国。信仰崩溃的梁启超写道：呜呼痛哉！吾十年来所醉、所梦、所歌舞之共和，竟绝我耶？吾与君别，吾涕滂沱。

回国后，他冷静地想了想，认识到以中国之大，国情之复杂，民众素质之低下，搞起革命来，一定是多年大乱。而最终收拾动乱的人，一定是有

极大能量和权术的独裁者，到底还是专制。梁启超给革命开出的公式是：革命——动乱——专制。给立宪开出的公式是：开明专制——君主立宪——民主立宪。

从此，梁启超走上了坚定的改良主义的道路，利用各种渠道不遗余力地呼吁立宪。

革命党对梁启超的转变极为不满，他们在东京创办了《民报》，第三期就下了战书。一场立宪派同革命派在中国近代思想史上影响深远的论战拉开了帷幕。

革命派说：要自由，就得流血牺牲。

梁启超说：暴力革命得不到共和，只能得到另一个专制。

革命派说：日本、英国搞君主立宪，也要流血。

梁启超说：法国大革命，动乱 80 年，血流成河。其他欧洲 15 国，君主立宪，都和平完成转型。共和当然最好，但鉴于中国现实，只能从立宪做起。

革命派说：既然立宪是过渡，共和是最终目标，为什么把时间耽误在过渡上。

梁启超说：因为渐进改革损失小。

两派针锋相对，你来我往。革命派占据着《民报》，章太炎、胡汉民、汪精卫轮番上阵；立宪派只有梁启超孤身一人，阵地是他 1902 年创办的《新民丛报》。

通过和革命派的论战，梁启超确立了舆论界骄子的地位，并代替康有为成为立宪派新的精神领袖。

同时，在论战过程中，梁启超发明了一种介乎古文与白话文之间的新文体，后世称之为“新民体”。由于百姓和士子都乐于接受，新民体传播很广。用这种读者喜闻乐道的文体，梁启超写下感人至深的《少年中国说》，“少年强则国强，少年独立则国独立”的铿锵之语激荡着那个时代无数年轻人炽热的心灵。

黄遵宪就极为推崇新民体，称赞其“惊心动魄，一字千金，人人笔下所无,却为人人意中所有,虽铁石人亦应感动”。再加上梁启超善用“拿来主义”,直接将日文的汉字词语引入中国,诸如“政治”“经济”“哲学”“民主”等等,极大地丰富了汉语词汇。而这其中,有一个词是梁启超的原创,那就是“中华民族”。

不过,梁启超文采横溢,但他写惯了报纸文章、论战文章,只追求打动人,却没有精力写出真正大师级的著作。陈独秀就评价梁启超的著作为“浮光掠影”。

“吾爱孔子,吾尤爱真理”

1914年,梁启超在清华演讲时,引用《易经》里的话,勉励清华学生要做君子,树立“完整人格”:“天行健,君子以自强不息;地势坤,君子以厚德载物。”鼓励清华的同学“先从个人、朋友等少数人做起,诚诚恳恳脚踏实地地一步一步去做,一毫也不放松”,这样终会“在社会上造成一种不逐时流的新人”,即使做学问,也要“在学术界造成一种适应新潮的国学”。他的演讲对清华优良学风和校风的养成产生了深远的影响。此后,清华即把“自强不息,厚德载物”八字定为校训。

在清华聆听梁启超演讲的梁实秋回忆说:“他穿着肥大的长袍,步履稳健,风神潇洒,顾盼左右,光芒四射,这就是梁任公先生。他走上讲台,打开他的讲稿,眼光向下面一扫,然后是他的极简短的开场白,一共只有两句,头一句是:‘启超没有什么学问’,眼睛向上一翻,轻轻点一下头:‘可是也有一点喽!’这样谦逊同时又这样自负的话是很难得听到的。”

康有为是梁启超的授业恩师,可以这样说,没有康有为的培养,就不会有后来的梁启超;而梁启超更是因为与康有为共同致力于维新变法,被人合称“康梁”。

梁启超拜师康有为,对其性格生成及一生的道路选择都具有一定的影响。富有强烈事业心和美好追求的他,如铁块碰上了磁石。万木草堂打破了传统

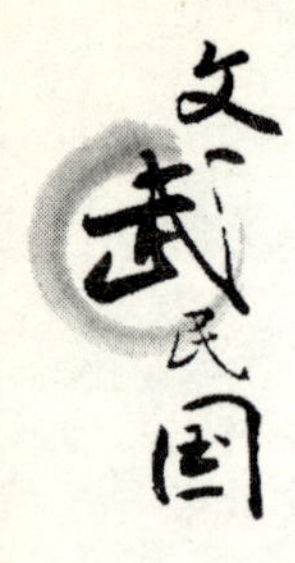

的“两耳不闻窗外事，一心只读圣贤书”的读书戒律，把求知和救国救民、改造社会紧密联系起来。经过万木草堂的学习，梁启超开始把自己的命运与国家的命运紧紧联系起来。

梁启超求学问的欲望极为强烈，平时对康有为虽无成见但却勇于坚持己见。从戊戌政变后流亡日本开始，梁启超与康有为思想上的分歧也越来越大。初到日本梁启超与康有为一道主张“尊皇”，而仅一年光景，梁启超便大肆宣传民权、批奴性、讲自由，甚且鼓吹破坏主义。梁启超的行为引起康有为的不满，只因天各一方，康有为无可奈何。1900 年 7 月，梁启超至新加坡，两人见面，由于学术思想分歧很大，康有为气恼至极竟出手殴打。但梁启超仍坚持己见，并作诗“我所思兮在何处，卢孟高文我本师”、“宁关才大难为用，却悔情多不自持”等句，表达出自己的心志。

但是康有为去世后，梁启超甚是悲痛。梁启超痛哭几天，率清华国学研究院全体同学在法源寺开吊，自己披麻戴孝，在法源寺守灵三天，每天有人来行礼，他都在孝子位上站着。梁平时喜打麻将，但在康有为去世后的三个月内他一次都没玩。

梁启超自称：“吾爱孔子，吾尤爱真理；吾爱先辈，吾尤爱国家；吾爱故人，吾尤爱自由。”所以即使和老师有冲突误会，他也并不退让，而是坚持真理。也正是因为坚持真理，所以他后来坚定地与复辟、祀孔等思想行为进行斗争。

梁启超晚年受聘于清华大学国学研究院，担任导师，教书育人，同时展开对中国文化的深入研究。

梁启超认为，用科学只能发展物质文明；但却难以发展精神文明，尤其是人生问题，更为西洋哲学所缺乏。“从前西洋文明，总不免将理想与实际分为两撅，唯心唯物，各走极端。宗教家偏重来生，唯心派哲学高谈玄妙，离人生问题都是很远。唯物派席卷天下，把高尚的理想又丢掉了。”梁启超说：“所以最近提倡的实用哲学、创新哲学，都是要把理想纳到实际里头，图个心物调和。我想我们先秦学术，正是从这条路上发展出来。老、孔、墨三位大圣，虽然学派各殊，‘求理想与实用’一致，却是他们共同的归着点。”因此，

“国中那些老辈故步自封，说什么西学都是中国所固有，诚然可笑；那沉醉西风的，把中国什么东西都说得一钱不值，好像我们几千年来就像土蛮部落，一无所有，岂不更可笑吗？”

梁启超的过人之处，在于他并非无限抬高中学，贬低西学。在他看来，“要发挥我们的文化，非借他们的文化做途径不可，因为他们研究的方法，实在精密。”他希望青年，“第一步，要人人存一个尊重爱护本国文化的诚意；第二步，要用那西洋人研究学问的方法去研究它，得它的真相；第三步，把自己的文化综合起来，还拿别人的补助它，叫它起一种化合作用，成了一个新文化系统；第四步，把这个新系统往外扩充，人类全体都得着它好处。”这一看法在今天看来也是值得借鉴的。

一纸电报，点燃“五四”

1918年11月14日，北洋政府宣布，全国放假3天，北京突然之间旌旗招展，光彩照耀，东交民巷至天安门一带，游人更是摩肩接踵。这一天，人们在庆祝第一次世界大战的结束，中国自鸦片战争以来，第一次成为战胜国，尽管这次胜利的象征意义大于实际意义。12月初，梁启超筹措了10万元经费，挑选了一批各有所长的专家，组成一个民间代表团，赴欧洲参加巴黎和会。

巴黎和会是一战确立世界新秩序的会议，梁启超希望能利用这次机会改善中国的国际地位，特别是收回德国在山东的权益。12月28日，梁启超率丁文江、蒋百里等人，乘坐日本轮船横滨号前往欧洲。一路上，大家打牌、聊天，非常热闹。每天早上8点，每个人都抱着一本书，在甲板上冲着大海高声朗读，45岁的梁启超也开始学习英语。

在巴黎，梁启超以中国民间代表的身份会见了美国总统威尔逊，请他帮忙在和会上支持中国收回山东权益，威尔逊答应了。

1919年1月，被中国人寄予厚望的巴黎和会正式开幕。会上，同为战

胜国的日本要求继承德国在山东的权益，遭到中方代表顾维钧的严词反对。

顾维钧慷慨陈词，说山东是孔孟之乡，中国的文化圣地，自中国参战以来，与德国订立的所有不平等条约均已废除，不存在日本继承权益的问题。威尔逊也从旁相助，为中国据理力争。

会场外，梁启超作为民间代表进行了频繁的游说活动，发挥了出席和会的中国外交代表所起不到的作用。他写下《世界和平与中国》一文，并翻译成多国文字，广为散发，宣传中国的要求，驳斥了日本占据山东的借口："胶州湾德国夺自中国，当然须直接交回中国，日本不能借口有所牺牲有所要求，试问英美助法夺回土地，曾要求报偿耶？"在随后的记者招待会上，梁启超大声疾呼："若有一国要承袭德人在山东侵略主义的遗产，就是世界第二次大战之媒，这个便是和平公敌"。

就在此时，日本代表平静地公开了一份令人震惊的秘密协定。这份签署于前一年的协议规定，日本给段祺瑞政府两千万日元的贷款，换取在山东修路、驻军的权利——山东的命运早就注定了。

由于日本早在和会召开前就与协约国各方达成了秘密共识，因此，在和会上，威尔逊成了孤家寡人。并且，日方屡次扬言如不满足其要求，就退出和会。威尔逊担心建立国际联盟的计划破产，便妥协了。直到此时，梁启超才打听到和会条约的内容，而且得知，部分中国代表已准备在条约上签字。他赶紧致电国内好友林长民（林徽因父亲）告知他巴黎和会的详情，并称：请警告政府及国民严责各全权，万勿署名，以示决心。

林长民4月30日接到梁启超电报，5月1日就写成《外交警报敬告国民》一文，刊登在《晨报》上。他在文中惊呼：胶州亡矣！山东亡矣！国不国矣！国亡无日，愿合四万万民众誓死图之！

林长民文稿披露的第二天，北京大学的墙报就贴出了十三院校学生代表召集紧急会议的通告。5月4日下午1时，北京大学等14个学校的5000多名学生走上街头，震惊中外的"五四运动"爆发了。

相知相惜，而不相娶

在 1899 年冬天，逃亡日本的梁启超应康有为的邀请，到美国檀香山宣传成立保皇会，组织海外华侨支持光绪皇帝的变法维新。

尽管梁启超很有辩才，是一位宣传变法维新的鼓动家，但是到檀香山之后，他才发现宣传变法维新，不应只是面对美国的华侨，还应得到美国人的支持。可是他不懂英语，这使他一时很犯难。在何氏侨商为他接风的家宴上，他提出了这个问题，请求大家给予帮助。他的话刚一落音，何先生就让侍女唤来自己的宝贝女儿何蕙珍，并介绍给梁启超说："这是小女，从小在美国长大，英文极好，可以给你做翻译。"梁启超十分高兴，就请她坐在自己的身边。何蕙珍也很大方，操着一口标准的国语，更让梁启超听得十分快慰。

第二天，在演讲大会上，很多华侨和美国人出席，梁启超心情振奋，慷慨激昂地讲述了变法维新的见解，以及组建保皇会的意义。何蕙珍小姐为他做翻译，流利晓畅，准确通达，很受听众的喜欢。在口译过程中，何蕙珍对梁启超有了更多的了解。她不仅拥护梁启超的变法维新，更敬慕他的演讲口才和翩翩风度。演讲结束后，何小姐陪同梁启超步出演讲大厅时，她很大方地说："我十分敬慕梁先生的才华，但愿来生我们能走到一起。请先生赐我一张小照，此生足矣！"事后，梁启超赠给何小姐一张照片，而何小姐则将一把亲手编织的小扇，给他做纪念。

梁启超对这位助手印象极好，在美国的日子里，如果没有何小姐给他当翻译，他几乎寸步难行。当时，慈禧降旨，以十万两白银悬赏捉拿梁启超。美国的一家英文报纸发表了一系列文章，攻击梁启超。梁启超对这种攻击无力反击，只得听之任之。几天后，他听说有家报纸连续发表了几篇文章回击那家英文报纸的文章。这些文章以犀利、尖锐的笔锋，深刻透彻的论辩将那家英文报纸批驳得哑口无言。不久，梁启超得知这些文章是何小姐撰写的，使他从心眼里产生了对何小姐的敬意。接着，他请何小姐帮助他学习英语，

何小姐很愉快地当起了他的英文老师。他们间的接触越来越多，感情的距离也越来越近了。

何惠珍对才华横溢的梁启超暗生情愫，不久，便向他表白了爱慕之情："今生今世，我之心唯有先生……"

"我家中已经有妻子了。"梁启超矛盾地拒绝了她。

初遭拒绝，何惠珍不仅没有气馁，反而对梁启超的忠贞感到十分尊崇。事后，为博取梁启超的好感，她动员父亲为康、梁保皇之事捐了一笔款，并托人设宴向梁启超交接捐款事宜。席间，梁启超又一次见到何惠珍。这次，何惠珍提出一个让梁启超心惊的要求："我情愿下嫁梁先生做小。"晚上，回到寓所的梁启超心情久久不能平静。他知道，何惠珍毕业于美国名牌大学，她作出这样的决定，其痴情实在令人感动。他们在事业上，确实可以相互扶持，可是，他和妻子李惠仙这些年来一直相濡以沫，感情深厚，怎能让妻子伤心？为此，他异常苦闷。从工作上考虑，他也很需要这样的助手。经过反复的思想斗争，1900 年 5 月 24 日，梁启超给在日本的妻子李惠仙写了封信，表述了自己的心境。在信中，他介绍了何蕙珍的为人之后，写道："余归寓后，愈益思念蕙珍，由敬重之心，生出爱恋之念来，几乎不能自持……不知惠仙闻此事将笑我乎，抑或恼我乎？"梁启超心想，妻子接信后，定会生出一些醋意来，大骂他一顿，这样，他发热的头脑也好冷静一下。

很快，妻子回信了。梁启超打开信后，愣住了，妻子给他寄来了《诗经》中的一首诗《关雎》："……窈窕淑女，君子好逑"竟然乐意成全他的婚事。李惠仙说："我远在日本，不能照顾，先生身边若有个情投意合的何小姐照顾，岂不更好？"

梁启超在妻子的宽容面前惭愧万分，便将妻子的信转给何惠珍。何惠珍一看，欣喜地笑了，说道："惠仙姐贤德，我就向她学习，我们就做先生身边的娥皇、女英吧。"

梁启超却提笔为何惠珍写了一首诗："一夫一妻世界会，我与浏阳实创之（"浏阳"指谭嗣同）。尊重公权割私爱，须将身做后人师。"聪慧的何惠珍马上明白了梁启超的意思，她眼泪汪汪地拿着梁启超赠给她的一张自题诗词的照片，一步三回头地离开了梁启超。“惠珍是一位多才多情的好女子，可惜……”梁启超叹了一口气，把何惠珍亲手织的一把小扇寄给妻子，让其代为保管。他在给妻子的信中说：“我想得到惠珍的帮助，驰骋世界，但理想与现实的条件，又万万不能……”

李惠仙读了梁启超的来信，表现得很大度，给他回信时表示这件事要请父亲大人做主。因为她料到公公是不会认可儿子娶个美国华侨做妾的。梁启超接到李惠仙的来信，急忙回信劝阻爱妻不要让父亲知道此事，并表示：对于何蕙珍的关系保证做到“发乎情，止乎理”，今后绝不再谈此事。当然，梁启超当时的处境也不允许他沉溺于儿女私情。他流亡在外，慈禧降旨通缉他，怎能让这位年仅 20 岁的小姐跟着自己受牵连呢!

不过，这件事也触动了李惠仙，她考虑要设法牵住这头不安分的“小鹿”，于是在 1903 年，将她的陪嫁侍女王桂荃给梁启超做了妾。

1924 年 9 月，李惠仙因病逝世，梁启超身边少了一个理解、支持他的人，顿感悲痛万分。痴心不改的何惠珍，听到李惠仙病逝的消息，急忙找到梁启超，一面劝慰其节哀，一面寻机重续前缘。没想到，梁启超以“年迈不想再婚”为由，第三次婉拒了她。何惠珍心有不甘，多次上门，梁启超都避而不见，万般无奈的何惠珍只好挥泪告别……

章太炎：大师小事，魏晋风度

章太炎，名炳麟，字枚叔。初名学乘，后改名绛，号太炎。早年又号膏兰室主人、刘子骏私淑弟子等。浙江余杭人，清末民初民主革命家、思想家，中国近代著名朴学大师。著名学者，研究范围涉及小学、历史、哲学、政治等，著述甚丰。

流血从我，名闻天下

章太炎出生于浙江余杭的一个书香世家。其祖父章鉴、父亲章濬皆是知书达理之士，章太炎自小便接受了较好的传统教育。然而，传统封建教育并未使他成为一名忠于满清统治的"顺民"，革命反满的观念很早便在其的脑中扎下了根。章太炎12岁时，一日外祖父领着他阅读《东华录》，当读到曾静案时，外祖父说："夷夏大防，同于君臣之义。"章太炎问："前人有谈此语否？"外祖父答道："王船山、顾亭林已言之，尤以王氏之言为甚，谓历代亡国，无足轻重，惟南宋之亡，则衣冠文物，亦与之俱亡。"祖父这番话激起了少年章太炎的思绪，他愤然曰："明亡于清，反不如亡于李闯！"外祖父急忙说："今不必作此论耳。"可见，革命思想已潜伏于年幼的章太炎心中。

成年后，章太炎拜师于诂经精舍的经学大师俞樾，研习经史，度过了八年寒窗苦读的求学生涯。然而，内忧外患，时变日亟，动荡的政局已迫使章太炎不能再安心地稳坐书斋了。1897年的夏天，他告别恩师，奔赴上海，开始了自己倡言革命的历程。

初出茅庐的章太炎先后担任《时务报》、《正学报》、《经世报》等刊物的编辑，但由于种种原因，未能充分施展自己的才情。直到 1903 年，他开始主笔《苏报》，一改该报以往保守的政治立场，大张旗鼓地宣传革命主张。此时的章太炎才思泉涌，一篇篇战斗檄文如出膛炮弹，炸向清政府的要害。在一篇文章中，章太炎对慈禧太后奢华铺张的寿典进行了无情的冷嘲热讽：

今日到南苑，明日到北海，何时再到古长安？叹黎民膏血全枯，只为一人歌庆有；

五十割琉球，六十割台湾，而今又割东三省，痛赤县邦圻益蹙，全逢万岁祝疆无。

在《驳康有为论革命书》中，他更是毫无忌惮地写道："载湉小丑，不辨菽麦。"直呼圣上之名，且斥其无能，这在当时不啻是石破天惊之论。按照刑律，当属杀头之罪。正因此故，清政府认定章为"反清匪人"，密电上海道照会会审公廨出票拘人。别人劝他躲避，他却说："革命流血起，流血从我起。"与革命知己邹容一道慷慨入狱，而他"章疯子"的外号也得于此时。

在狱中，尽管受尽狱卒的百般折磨，但章太炎苦中作乐，斗志高昂。为了鼓舞年轻的邹容，他特意写下一首诗：

邹容吾小弟，被发下瀛洲。
快剪刀除辫，干牛肉作糇。
英雄一入狱，天地亦悲秋。
临命须掺手，乾坤只两头。

邹容也回赠章诗一首：

我兄章枚叔，忧国心如焚。
并世无知己，吾生苦不文。
一朝沦地狱，何日扫妖氛？
昨夜梦和尔，同兴革命军。

身陷牢狱，二人却心系反清大业，互相往来唱和，此种大无畏之气概实令人景仰！

可惜天不假年，一年后，邹容身患重疾，病死狱中。两位革命挚友，不久前还赋诗共勉，转眼间却已分隔阴阳两界，章太炎怎么也无法接受这一事实，他抱着邹容的尸体，悲不自胜，痛哭失声。

三年的刑期很快过去，章太炎出狱后东渡扶桑，继续从事革命事业。由于在狱中坚贞不屈的表现，此时章在士林中声望日隆，俨然成为义薄云天之楷模。众人对其敬仰备至，认为“平生不识章太炎，访尽名流亦枉然”。

疯言疯语，言辞犀利

流亡日本后，章太炎看到日本人鄙视中国人，很是愤慨，然又因密谋革命，不能不尽力忍耐，气无处可泄，有时只好用诙谐幽默的办法出这口恶气。一天，日本警察到其寓所调查户口，要他填一份表格。章太炎写的是：

职业：圣人

出身：私生子

年龄：万寿无疆

这是因为人家都称他为“圣人”，而私生子则以日本为最多，面对章这份充满调侃意味的回答，日本警察哭笑不得。

1906 年 7 月 15 日，章太炎在东京神田町锦辉馆进行演讲，两千多人慕名而来，一时间会场内外人头攒动，甚至有人爬到屋檐上，以一睹这位传奇人物的风采。在演讲中，章太炎就所谓“疯癫”谈了一下自己的看法：

大概为人在世，被他人说个疯癫，断然不肯承认，除那笑傲山水诗豪画痴的一流人，又作别论，其余总是一样。独有兄弟却承认我是疯癫，我是有神经病，而且听见说我疯癫，说我有神经病的话，倒反格外高兴。为什么缘故呢？大凡非常可怪的议论，不是精神病人，断不能想，就能想也不敢说。说了以后，遇着艰难困苦的时候，不是精神病人，断不能百折不回，孤行己意。

所以古来有大学问成大事业的，必得有神经病才能做到……为这缘故，兄弟承认自己有神经病；也愿诸位同志，人人个个，都有一两分的神经病。近来有人传说，某某是有神经病，某某也是有神经病，兄弟看来，不怕有神经病，只怕富贵利禄当现面前的时候，那神经病立刻好了，这才是要不得呢！略高一点的人，富贵利禄的补剂，虽不能治他的神经病，那艰难困苦的毒剂，还是可以治得的，这总是脚跟不稳，不能成就什么气候。兄弟尝这毒剂，是最多的。算来自戊戌年以后，已有七次查拿，六次都拿不到，到第七次方才拿到。以前三次，或因别事株连，或是捕拿新党，不专为我一人；后来四次，却都为逐满独立的事。但兄弟在这艰难困苦的盘涡里头，并没有一丝一毫的懊悔，凭你什么毒剂，这神经病总治不好……但兄弟所说的神经病，并不是粗豪鲁莽，乱打乱跳，要把那细针密缕的思想，装载在神经病里。譬如思想是个货物，神经病是个汽船，没有思想，空空洞洞的神经病，必无实济；没有神经病，这思想可能自动的么？

演讲将毕，章太炎大声疾呼："我要把我的神经病质，传染诸君，传染与四万万人！"听过这番"疯言疯语"，我们不难发现，对于"章疯子"的外号，他非但没有丝毫不满，反而自鸣得意。他的这次演讲有激情，有学理，且不乏幽默，战斗性也极强，堪称近代演讲中之精品。他那富有魅力的"有学问的革命家"的形象也由此呈现在众人眼前。难怪章之好友宋恕曾半开玩笑地说："像章君这样手无缚鸡之力的儒生，竟欲颠覆满洲三百年的帝国基业，为何会如此的不自量力呢？莫非是明末遗老们的魂魄附体了不成？"

章太炎在日本的主要活动是主编《民报》，这成为他一生中非常辉煌的一个时期。在孙中山的盛邀下，章太炎出任《民报》社长。至《民报》终刊，他亲手主编 16 期，并发表文章 83 篇。可以说，《民报》所到之处，也就是章太炎的文章和思想影响所及之处。正如鲁迅后来回忆所言："我爱看这《民报》，但并非为了（章）先生的文笔古奥，索解为难……是为了他和主张保皇的梁启超斗争，和 ×× 的 ××× 斗争……真是所向披靡，令人神往！"的确，章的文章革命性浓厚，攻击力十足，无时无刻不在搅动着统治者们脆

弱而敏感的神经，自然又成为清政府的眼中钉、肉中刺，使他们咬牙切齿，寝食难安。

为了封禁《民报》，清政府专门派人赴日与日本政府就此事进行密谋。据野史记载，清政府为促成此笔交易，不惜出卖主权，“慷慨”地送日本政府一个“大礼包”。这“大礼包”包括间岛（延吉一带）的领土，抚顺、烟台的煤矿和新法铁路（新奉到法库门），真是无耻之极！得到好处之后，日本政府立即命令警署查封了民报社。

章太炎得知此事后，义愤填膺，决定抗争到底，拼个鱼死网破，揭露日本政府的真面目。于是，他到地方裁判厅起诉日本政府。日本专门派出辩护专家五六人，妄图以车轮战围攻章太炎，使其屈服。

论辩那天，章太炎言辞犀利、有理有据。章问裁判长：“扰乱治安，必须有证，若谓我买手枪，我蓄刺客，或可谓扰乱治安。一笔一墨，几句文字，如何扰乱？”厅长无语。

章又问：“我之文字，或煽动人，或摇惑人，使生事端，害及地方，或可谓扰乱治安，若二三文人，假一题目，互相研究，满纸空言，何以谓之扰乱治安？”厅长又无言。

辩护专家们连忙给厅长打圆场，欲以《民报》言论妨碍日本社会秩序之罪名来压制章太炎的气焰。章太炎反问道：“吾言革命，吾革中国之命，非革贵国之命，吾之文字，即煽动人，即煽惑人，煽惑中国人，非煽惑日本人，鼓动中国人，非鼓动日本人，于贵国之秩序何干？于贵国之治安何干？”众位辩护专家无言以对。

章太炎越说越激动，他怒吼道：“言论自由，出版自由，文明国法律皆然，贵国亦然，吾何罪？吾言革命，吾本国不讳革命，汤武革命，应乎天而顺乎人，吾国圣人之言也。故吾国法律，造反有罪，革命无罪，吾何罪？”顿时，整个裁判厅内鸦雀无声。最后，裁判厅厅长强制性以危害社会秩序之名查封《民报》，并罚款120元。虽然《民报》半途夭折，但章之斗争为它涂上了最后的一抹辉煌。

幽禁岁月，绝食抗议

民国伊始，袁世凯就任临时大总统，其所言所行令拥戴者大失所望。他先派人刺杀宋教仁，后出兵镇压“二次革命”，其倒行逆施让章太炎忍无可忍。章不顾亲友劝说，毅然决定深入虎穴，挽救危局。他理直气壮地说：“我决定要去面质包藏祸心的袁世凯，明知是虎穴，可是不入虎穴，焉得虎子？”临行前，他留诗一首，颇能反映当时之心境：

时危挺剑入长安，流血先争五步看。
谁道江南徐骑省，不容卧榻有人鼾。

此诗内含两个典故。前两句出自《战国策》，乃战国掌故。谋士唐雎受安陵君所托，孤身赴秦，结果不辱使命，迫使秦王放弃侵犯野心。后两句出自《类说》，是北宋旧事。赵匡胤兵临南唐都城，后主李煜派徐铉求和。赵匡胤拔剑厉声道：“卧榻之侧，岂容他人酣睡！”举兵进攻，南唐遂亡。章作此诗，显然是欲仿效唐雎，挺剑入京，不管他袁世凯是霸道之秦王还是强悍之赵匡胤，章皆决心以“伏尸二人，流血五步”之举，来警醒世人，践履自己民主共和之理想。

入京不久，章便上演了大闹总统府之好戏。一日，章身着油烘烘的破棉袍，手持折扇，故意将袁世凯颁发的二等勋章缀于扇柄，大摇大摆来到总统府，打算与袁世凯好好理论一番。门卫借故阻止其见袁。此时，次长向瑞琨却接到通知要进府面见袁世凯，章太炎怒不可遏，身上那股“狂”劲顿时发作：“向瑞琨一个小孩子，可以见袁世凯，难道我见不得吗？”从清晨至傍晚，章将总统府上上下下一干人等悉数痛骂一通，并抡起手杖将府内器物砸个稀里哗啦。袁世凯躲在内室，目睹章太炎之“胡闹”，却敢怒不敢言，任其发泄。由此可见，章之狂士风采，较之祢衡，有过之而无不及。最后，袁世凯实在没办法，派出军政执法处处长陆建章出马，谎称总统在居仁堂见章，将其带

到军队营房，软禁起来。后又将其移到北京南城陶然亭附近的龙泉寺及城内的几处深宅大院，辗转之间，章太炎开始了一段颇为漫长的幽囚岁月。刚开始，章太炎极不适应这种毫无自由的生活。他在屋里大骂大闹，曾狂书："杀、杀、杀、杀、杀、杀、杀，疯、疯、疯、疯、疯、疯、疯"的对联。其友陈干相当欣赏这"七杀七疯"的对联，请石匠刻成石碑立在家祠中。此碑现仍在陈家乡山东昌邑白塔村桥头上。此外，章太炎时常与友人狂饮，以致酩酊大醉后出口怒骂，甚至在窗纸墙壁上遍书"袁贼"两字以泄愤，或用大篆、小楷、行草等字体写满"袁贼"二字，将纸埋而焚之，大呼："袁贼烧死矣！"

更有趣的是，章太炎召集寓所里所有仆役，定下六条规矩：

第一，每日早晚必向我请安；

第二，在外面见到我，必须垂手而立；

第三，称我为"大人"，自称曰"奴仆"；

第四，来客统统称"老爷"；

第五，有人来访，无论何事，必须回明定夺，不得径行拦阻；

第六，每逢朔望，必须向我行一跪三叩大礼。

章太炎向仆役宣布这六条规则之后，说："这六条，你们能遵守的，就留下来；不能遵守，就请离开。"仆役无法，只得顺从照办。章门弟子钱玄同觉得好奇，便问老师缘何要立此家规。章太炎的回答更是让人忍俊不禁："我弄这个名堂，没别的缘故，只因'大人'与'老爷'都是前清的称谓，至于'先生'，是我辈革命党人拼死获得的替代品。如今北京仍是帝制余孽盘踞的地方，岂配有'先生'的称谓？这里仍是'大人'、'老爷'的世界，让他们磕头，不是合情合理吗？"

时间一长，章太炎感到单靠嬉笑怒骂并不足以震慑袁世凯等人，于是，他决定绝食抗议。在寄给夫人汤国梨的诀别信中，章写道："以吾憔悴，知君亦无生人之趣。幽居数日，隐忧少寐。吾生二十三岁而孤，愤疾东胡，绝意考试；故得精研学术，忝为人师。中间遭离乱，辛苦亦至矣。不死于清廷购捕之时，而死于民国告成之后，又何言哉！吾死之后，中夏文化亦亡矣。

言尽于斯，临颖悲愤。”

文中既有其因民主共和理想尚未实现的不甘心之情，又不乏对自己国学水平的自信，实乃至情至真之言也！

章太炎绝食，身体一天比一天羸弱，精神也一天不如一天。这不仅使袁世凯大伤脑筋，也令章太炎的诸位高足弟子心焦不已。他们千方百计设法使章太炎改变死志，立即进食。关于弟子旧友们苦劝章太炎放弃绝食念头，重新进食的记载，历来有两个版本。

第一个是吴承仕版。得知章太炎绝食的消息后，章的旧友马叙伦、弟子吴承仕、钱玄同等人急忙前去看望。从早到晚，弟子们一直劝先生进食。章太炎只是躺在床上，两眼翻白，一味摇头。无可奈何之下，吴承仕忽想起三国里的故事，便问："先生，你比祢衡如何？"

章太炎两眼一瞪，说："祢衡怎么能跟我比？"

吴承仕忙说："刘表要杀祢衡，自己不愿戴杀戮国士之恶名，而借黄祖之手。现在袁世凯比刘表高明多了，他不用劳驾黄祖这样的角色，叫先生自己杀自己！"

"什么话！"章太炎听到此处，翻身跳下床来。弟子们赶紧端出早已做好的荷包蛋，请老师吃了下去。章太炎就此停止绝食。

第二个是马叙伦版。马去探望章太炎，好友相见，章太炎精神为之一振，除了谈论眼下不堪收拾的人事与国事外，马叙伦使出浑身解数，与章太炎忽而谈孔孟，忽而谈老庄，忽而谈佛学，忽而谈理学。二人天马行空，谈兴极浓，自午及暮，意犹未尽。马叙伦看看天色，起身告辞，他说："我得走了，中午出来太急，没有吃饭，现在已经饥肠辘辘。"章太炎说："这事好办，让我的厨子给你准备饭菜。"马叙伦连连摇头，说："使不得，使不得，你正在绝食期间，我在你面前大吃大喝，有违仁道，怎能下咽？我真要吃下这顿饭，传出去，岂不是为天下士人君子所不齿？"章太炎一心要挽留马叙伦，遂当即答应同他一同进食。

吴承仕版中的章太炎与袁世凯不共戴天，自认比三国之祢衡更为清狂，

在吴的激将法下显得颇为可爱；而马叙伦版的章太炎则究心于学术，因与马畅谈正酣而放弃绝食，其视学术为生命的精神十分可敬。两个版本，实际上恰恰反映出章太炎身上两种最为可贵的品质：胸怀苍生，心系学术。

袁世凯定年号为“洪宪”后，欲物色德高望重者为其撰写元旦草诏，有人推荐章太炎，认为他是独一无二之人选。袁世凯叹道：“何必为人所难呢？你们难道忘记了他绝食之举？如果以此事逼迫他，是加速其死之志啊！我不愿意让太炎为祢衡，我岂能成为变相之黄祖呢？要是他真的死了，最起码也是方孝孺，我可不能成全其美名。等他日帝国勃兴，再处置章太炎也不迟，现在不是动他的时候。”

此话传到章太炎耳中，他轻蔑地说：“人家大明的天子姓朱，洪宪天子姓袁，我既不是祢衡，也不是方孝孺，袁世凯更不是明成祖朱棣，仅仅是乘乱而起，过一把皇帝瘾的袁术而已。”

1916 年 6 月 6 日，袁世凯在全国上下的一片讨伐声中惶恐死去，章太炎重获自由。回顾这一段刺刀威逼下的生活，章太炎虽几度与死神擦肩而过，却依然故我，不屈不挠。难怪鲁迅在回忆文章《关于太炎先生二三事》中由衷地赞叹道：

考其生平，以大勋章作扇坠，临总统府之门，大诟袁世凯的包藏祸心者，并世无第二人；七被追捕，三入牢狱。而革命之志，终不屈挠者，并世亦无第二人；这才是先哲的精神，后生的楷范。

性情古怪，幽默风趣

民国元年，章太炎进京后，遇见时任北洋大将的陈宧，章太炎便直率地对陈说：“哎呀，你陈宧真是当时之奇才啊！”冷不丁听到章太炎这句话，陈宧自然喜出望外，刚要答话回谢，章太炎又说：“此后民国必亡于你手！”这下子陈宧脸色忽而变得铁青，他强压怒火，作揖告辞。实际上他已是怀恨在心，后来在软禁章太炎的阴谋策划中，为了出一口恶气，可谓是竭尽全力！

不成想等章太炎去世后，或许是良心发现，陈宦不仅大力表彰章太炎的学说，还哀叹道：“唉，章大师一走，天下就没有真正了解我的人了！”

章太炎精通医学，著有《霍乱论》、《章太炎医论》（原名《猝病新论》）。曾有人问章太炎：“先生的学问是经学第一，还是史学第一？”他答道：“实不相瞒，我是医学第一。”

胡适著有《中国哲学史大纲》一书，出版时特送了一本给章太炎，上写“太炎先生指谬”，下署“胡适敬赠”，人名旁边便用标点符号。章看到自己名字旁边加了黑杠，不禁大骂：“何物胡适！竟在我名下胡抹乱画！”及至看胡的名字旁边也有黑杠，才消了气说：“他的名旁也有一杠，就算互相抵消了罢！”

结束幽囚生活，章太炎离开北京，移居上海。有一次，他从同福里寓所坐面包车到三马路旧书店去买书。从书店出来回家时，叫住一辆面包车，坐上车后，示意车夫向西面走。车夫按照他的话，向西走了很长一段路后，心存疑惑，问道：“先生，你究竟要到哪里去？”章说：“我自己也不知道，上海人都知道我是章疯子，你只要拉到章疯子的家里就是了！”这话说得车夫一头雾水，出于无奈，车夫只好仍旧把他拉回旧书店，让他另想办法。章的家人焦急万分，派二十余人在市里四处寻找，终于在旧书店门口发现了他。

还有两则趣闻皆与章太炎的题字有关。章太炎写得一手千金难买的好字，世人无不想得其片纸数字。然而章太炎脾气古怪，并不轻易赏字于人，于是他的墨迹愈发显得珍贵。当时上海有一位画家名叫钱化佛，很善于投章老爷子所好，哄他开心，也因此从章那里讨得不少真迹。章太炎最喜欢吃的东西，是带有臭气的卤制品，尤其是臭豆腐，臭到全屋人掩鼻躲避，而唯独章老爷子吃得津津有味。一次，钱化佛带来一包紫黑色的臭鸡蛋，章太炎见后欣然大乐，当时桌上有支笔，他深知钱的来意，就问：“你要写什么，只管讲。”钱化佛立即拿出预备好的几张斗方白纸，每张要写“五族共和”四个字，而且落款要用“章太炎”三字。章太炎倒也爽快，不出一声，一挥而就。隔了两天，钱化佛又带来一罐臭得出奇的苋菜梗。章老爷子竟然乐不可支，对钱说：

“有纸只管拿出来写。”钱仍要求写“五族共和”四字，这一回章太炎竟一口气写了四十多张。后来钱又带来过不少臭花生、臭冬瓜等东西，章老爷子自然回回慷慨赐字，前前后后共计一百余张，却从来不问这些字有何用处。原来，上海一家香番菜馆新到一种“五色旗”酒，此酒倒出来时十分浑浊，沉淀几分钟后，就变成红黄蓝白黑五色，这在当时十分轰动。钱化佛灵机一动，想出做一种“五族共和”的封条，请章老爷子写，裱好之后，就挂在番菜馆中，以每条十块大洋售出，竟然卖到脱销。钱化佛也因此大赚了一笔。

像钱化佛这样好运气的人毕竟是少之又少，绝大多数人是千金难换章老爷子一字。更有甚者，则被章太炎好生戏弄一番。曾有一个姓王的暴发户，附庸风雅，求章太炎为其题字，章太炎自然置之不理。但这暴发户仍不死心，愿出高价托人代为说情，章太炎实在是不耐烦了，又鄙夷其为人，于是大笔一挥，写下一联：

一二三四五六七，
孝悌忠信礼义廉。

暴发户拿到章老爷子的亲笔联语，甚是得意，马上命人将对联悬于高堂，逢人便讲：“这可是国学大师章太炎为我题的字！”一天，有位明眼人含笑对暴发户说：“写倒写得很好，可惜上联忘八，下联无耻，似乎有点取笑伤人之意。大概意思就是说‘王八，无耻也！’”暴发户听后，气得七窍生烟，羞愧不已。

1934年秋，章太炎迁居苏州，开办国学讲习会，招徒授业，培养了一大批国学人才。他常说：“大国手门下，只能出二国手；而二国手门下，却能出大国手。”弟子们听后，大都不甚理解。章解释道：“大国手的门生，往往恪遵师意，不敢独立思考，学术怎会发展？二国手的门生，在老师的基础上，不断前进，故往往青出于蓝，后来居上。所以一代大师顾炎武的门下，高者也不过潘笑之辈；而江永的门下，竟能出现一代大师戴震。”由此可见，章太炎并不主张弟子们株守自己的学术路径，而是鼓励他们自由发展，不断创新，勇于突破前人，自成一家。

在传道授业解惑之余，章太炎还不失幽默地与弟子们调侃。章门弟子在学问上各有所长，各具特色。章太炎一次偶然兴起，模仿太平天国的封号，戏封其弟子为王。他封黄侃为天王，汪东为东王，朱逖先为西王，吴承仕为北王，钱玄同为翼王。封门下弟子为王，虽属戏言，从中亦可见章对弟子的喜爱之情。

虽然已从政坛隐退，但章太炎依然关注政局民生，一有机会便大力抨击时弊。1925 年 3 月，革命先行者孙中山病逝，灵柩运到南京。在中山陵举行奉安大典时，章太炎专程来到南京吊唁。想起沿途所见所闻，他深感许多革命党人已腐化变质，心中很是气愤。章太炎是革命元勋，达官贵人们自然要设宴为他接风洗尘。席间，有人附庸风雅，请他题字留念。他有感而发，挥笔写下对联一副：

诸君鼠窃狗跳，斯君痛哭；
此地龙盘虎踞，古之虚言。

众人见了，面面相觑，但碍于章的元老身份，又不能发作，只好任凭章太炎的数落了。

1935 年，国民政府代表何应钦同日本梅津美治郎签订丧权辱国的《何梅协定》，章太炎对此十分愤慨，当即作诗寄予友人，加以讽刺：

淮上无坚守，江心尚苟安。
怜君未穷巧，更试出蓝看。

此诗妙就妙在借古事言今事。国民政府在淮河一带不设防坚守，竟把中原轻易丢掉，而仍无动于衷。这就好比南宋小朝廷无耻的大臣，大敌当前，却还在江心寺觥筹交错，自在逍遥。可惜南宋的汪伯彦、黄潜善卖国伎俩不高明，更试看今朝南京诸位官老爷，真是青出于蓝而胜于蓝。

风气之先，登报征婚

章太炎说：“人之娶妻当饭吃，我之娶妻当药用。两湖人甚佳，安徽人次之，最不适合者为北方女子。广东女子言语不通，如外国人，那是最不敢当的。”后来续娶汤国梨，能诗善文，虽是浙江人，并非章太炎理想中的两湖人，却能操鄂语。

之前，章太炎只娶一妾王氏。从他的自订年谱可以看出，他在汤国梨之前并未娶正妻。他的自订年谱对家务私事写得非常简略，特别关于他的婚事，最早只写出一行字：光绪十八年，25岁，纳妾王氏。章太炎的门生汪旭初所撰《余杭章太炎先生墓志铭》中提到他的最初婚事，有“先置室，生女子三人”，“室”指“妾”。据说章太炎早年患癫痫病，加上动辄言反满，被人认为是个“疯人疯言”的疯子，无人愿将女儿嫁给他，他母亲只好将自己的陪嫁丫头许配给了他。这种婚姻无媒介聘礼，故不能算正式结婚，按当时习俗只能算“纳妾”。

章太炎是最早登报征婚的人，光绪二十九年（1903年），章太炎的妾王氏过世，章太炎不顾一切，抱着革命精神，要开风气之先河，所以他就在北京《顺天时报》上登出一段广告，公开征婚。当时，日本人武田熙有过一篇《章炳麟的结婚》的文章，又有一个日本人叫做高田淳写的《章炳麟传》中，都提及章师征婚条件的详情。

这两段文字，大致是说：章太炎征婚广告，是有史以来登报征婚的滥觞，他的征婚条件有五：第一条：以湖北籍女子为限。第二条：要文理通顺，能作短篇文字。第三条：要大家闺秀。第四条：要出身于学校，双方平等自由，互相尊敬，保持美德。第五条：反对缠足女子，丈夫死后，可以再嫁；夫妇不和，可以离婚。

章太炎这段广告登出之后，国内各地报纸，纷纷写成新闻，成为一时奇谈，所以他的广告虽只登《顺天时报》一家，而各地报纸改写新闻，成为义务广告，遍及全国。当然有许多迂腐的士大夫阶级，认为夫死之后，不令守节，可以再嫁，是一件极荒唐的事情。

章太炎的征婚广告刊出之后，当时是否有人应征，不得而知。据日本发行于昭和十一年（1936年）八月的《中国文学日报》载云："吴淑卿女士，19岁，志愿加入革命军，称为革命女志士，为当时轰动一时的新闻人物。彼愿作章炳麟伴侣，有意示爱。章氏懵然，未曾介意。黎元洪见此情形，愿意做媒。章氏以革命为重，结婚为次，未成事实。"被拒后，吴淑卿一时激动，写了一篇《吴淑卿投军文》登载在《民立报》，时在辛亥九月十日（即阳历10月31日），也曾有日本文的记载，现意译如下：……愚生虽学问浅薄，但对国事稍知一二，今不以男女有别为畏事，但愿我国四万万同胞，同心协力，负起振兴中华大汉之人权，发扬黄帝后裔之光辉……

章太炎穿衣着袜不讲究是出了名的。有一次家里人看到他鞋子里脚背上隆起一块东西，叫他脱鞋下来一看，却是将袜子底背朝天地穿着，原来当时以机器织就的袜子袜底特厚，以保耐穿，而传统手工织出来的袜子是不分底面的，章太炎一概不理会这些，不止鞋子可以不分左右，连袜子也难辨里外底面。

据说，在章太炎和汤国梨的婚礼上，章又闹出了不少笑话。章太炎一生习惯了穿布底鞋，而他们举办婚礼的地方，则是在上海有名的洋派地方哈同花园，所以章太炎就不得不西装革履。家人给他买了一双皮鞋，也是办事的人粗心大意，没有指导他穿皮鞋，结果他穿出来的时候连左右都分不清，穿反了，让一众来宾狂笑不已。

当日六时之后，在一品香大厅宴客，来宾一百余人，座位排定左边为新娘及女宾席，右边为新郎及男宾席（足见那时还是男女分坐）。席上男女两方举行余兴，请新郎即席赋诗。否则罚酒十觥，章太炎在二十分钟内即席成诗四首，而且亲自朗诵。新娘只写了一首旧作《隐居》，新郎章太炎也抢来朗诵，可惜章氏是近视眼，看错了八个字，那八个字是"章童汤妇，国圆炳柄"，章太炎读时，他的门生某某对旁人作耳语说这八个字，章师看错了。女宾席

上大起骚动，要章氏罚酒八觥，但是饮到一半，他的门生黄季刚（黄侃）和汪旭初抢着代饮。这个笑话闹出，令到笑声震天。有三人以上笑得过分，罚酒八觥；五人以上，举杯高歌。而太炎先生却面目严谨，毫无笑容，反而令到满场大笑，于是又闹罚酒，新娘表示踌躇，大家又轰动了。但为了尊重女权起见，男宾方面表示反对向新娘罚酒，新娘席上有四个女生唱歌助兴云云。

章太炎这次结婚的介绍人有两个，一个是张继，还有一个是沈和甫。沈氏是汤女士的同乡，相知有素，所以由他推介给张继，因为汤女士认为章氏学识渊博，已有许嫁之意。张继也看过汤女士的诗词，所以经过介绍之后，一拍即合。谁知到了结婚那天，张继因有要事不曾到场，因孙中山和黄兴、陈其美等都到场，门禁森严。沈和甫是吴兴文士，有些土头土脑，见到了爱俪园前门雄伟，已经畏怯非常，况且要求进园参观的人成百上千，司阍的许福以为他是陌生的参观者，拒不许入。沈和甫说的是软软糯糯的湖州话，许福一句也听不懂他说的是什么。章氏的婚礼延耽了一些时间，两个介绍人都没来，在不得已情形之下，就临时拉人，权充介绍人，才完成了这个结婚大典。

章太炎与汤国梨结婚后夫妇唱和，为章太炎一生最欢乐的时期，从后来发表的八十四封家书可以窥见一二，怪不得日本作家高田淳称章氏为“大情人”。

可是章太炎那时革命的热情比夫妇的热情还高一些，婚后一月就匆匆告别，后被袁世凯软禁。章太炎被困的时间极长，屡次求速死。其女自缢身死，章太炎又长期绝食，在这种情况之下，留在上海的汤国梨的心境，当然是坏到极点，她为章的生命担忧，那是可想而知的。

汤国梨嫁与章太炎是很感委屈的，她自已说：“关于章太炎，对一个女青年来说，有几点是不合要求的：一是，其貌不扬；二是，年龄太大，他长我 15 岁；三是，很穷。”章太炎又穷，又丑，还老，汤国梨则被时人誉为务本女学（汤国梨就读的学校）的“皇后”，她之嫁与章太炎真可以说是“下嫁”，一是看重章太炎的才华和民国元老的身份，一则也是负气。因为嫁的时候就有些怨气，婚后大概不免时时数落章太炎的穷蔽。

王国维：一代学人，孤寂人生

王国维，浙江海宁盐官镇人，清末秀才。中国近现代在文学、美学、史学、哲学、古文字、考古学等各方面成就卓著的学术巨子，国学大师。王国维是中国古典文学的开风气者，中国史学史上将历史学与考古学相结合的开创者。时人誉为“中国近300年来学术的结束人，最近80年来学术的开创者”。梁启超赞其“不独为中国所有而为全世界所有之学人”。

科考失利，评点《红楼》

王国维17岁时曾赴杭州应乡试，而名落孙山。20岁时，他参加第二次科举考试又失败而回。其原因很明显，一是精力没有放在《四书》、《五经》上，而是放在史书和其他的杂书上；二是重考据；三是“好谈时务，嗜古籍”；四是“始知世尚有所谓新学者，家贫不能以货供游学，居恒怏怏”——“新学”的影响和憧憬“游学”，从根本上动摇了他的功名思想，也使他自觉地放弃了对“时文”和“帖括”的研习；五是中日甲午战争，中国惨败，清政府被迫同日本签订了丧权辱国的《马关条约》，国人大惊，以康有为为代表的参加北京乡试的各省举子1300多人举行了著名的“公车上书”，请求维新变法。从此开始，觉醒了的读书人举办学堂，成立学会，创办刊物，自觉置身于图强的热潮之中，王国维也不例外，他不愿再呆坐在书斋中的板凳上了。其父王乃誉对此热潮，更是摩拳擦掌，

跃跃欲试。其弟回忆说："先君以康梁疏论示先兄，先兄于是弃帖括而不为。"

当法国18世纪风行的自然主义由日本转道进入中国之后，一时间，学海波涛汹涌，而附和此种学说的人，并非出于知识，他们对自然主义的根本思想和最终目的茫然无知，只想借助其枝枝叶叶的话语，来装扮自己的政治主张，或是借助西洋学说的影响，对中国的政治学说、思想学说进行一番打扮改造。而对西方政治思想中大的方面，对其中的人生哲学、文化精神等内容，却很少用精力。

而王国维并非其中一员，他先后撰写了一批令人耳目一新的论著，翻译介绍了不少西方的哲学、美学、心理学等著作。他用西哲思想和观点分析中国传统文化，思考人生，比较中西文化差异，沉浸于此，如痴似醉。

当时留学欧美的中国人，学习的大都是海军制造、法律等，却没有学习哲学的——中国思想界无"能动"之力，也未能"受动"。这一情形使王国维陷于极大的痛苦之中，他强烈希望将西方的文化精神、哲学思想引入中国，却不愿意人们把西方的文化精神、哲学思想作为解救中华民族的有力武器。他的思想与他的人生，始终没有离开这个因历史而形成的悲观主义怪圈。

王国维用叔本华的哲学思想去研究中国著名的古典小说《红楼梦》，1904年夏天写成《红楼梦评论》。在文中，王国维认为：人生如钟表之摆，在"苦痛"与"倦厌"之间往复。"倦厌"即是一种"苦痛"，去掉"苦痛"，便是"快乐"，而将苦痛转化为快乐的努力亦属一种苦痛。快乐之后，苦痛更深；文化愈进，知识越广，其欲望便会弥多，而对苦痛的感觉则更为敏锐。人生的欲望无法超越生活，生活的性质则是苦痛，所以欲与生活与苦痛三者合而为一了。人的一生就是欲、生活、苦痛的体现。

借评《红楼梦》，王国维指出：人生之追求之最终目的是为"解脱"。"解脱之道存于出世而不存于自杀。出世者，拒绝一切生活之欲者也。彼知生活之无所逃于苦痛，而求人于无生之域。"也正因为受到叔本华悲观主义思想的影响，王国维认为：金钏儿坠井，司棋触墙，尤三姐、潘友安自刎，柳湘莲、芳官入道出家，都并非真正的"解脱"；只有贾宝玉、惜春、紫鹃三人才得到了正确的解脱。

王国维天性忧郁悲观，在《静安文集续编 · 自序》中，他说自己“体质羸弱，性复忧郁，人生之问题日往复于吾前。自是始决定从事于哲学”。叔本华思想中的悲观色彩和天才观与王国维忧郁的性格深深契合，王国维一向自视甚高，以天才自况。他认为一般人的快乐与痛苦，仅仅是生活中的快乐与痛苦；而天才由于能洞见痛苦之根源，因而要承受更为深切的孤独和痛苦。但哲学并不能慰藉他的内心，在《自序二》中，他说：“余疲于哲学有日矣。哲学上之说，大都可爱者不可信，可信者不可爱……知其可信而不能爱，觉其可爱而不能信，此近二三年中最大之烦闷，而近日之嗜好所以渐由哲学而移于文学，而欲于其中求直接之慰藉者也。”但他又说：“余之性质，欲为哲学家则感情苦多而知力苦寡，欲为诗人则又苦感情寡而理情多。诗歌乎？哲学乎？他日以何者终吾身，所不敢知，抑在二者之间乎？”美学成为解脱人生痛苦之途径，但他智与情兼胜的内在冲突，难以使他找到一种“动态的平衡”。因此他悲叹人生如“辛苦钱塘江上水，日日西流，日日东趋海”。

王国维35岁后，专力于经史、古文字的考证，就是想远离现实，以期心远地自偏，有词为证：

“掩卷平生有百端，饱更忧患转冥顽，偶听啼鴂怨春残。
坐觉无何消白日，更缘随例弄丹铅，闲愁五分况清欢。”

“弄丹铅”（即考证之事），能使一个多愁善感之人忘忧吗？这只能使王国维更加忧郁，少有朋友。王国维是个执著于理想之人，他向往一种无功利、纯粹的学问，因此他抨击康有为、魏源、严复以政治或功利为出发点的学术行为，更厌恶以学术求官之行径，心中常有举世皆浊而我独清的遗世独立之感，正如梁启超所言：“本可不死，只因既不能屈服社会，亦不能屈服于社会，所以终究要自杀。”

学无新旧，学无中西

王国维读书直透纸背，为中华民族文化的繁荣昌盛，为中国学术的发展进步贡献了力量。他是一个伟大的学者，是“新史学的开山”，是一个“很有科学头脑的人”。

王国维在《国学丛刊序》中说：“学之义不明于天下久矣。今之言学者有新旧之争，有中西之争，有有用之学与无用之学之争。余正告天下曰：学无新旧也，无中西也，无有用无用也，凡立此名者，均不学之徒即学焉，而未尝知学者也。”

当时的中国，通达、诚笃的旧学家屈指可数，寥寥无几；治西学的人，大都也只是想点缀一下门面。能贯串精、博，作为终身职业，更是屈指可数。

王国维认为：凡学，无论中西，都无用，也都有用。他以近代欧洲为例，指出：农工商业的进步，原本根源于物理、化学的勃兴。物理、化学的高深与浅显，与蒸汽、电信有何关系？动植物学与树艺、畜牧有何关系？天文学与航海、计时有何关系？心理、社会学与政治、教育又有何关系？从科学的角度来讲，就是如此状况，何况史学、文学！再从另一个方面言，对宇宙、人生的“深湛幽渺之思，学者有所不避焉，迂远繁琐之讥，学者有所不辞焉。事物无大小、无远近，苟思之，得其真；纪之，得其实。极其会归，皆有利于人类之生存、福祉，己不竟其绪，他人当能竟之；今不获其用，后世当能用之，此非苟且玩愒之徒所与知也，学问之所以为古今中西所崇敬者，实由于此；凡生民之先觉，政治、教育之指导，利用厚生之渊源，管由此出，非徒一国之名誉与光辉而已。”

学无新旧，学无中西，学无有用与无用之说，这便是王国维读书、做学问的原则，他兼收并蓄，如饥似渴地读书，成为一代学问大家。

1907 年 3 月，王国维携新婚继室潘丽正北上，到北京清廷学部任职，并在宣武门内的新帘子胡同租下住宅，安顿了家小。这时，王国维读书、研究的兴趣已由哲学完全转移到了文学。与以前一样，为生计，王国维必须为他人做事，每天短则二三小时，长则三四小时，而用来读书做学问的时间，多则三四小时，少则一二个小时。由于身体原因，他伏案工作不能长久，时间长了，精神就会涣散，注意力便无法集中。在这种情况下，他或者去找朋友聊天，或者是阅读杂书，来松弛神经，换换脑筋。如果没有特别事情，王国维的读书、研究极有规律，一般不会出现间断。一如他在《自序一》中所说，“夫以余境之贫薄，而体之纤弱也，又每日为学时间之寡也，持之以恒，尚能小有所就；况财力、精力之倍于余者，循序而进，其所造岂有量哉！”“持之以恒”，不松不弛，不急不躁，“循序而进”，正是王国维读书、研究的又一经验之谈。

成就大事业、大学问，也要循序渐进，需要知识的逐步累积，只有累积至一定程度，才可以出现飞跃，发生质变，而企图走捷径，投机取巧，偷工减料，即使是“第一阶级”，也无法进入。这是王国维做学问的“窍门”。他认为，具有文学天才的人更需要有“莫大之修养”，此“修养”应该包括：一、勤奋；二、广博地读书；三、反复实践；四、修养心性。

“三种之阶级”为“三种之境界”，这是他为“做学问”所分的三个层次：“第一境——昨夜西风凋碧树，独上高楼，望尽天涯路”、“第二境——衣带渐宽终不悔，为伊消得人憔悴”、“第三境——众里寻他千百度，那人却在灯火阑珊处”，三种境界相互衔接，依次递进，由量变直至质变。所谓“昨夜西风凋碧树，独上高楼，望尽天涯路”，也就是说，无穷无尽的新知识在向读书人招手，在向读书人呼唤，其频频招手和亲切呼唤，很快得到了读书人的回应，引发了读书人的好奇和兴趣。读书人摩拳擦掌跃跃欲试，心目中充满着许许多多的幻想，也有着各种各样的计划、打算，由于对扑面而来的新知识感觉惊异和挑选终身研攻对象的难以决断，而显示了几分的彷徨和惆怅。这就是第一种境界，也就是起步阶段。

研攻对象经过权衡、比较确定下来后，读书人便进入到异常艰苦的修炼阶段，经过反复探求、反复考索，对其对象已有了最深层次的了解。了解越深，

爱得越深。这种爱，是自觉自愿的，忠心耿耿的，表里一致的，长久永远的，而且是彻头彻尾地奉献，因此，“衣带渐宽终不悔，为伊消得人憔悴！”于是，由必然王国进入到了自由王国，也便由第二境界深入到了第三境界，亦即最高境界。

读书、研究进入到了自由的王国，这就标志着大面积的收获。大面积的收获，是以艰苦拼搏、寒窗苦读作基础的，“众里寻他千百度”，正饱含着此种含意。无数的挫折和失败，却始终没有动摇对既定目标的追求。其毫不松懈的结果，则导致了知识的巨大积累，融会贯通，“蓦然回首，那人却在灯火阑珊处”，好似踏破铁鞋无觅处，得来全不费功夫。此种不经意的发现，建立在辛勤的心血和汗水之上，并非偶然、巧合！它是质的飞跃，是量的发展变化的结果，是通过艰辛的实践而使得“必然”奔向了“自由”！

在从事学术工作 20 多年的时间里，王国维的绝大部分时间，用在了读书研究之上。他手不释卷，珍惜寸阴，故其阅读的范围十分宽广，远非同时代的一般学者所能比拟。萧艾在《王国维评传》一书中指出，1911 年前的王国维，学习的对象绝非叔本华、尼采、康德三家，也绝不限于哲学一门。亚里士多德、莎士比亚、歌德、但丁……他无不熟识。文学上的现实主义、浪漫主义种种流派，他都了解。其他方面，从达尔文的进化论、生存竞争学说，到罗马医学家额伦的著作，他都涉猎，并能引用。可以想见，他对欧洲各种社会思潮，并不陌生。更可以想见，作为戏曲研究者的王国维，对文艺复兴后的人文主义文学，对人文作家莎士比亚的作品，必然有着很大的兴趣，也必然从中受到教益，获得力量！由阅读的范围和时间的利用来看，王国维是一个具有强烈事业心，并且永远不知满足的学者！

王国维读书，不受传统与他人的影响。别人读过了的书他要读；别人没有读过的书，他更要读——“戏曲之体卑于史传”，“后世硕儒，皆鄙弃不复道”，而他独辟蹊径，深入到了被一般学者鄙视乃至正眼不瞧的戏曲之中，苦心孤诣，终于发前人所未发。

王国维读戏曲著作的的确确称得上是“苦心孤诣”。首先，广泛阅读各种资料，之后，作目录的搜集整理和考订，为研究打下基础。目标明确，范围固定后，再更深一层地读书，进而对戏曲史作一些粗略的研究，将阅读得来的体会、收获表达出来，以检查读书的效果，并从中发现读书的欠缺。在初步摸清研究对象、订定研究中心的前提下，继续读书，接着将得来的资料分类整理、考订、研究，又从歌舞方面，围绕唐宋元曲读书、梳理资料。这些著作被一一通读，王国维才再进一步，阅读前辈学者有关的论述。

罗振玉所藏金文拓本，至少2000通。这2000余通拓本，王国维全部仔细阅读了——长夏酷暑、数九寒天，他不曾间断。这是因为王国维已经选定了奋斗的目标，就像那道行高深的僧人，不为名利所累，不为金钱所动，不为生活所迫，不为世俗所左右。“一箪食，一瓢饮，在陋巷，人不堪其忧，回（按：孔子弟子颜渊）也不改其乐。”艰苦的读书生活，练就了他“衣带渐宽终不悔，为伊消得人憔悴”的百折不挠、坚忍不拔的毅力。

王国维的艰苦卓绝和反复翻检阅读的精神及其细致认真的态度，造就了他在金石研究上举世无双的独特地位。不广博地读书，不研读金石文字，不十分熟悉古代的诸种社会经济制度，就不可能取得坚实深厚的功力，也不可能具有向金石学权威挑战的勇气，更不可能在金石学领域中独领风骚。

悄然赴死，自沉湖底

1927年的6月2日，王国维像往常一样，吃完早饭便去了研究院。到校后，他先记起自己忘了把学生们的成绩册带到办公室，于是就让研究院的工友去家中取。此后他遇到研究院办公室秘书侯厚培，便与侯聊起下学期招生安排的话题，他谈了许多自己的设想和建议，过了许久才与侯分手。临别时，王国维向侯厚培提出借三元大洋，但侯正好未带现洋，只能借给他纸币。王国维拿了钱走出校门。在校门口他雇了一辆人力车，要车夫将他拉往离清华园不远的颐和园。到颐和园时，大约是上午十点。王国维给了车钱，并嘱车夫在园门口等候，便径直走进颐和园。初夏时节，颐和园青山绿水，郁郁葱

葱。不过临近中午，园内游人稀少。王国维来到排云殿西面的鱼藻轩驻足许久，抽完了最后一口烟，然后纵身跳入昆明湖。当时有一园工（又有说是巡警）正距王国维投水处不远，听到落水声后，急忙跑来解救，也不过约一二分钟的时间，可王国维却已断气了。尽管鱼藻轩前的湖水深不过二尺，但湖底满是松软的淤泥，王国维自沉时头先入水，以致口鼻都被泥土塞住，闻声而来的园工们又不懂急救之法，王国维最终因窒息而死。当园工们将王国维从水中救出时，他的内衣还未湿透，如果能及时施以人工呼吸法营救，或许还可有救，可是这却被贻误了。

一代国学大师就这样悄然离去。

时至中午，王国维所雇的人力车仍等在圆明园外，家人等他吃饭久久不见人归。下午二时许，家人去学校询问。于是侯厚培到校门口问车夫们，得知载王国维的那辆车去了颐和园，还没有返回。侯厚培立即骑上自行车，前往颐和园找人。此前，王国维的儿子贞明在校门口已打听到情况，赶去颐和园，并于中途遇上那个送他父亲去颐和园的车夫，此时车夫的车上坐着警察，他们正要去学校禀报。因为车夫在颐和园外等候王国维直至下午三点，听说园内有人投水，进园一看，死者正是他要等的那个人。等贞明到了圆明园，证实死者就是他父亲，这时已是下午四点了。

噩耗传到清华园，是日晚九时许，校长、教务长、研究院诸教授、助教及学生共三十余人乘两辆汽车赶到颐和园，其中有王国维的好友陈寅恪教授和吴宓教授。但此时园门已闭，守兵不允进入，经过再三交涉，才准许校长曹云祥、教务长梅贻琦和守卫处的乌处长入内探视。次日，清华园教职员工、学生及王国维家属众多人又齐赴颐和园。这时王国维的遗体仍停放在鱼藻轩亭内，家人和验尸官从王国维的衣袋中寻出一封遗书，封面上书写着："送西院十八号王贞明先生收"。最后落款时间和签名是："五月初二，父字。"遗书是王国维在死前一天就写下的，临行前装在自已的衣袋内。随后，人们将王国维遗体移送到园西北角门外旧内廷太监下处三间小屋中入殓。当天傍晚七时，王国维的灵柩被送到清华园南部的刚秉庙停灵。这一天到场送行的除王国维家属和清华研究院的学生外，还有清华的教授吴宓、陈寅恪、梅贻琦、陈达，北大的教授马衡，燕大的教授容庚以及梁漱溟等人。

王国维的自沉之举震惊了清华园，更震动了学术界，人们无不为失去这样一位卓有建树的国学大师而感到痛惜。王国维自尽的当日，梁启超已离开清华，得到噩耗复又奔回清华，亲自参与料理后事，并为王国维抚恤金一事向学校、外交部力争。与王国维之死悲叹至极，他对自己的女儿这样评价王国维说："此公治学方法，极新极密，今年仅51岁，若再延十年，为中国学界发明，当不可限量。"当时的青年学者顾颉刚感慨地把王国维的死和同年3月康有为的去世相比较，他说：康长素先生逝世，我淡然置之。我在学问上受他的影响不亚于静安先生，我既是佩服他，为什么对于他的死倒不觉得悲伤呢？因为他的学问只起了一个头，没有继续加工。所以学术界上的康有为，36岁就死了。"至于静安先生，确和康氏不同，他是一天比一天进步的。他的大贡献都在35岁以后，到近数年愈做愈邃密了，别人禁不住环境的压迫和诱惑，一齐变了节，唯独他还是不厌不倦地工作，成为中国学术界中唯一的重镇。今年他只有51岁，假如他能有康氏般的寿命，他的造就真不知道可以多么高。"现在他竟"中道而废"，为学术界着想，他的死是一个极重大的损失，说不出代价的牺牲。梁启超和顾颉刚的话反映了学术界对王国维之死的深深遗憾。

6月16日，在北京下斜街全浙会馆举行王国维悼祭大会，人们纷纷送上挽联，梁启超在挽联中特别推崇王国维的学术研究，尤其提到了王国维在甲骨文研究中所作出的突出成就，他写道："其学以通方知类为宗，不仅奇字译鞮，创通龟契；一死明行已有耻之义，莫将凡情恩怨，猜拟鹓雏。"陈寅恪的挽联有着更深一层的感情："敢将私谊哭斯人，文化神州丧一身。越甲未应公独耻，湘累宁与俗同尘。我侪所学关天意，并世相知妒道真。赢得大清乾净水，年年呜咽说灵均。"吴宓则在挽联中表达了自己对王国维自沉的看法："离宫犹是前朝，主辱臣忧，汨罗异代沉屈子；浩劫正逢此日，人亡国瘁，海宇同声哭郑君。"这次悼祭会所收到的数百幅哀挽词联尽诉了人

们对王国维的悼念和惋惜之情。此外北京的《国学月报》、《国学论丛》以及天津《大公报》等各地报刊还先后刊出《王静安先生专号》、《王静安先生纪念号》、《王静安先生逝世周年纪念》等专辑，以示纪念。王国维的死在海外学术界也引起了震惊，日本学者在大阪市召开王国维先生追忆会，王国维的日本友人、学者纷纷到会追忆或著文写诗凭吊。1927 年日文杂志《艺文》（十八卷）的 8、9 两期全部用来追忆王国维的学术工作。法国学者伯希和也写有多篇文章，向读者介绍王国维的成就。他在《通报》第 26 期上撰文说：作为王国维的老朋友，我经常提到他的名字，并很多次引用他如此广博而丰富的成果，现代中国从未产生过涉猎如此丰富的博学者。这一切都表明，王国维以他那巨大的学术成就赢得了人们的普遍尊敬。

王国维死后，家人在他的遗物中发现了他死前一日所写的遗书。遗书条理清晰，考虑周密，足见其绝非仓促寻死。这与王死前几日无异常举止相吻合。但遗书一开头“五十之年，只欠一死。经此世变，义无再辱”十六字，却给生者留下种种疑窦，成为 80 多年来其自沉之因久说纷纭，又难以确论的“谜面”。

关于王国维的死因，其亲属自始至终讳莫如深。而后世臆测大致又分几种：

一为“殉清”说。王为清朝遗老，更对逊帝溥仪向有国士知遇之感——王国维以秀才身份，被溥仪破大清“南书房行走”须翰林院甲科出身的旧制，召其直入“南书房”——有此思想基础和遗老心态，逢“覆巢”之将再，以自杀而“完节”似乎也是情理之中。所以梁启超以伯夷、叔齐不食周粟而比之，当时的清华校长曹云祥和罗振玉、吴宓等均持此说。鲁迅在《谈所谓“大内档案”》一文中，称王“在水里将遗老生活结束”，可见也为此论。但反对此说者认为，王国维与罗振玉、郑孝胥、陈宝琛辈有别，郑等效命清室复辟，不惜委身于日本政客。而王国维却领清华职，心无旁骛，潜心学术。他虽“忠清”，却不充其鹰犬，以至“愚忠”至“殉清”程度。所以当时就有人说：“你看他那身边的遗嘱，何尝有一个抬头空格的字？殉节的人岂是这样子的？”

二为“逼债”说。当年溥仪在其《我的前半生》中说：内务府大臣绍英委托王代售宫内字画，事被罗振玉知悉，罗以代卖为名将画取走，并以售画所得抵王国维欠他债务，致使王无法向绍英交代，遂愧而觅死。当时报纸还传，王曾与罗合作做生意亏本，欠罗巨债。罗在女婿（王长子潜明）死后，罗、王已生隙，罗令女居己家为夫守节，逼王每年供其生活费 2000 元。王国维一介书生，债务在身，羞愤交集，便萌生短见。此说经郭沫若先生笔播，几成定论。但从王遗书对后事的安排看和事后其他一些证据表明，王国维生前并无重债足以致其自尽。

三为“惊惧”说。1927 年春，北伐军进逼北方，而冯、阎两军易帜，京师震动。有人认为，王国维自杀是怕自己这个前清遗老落入北伐军手中，蒙受耻辱；又王视脑后辫子为生命，当时传言北伐军入城后将尽诛留有发辫者，所以与其被辱，莫若自我了断。但这种说当时即多有人鄙而不取，以为不合王国维立身处世方式。

四为“谏阻”说。认为王国维投湖与屈原投江相类，是以“尸谏”劝阻溥仪听从罗振玉等人主意，有东渡日本避难打算，并认为王、罗两人最后决裂的原因也缘于此。

五为“文化殉节”说。与王国维同为清华导师，且精神相通、过从甚密的陈寅恪先是以“殉清”论王之死，后又认为：“凡一种文化值衰落之时，为此文化所化之人必感苦痛，其表现此文化之程量愈宏，则其所受之苦痛亦愈甚；迨既达极深之度，殆非出于自杀无以求一己之心安而义尽也。”“盖今日之赤县神州值数千年未有之巨劫奇变，劫尽变穷，则此文化精神所凝聚之人安得不与之共命而同尽，此观堂先生所以不得不死，遂为天下后世所极哀而深惜者也”。陈寅恪的诠释在同类者中立即得到共鸣，并在文化界产生重要影响。但陈之观点，与其说是对王国维之死的解释，不如说是他以自己的一种心态来观照王国维的精神。

最后一种观点是“诸因素”。以一遗民绝望于清室的覆亡，以一学者绝望于一种文化的式微，一介书生又生无所据——当王国维徘徊于颐和园长廊，

回想起“自沉者能于一刹那间重温其一生之阅历”的箴言，遂“奋身一跃于鱼藻轩前”。也许，这就是王国维自沉之“谜底”。

不问家务，贤妻相助

王国维先后结过两次婚。第一次在1896年，当时他20岁，因受甲午战败的刺激，一心想到日本去留学。可是他父亲坚决不同意，说现在首要的是“求度衣食”，至于求学，那是十年后的事情。王国维只好谨遵父命“成家立业”——他结了婚，并且到本城沈家去当塾师。

王国维的妻子姓莫，她家世代经商，家境似乎比王家要好一些。王、莫两家早就定了亲，当王国维14岁便以“海宁四才子”之首名震乡里的时候，他的岳父对这个女婿是赞不绝口。老泰山当然不会想到，女儿出嫁之后，女婿却因“家贫不能以资供游学，居恒怏怏”，并且两年后就去上海《时务报》打工，从此与妻子当了十年的“牛郎织女”。

王国维与这位莫氏夫人的感情非常好，尽管找不到任何直接的文字证据，但我们从他留下的那些温柔缠绵的词中，还是不难看到这位身在他乡的牛郎对家中织女的殷切思念，调寄《清平乐》：

樱桃花底，相见颓云髻。的的银釭无限意，消得和衣浓睡。当时草草西窗，都成别后思量。料得天涯异日，应思今夜凄凉。

王国维在苏州师范教书时经常“填词自娱”，也常在词中表达对妻子的思念，如三迭的《西河》：

垂柳里，兰舟当日曾系。千帆过尽，只伊人不随书至。怪渠道着我侬心，一般思妇游子。

昨宵梦，分明记，几回飞渡烟水。西风吹断，伴灯花摇摇欲坠。宵深待到凤凰山，声声啼鴂催起。

锦书宛在怀袖底，人迢迢，紫塞千里。算是不曾相忆。倘有情，早合归来，休寄一纸无聊相思字！

王国维自从 22 岁离开家乡，此后便奔走东西、辗转南北，回海宁的时候很少。在家待的最长的一次是为亡父“守制”——从 1906 年 8 月到 1907 年 4 月，总共八个月的时间。当时家乡父老曾联名邀请他出任海宁州劝学所学务总董，他坚决地推辞了。谁知他回到北京才三个月，便得到妻子病危的消息，又匆匆赶回来，十天以后，妻子就去世了。

妻子去世后，王国维徘徊在江边，面对潮涨潮落，他心中一片空虚，眼前尽是妻子临终的情景，于是写下了《虞美人》：

杜鹃千里啼春晚，故园春心断。海门空阔月皑皑，依旧素车白马夜潮来。
山川城郭都非故，恩怨须臾误。人间孤愤最难平，消得几回潮落又潮生？

夫人莫氏给他留下了三个儿子，最大的 8 岁，最小的才 3 岁。王国维把孩子们托给继母叶太夫人照料，暂时回到他供职的学部，但他始终打不起精神来。

王国维为妻子写过许多悼亡词：

《浣溪纱》：

漫作年时别泪看，西窗蜡炬尚。不堪重梦十年间。斗柄又垂天直北，客愁坐逼岁将阑。更无人解忆长安。

《蝶恋花》：

落日千山啼杜宇，送得归人，不遣居人住。自是精魂先魄去，凄凉病榻无多语。

往事悠悠容细数：见说他生，又恐他生误。纵使兹盟终不负，那时能记今生否？

《谒金门》：

孤檠侧，诉尽十年踪迹。残夜人间无气力，绿窗寒恻恻。
落叶瑶阶狼藉，高树露华凝碧。露点声疏人语密，旧欢无处觅。

《苏幕遮》：

倦凭栏，低拥髻，丰颊修眉，犹是年时意。昨夜西窗残梦里，一霎幽欢，不似人间世。恨来迟，防醒易，梦里惊疑，何况醒时际。凉月满窗人不寐，香印成灰，总作回肠字！

胡适曾说，读了王国维的词，起先以为他是个风流才子，后来见了他才知道不是那么回事。王国维于词，多是发自肺腑的哀歌。

几个月后，王国维的继母叶太夫人也离开了人世，这回连孩子也没人照管了。亲戚们都劝他再娶，他自己则拿不定主意。最后，由他的岳母莫太夫人做主，为他续定了一门亲事。

王国维的第二任妻子姓潘，是前妻莫氏的远房表亲，据王国维的女儿王东明说是莫氏的表外甥女。这位潘夫人就像苏东坡的第二任妻子一样，一辈子辛辛苦苦、任劳任怨，为丈夫操持家务、养育孩子，是标准的贤妻良母。除了前妻所生的三个儿子外，潘氏后来又生了三个儿子、五个女儿。王国维一生不问家务，家中事无巨细，全归潘氏料理。从王国维致罗振玉的信中可以看到，潘氏在王家实在是个顶梁柱。有一次她害牙疼，疼得要命，可当孩子们一个接一个地发烧时，她的牙病竟“霍然而愈”！

罗仲安谈到王家事时说：“家中遇有纠纷，先生不作左右，袒护潘夫人，人谓其如‘金人’”，王国维的女儿王东明女士解释“金人”指王国维沉默不语，只是缄默。

潘氏对前妻生的三个儿子如同已出。王国维自杀时，他的第三子贞明还不到娶亲的年龄，后来贞明的婚事，也是潘氏一手操办的。老二高明曾告诫他的妻子：“吾辈弟兄，赖继母抚育成长，费尽心思。汝须尽子妇之德，毋得相慢！”

这个不幸而又坚强的妇人在丈夫死后独自支撑着多子女的家庭，她比王国维多活了将近半个世纪，据陈鸿祥《王国维传》：“潘夫人名丽正，1975年病卒于台北医院。”

陈寅恪："读书种子"，踽踽独行

陈寅恪，江西义宁人，中国现代最负盛名的历史学家、古典文学研究家、语言学家。陈寅恪是一位伟大的学者，在他的性格、思想深处只有博大和朴实，以及朴实之下的深邃。他继承了中国"士"的优秀品德：天下兴亡，匹夫有责。陈寅恪自谓不谈政治，却时刻不忘国家大事；研究历史表面看满篇考证，骨子里说的都是兴衰成败；面对强权，他一身傲骨，卓然独立。

只求学问，不受学位

早在柏林苦读期间，陈寅恪就被时人称为真正的"读书种子"。

陈寅恪苦读，巧读；用心读，动笔读。他读书，有圈点，有校勘，有批语，眉批或行间批。梁慧皎《高僧传》（初集）是他批校最多的书，其批校字迹之细小几如毫发之难于辨识。蒋天枢在《陈寅恪读书札记弁言》一文中说："先生生平读书，用思之细，达于无间，常由小以见其大，复由大以归于细；读者倘能由小以见其大，斯得之矣。先生读书，用思绵密，用语雅隽，立言不多而能发人深省。所记，大抵申抒己见，或取新材料补证旧史；或考校异同，与前贤札记之以铺叙例证得出结论者，颇异其趣。将来先生书出，对于未来学术界将有深远影响，

可预卜也。”

而陈寅恪所著之书，亦大多取材于平素用力甚勤的笔记，其批校特密者往往成为后来著书的蓝本。

家庭的影响，时局的动荡，使陈寅恪和所有关心国家命运的人一样，希望找到一条济时救世、富国强民的道路。1910年，远在柏林求学的陈寅恪听到日本吞并朝鲜的消息，慨然作诗：“惊闻千载箕子地，十年两度遭屠剖”、“兴亡今古郁孤怀，一放悲歌仰天吼。”1911年，在瑞士的他，从报上得知辛亥革命的消息，立刻就去图书馆借阅《资本论》——要谈革命，首先要注意的便是马克思和共产主义，这在欧洲是理所当然的。读德文版的《资本论》，陈寅恪可能是中国第一人。

在哈佛的岁月里，陈寅恪开始走向性格的成熟与冷静，他也由此走向历史的深邃与文化的博大。一次与好友吴宓谈话中，陈寅恪谈到，推重实用，或可使中国实业发达，成为世界之富商，“然若冀中国人以学问美术等之造诣胜人，则决难也。”

初到美国留学，陈寅恪购书的豪举，让众学子难忘。他主张书要大购、多购、全购。一日，陈寅恪说：“我今学习世界史。”遂将英国剑桥大学出版的《剑桥古代史》、《剑桥中古史》、《剑桥近代史》等几十巨册陆续购回，成一全套。在他的带动下，吴宓也买了一套十九册的各家注释汇编本《莎士比亚全集》。

1923年，赵元任夫妇到柏林，见陈寅恪午饭时总是叫炒腰花。后来在清华，陈寅恪与赵元任同住，赵元任的妻子杨步伟就总是叫厨子做腰花，陈寅恪却一点都不吃。杨步伟觉得很奇怪，就问：“你在德国不总是叫腰花吃吗？”陈寅恪告诉杨步伟，那是因为腰花在德国最便宜。在柏林读书时，陈寅恪生活非常清苦，每天一早买少量最便宜的面包，即去图书馆度过一天，常常整日都不正式进餐。

陈寅恪留洋数十年，进入众多高等学府，然而却未怀揣一张高级学位证书回来，他完全是为了读书而读书。哪里有好大学，哪里藏书丰富，他便去哪里拜师、听课和研究。不仅读书本，而且留心观察当地的风土人情，而对大多数人所重视的学位之类，他却淡然视之，不感兴趣。

萧公权曾说："我知道若干中国学者在欧美大学中研读多年，只求学问，不受学位。史学名家陈寅恪是其中最突出的一位。真有学问的人绝不需要硕士、博士头衔去装点门面。不幸的是有些留学生过于重视学位而意图巧取。他们选择学位、院系、课程，以至论文题目，多半是在避难就易。他们得着了学位，但所得的学问却打了折扣。更不幸的是另有一些人在国外混了几年，回国后自称曾经某某大学授予学位。他们凭着假学位做幌子，居然在国内教育办或其他事业中混迹。"

1925年，清华学校创办国学研究院，已在清华任教的吴宓向梁启超介绍陈寅恪。梁启超便推荐陈任国学研究院导师，当时的校长曹云祥尚未听说过陈寅恪，问梁："陈是哪一国博士？"梁答："他不是博士，也不是硕士。"曹又问："他有没有著作？"梁答："也没有著作。"曹说："既不是博士，又没有著作，这就难了！"梁启超大为生气，遂答曰："我梁某也没有博士学位，著作算是等身了，但总共还不如陈先生寥寥数百字有价值。好吧，你不请，就让他在国外吧！"接着梁启超介绍了柏林、巴黎大学几位教授对陈寅恪的推誉，曹云祥听后才决定聘他来校任导师。

一代学界泰斗，学问之大，却没什么傲人的学位文凭，这便是陈寅恪的一大奇特之处。但他的广博学识，却是举世闻名，足以傲人的。

陈寅恪备课极其认真。在备课之前，即与助手说明本学期要讲之问题、内容，然后指定助手读哪些书给他听。他要读的第一本书总是《资治通鉴》，接着是《通典》、《会要》、《六典》等。备课时他先让助手读《通鉴》哪卷，或何年至何年，且嘱咐读得慢些、清楚些，至一段落，即停下来，沉思冥想，提出一些问题或要注意之处，让助手写在本子上，常常是听完《通鉴》某一段，即叫助手查出《唐书》、《会要》、《通典》里记载的有关的资料，再读给他听，然后指出这几种史籍的记载有哪些不同，哪个记载可靠，哪个不对。助手把这些一一笔录。

助手王永兴回忆，“这样读了几天，他就叫我把本子上所写的重复给他说一遍，他总结综合，口授出来由我写下，就形成了讲课稿或者讲课的详细提纲。不只是讲课的主要内容，而且讲课所涉及的史料、与讲课有关的每一条材料，他都作了严谨的校勘与考证。”“没有材料，他是从来不讲课的。”“讲课之后，他常常问我这样讲学生能接受吗？他常要我征求学生们的意见，然后再修改讲课稿。陈先生讲课精湛，深入浅出，引人入胜，而在这背后的，是他备课的辛勤。他年年开课，年年都是这样备课讲课。”

中国漫长而悠久的历史会铭记，在数千年注重师传的中国教育史中，有过陈寅恪这么一位郑重的历史讲述者。

“教授的教授”

1925年，清华发生了一件对中国学术影响深远的大事：成立了“清华国学研究院”。研究院的宗旨是用现代科学的方法整理国故，培养“以著述为毕生事业”的国学人才。当时的清华是个留美预备学校，留美预备学校来办国学院，这本身就是要吸收西学来建设自己的文化。

清华成立的国学研究院有四大导师：第一位是开创用甲骨文研究殷商史的王国维；第二位是戊戌变法的核心人物，著述等身的梁启超；第三位是从哈佛大学回来的著名语言学家赵元任。三位导师性格各异，但都大名鼎鼎。第四位便是陈寅恪，他是四大导师中最晚到校的，在当时并不出名。

陈寅恪却很幽默。因为四大导师中的梁启超是“南海圣人”康有为的弟子，王国维是末代皇帝的读书顾问，于是陈寅恪就给学生们送了一副对联：

南海圣人再传弟子，
大清皇帝同学少年。

令师生们惊叹的是陈寅恪的博学。他在课堂上讲授的学问贯通中西，他在课余分析各国文字的演变，竟把葡萄酒原产何地，流传何处的脉络，给学生讲述得一清二楚。他上课时，连清华的教授们也常来听。有人称他为“活字典”，也有人称他是“教授的教授”。

当时，冯友兰先生是大学者，名气比陈寅恪响亮得多，但冯友兰在陈寅恪面前也是毕恭毕敬，以学生自居，这连当时的学生们都能感觉到。

当年的华北学术界分成两派，一派是本国培养的学者，另一派是有留学经历的。本土派认为，洋派不懂国情，你的学问再高，也是隔靴搔痒，解决不了中国问题。留洋派就觉得本土派太迂腐，眼光太狭，不掌握现代化的工具，因而两派互相瞧不起。但不管是哪一派，谁都不敢瞧不起陈寅恪，这在学术界堪称传奇。

发掘、使用原始材料，是陈寅恪的治学原则之一。他恪守乾嘉学者和德国米勒诸学者重视使用第一手资料的传统和经验，强调以原始材料为支点来做研究。他指出做学问不把基本材料弄清楚便急着要论微言大义，所得的结论往往站不在。与陈寅恪学风相近的傅斯年曾提出过一个著名观点：有一分材料说一分话，有十分材料说十分话，没有材料不说话。”

1930年，陈寅恪在《陈垣＜敦煌劫余录＞序》一文中，提出了一个著名的观点：“一时代之学术，必有其新材料与新问题。取用此材料以研究问题，则为时代之新潮流。治学之士，得预此潮流者，谓之预流。”去浮华、疾虚妄、取信征实、厚积薄发，取用新材料以研究问题，是陈寅恪一贯的优良学风。

陈寅恪长女流求曾回忆，陈寅恪在清华后期，生活紧凑而有规律。“父亲每天出门总是夹着个布包袱，包着书本。晚上照例伏案工作。父亲从不满足自己掌握的治学工具，每逢星期六上午，不分寒暑都进城到东交民巷找一位叫钢和泰的外籍教师，学习梵文。”陈寅恪还不时在家里书房朗诵梵文经典拓片，侄儿封雄幼时曾亲聆“梵音”，并问：“叔叔，你念的是什么咒？”引得众人大笑不止。除却学习梵文，陈寅恪还常乘车到大高店军机处看档案，清时机密文件都以满文书写，他一本一本看，如遇重要的，就随手翻译出来。

字字精金，句句美玉

陈寅恪讲课时，冬春穿着厚袍加马褂，夏秋则常穿蓝布长衫。每次上课必携带要引用的书籍，讲佛经文学、禅宗文学课用一块黄包袱布包着，讲其他课程则用黑布包着。一高一下吃力地抱进教室，从不假手助教。不变的只是他的装束，而他的课却总是以新资料印证旧闻，或在习见史籍中发现新的理解。凡西洋学者对中国史研究有新发现者，逐类引证。所以学生也听得津津有味，备受启发。

陈寅恪的课讲得十分精彩，吴宓也常去听，称其“字字精金美玉”。据1927秋才被研究院录取的第三级学生蓝文征回忆，“陈先生演讲，同学显得程度很不够……上课时，我们常常听不懂，他一写，哦！才知道那是德文，那是俄文，那是梵文，但要问其音，叩其义方始完全了解。研究院主任吴宓风雨不误，一定来听讲，助教来，朱自清来，北大外国教授钢和泰也来，其他大学部的学生教授不来，因为听不懂。”

北大知名教授季羡林曾回忆说：“就在这个时候，我旁听了寅恪先生的‘佛经翻译文学’。参考书用的是《六祖坛经》，我曾到城里一个大庙里去买过此书。寅恪师讲课，同他写文章一样，先把必要的材料写在黑板上，然后再根据材料进行解释、考证、分析、综合，对地名和人名更是特别注意。他的分析细如毫发，如剥蕉叶，愈剥愈细愈剥愈深，不武断，不夸大，不歪曲，不断章取义，他仿佛引导我们走在山阴道上，盘旋曲折，山重水复，柳暗花明，最终豁然开朗，把我们引上阳关大道。读他的文章，听他的课，简直是一种享受，无法比拟的享受。在中外众多学者中，能给我这种享受的，国外只有亨利希·吕德斯，在国内只有陈师一人，他被海内外学人公推为考证大师，是完全应该的，这种学风，同后来滋害流毒的‘以论代史’的学风，相差不可以道里计。然而，茫茫士林，难得解人，一些鼓其如簧之舌惑学人的所谓‘学者’骄纵跋扈，不禁令人浩叹矣。”“寅恪师这种学风，影响了我的一生。”

1929年，陈寅恪改任清华学校中文、历史两系合聘教授。他上课，一般在三院一间小教室，除了清华学生，还有很多北大学生从城里花四五十分钟时间坐车也赶来听，有些教授也来旁听。因他常能为人释疑，所以清华园里都奉他为“活字典”、“活辞书”。当时听课学生梁嘉彬见清华“文学方法”及“欧洲中古史”课的教授孔繁也常到讲堂旁听，课下与同学笑曰：“寅师为太老师矣。”

陈寅恪讲学重内容而不拘形式。上课从不点名，从不小考，大考也是照章而已。他常说，问答式的笔试，不是考察学问的最佳方法。有的学生要求他以写短篇论文代替大考，但陈寅恪又谓：“做论文要有新的资料或新的见解，否则亦无益处；最好同学于听讲及研究后，细细想想，到了学期结束，对教师每位提出一二问题，但对学生能否提出适当的问题，也可以知道学生是否曾用过功夫，可以略约分别成绩。当然，同学们大多不敢采取此种方法，因为所提问题如被认为不聪明的话，面子难堪。”

抗战结束，清华恢复。双目失明的陈寅恪为自己的书斋取名为“不见为净之室”。历史系主任雷海宗来看望他，见他体弱多病，双目失明，便劝他暂不要开课了，先休养一段时间，搞搞个人研究。陈寅恪马上回答：“我是教书匠，不教书怎么能叫教书匠呢？我要开课，至于个人研究，那是次要的事情。我每个月薪水不少，怎么能光拿钱不干活呢？”

陈寅恪一生都是如此。他的教学又是高水平的，例如他讲授晋、南北朝史，唐史几十次，每次内容都有新的，侧重也并不完全相同。他备课讲课又极为认真，丝毫不苟，一字之误，都不放过。每讲完一次课，他都极为劳累。

陈寅恪用他的生命去做他认为应做之事，平常之事，这就是“怎能不干活”的深刻涵义。在1929年5月写的题为“北大学院己巳级史学系毕业生赠言”一诗中，他写道：“天赋迂儒‘自圣狂’，读书不肯为人忙。平生所学宁堪赠，独此区区是秘方。”

天作之合，情深意笃

陈寅恪对爱情的言论很有趣，他说爱情有五等：

一、情之最上者，世无其人。悬空设想，而甘为之死，如《牡丹亭》之杜丽娘是也。二、与其人交识有素，而未尝共衾枕者次之，如宝、黛等，及中国未嫁之贞女是也。三、又次之，则曾一度枕席，而永久纪念不忘，如司棋与潘又安，及中国之寡妇是也。四、又次之，则为夫妇终身而无外遇者。五、最下者，随处接合，惟欲是图，而无所谓情矣。

也就是说，一等爱情是爱上陌生人，可以为之死；二等是相爱而不上床；三等是上一次床而止，终生相爱；四等是相爱一生；五等是随便上床。

素未谋面而深爱对方如杜丽娘者，在以前的确是纯精神恋爱，级别最高。陈先生把未嫁贞女放在爱情第二级中又很可笑，未嫁的贞女不一定表示为爱情而不嫁，为爱情而贞。若从未爱过，又如何算二等爱情？可见五等爱情之说，也当不得真。

最终，陈寅恪与唐筼结合，与之终老，依他的等级分类，不过四等。然则两人感情深厚，经历苦难而不离不弃。陈寅恪并预写挽联：

> 涕泣对牛衣，册载都成肠断史；
> 废残难豹隐，九泉稍待眼枯人。

此挽联撰后一月余，两人相继辞世。爱情，能到这种境界，怎么也该算是一等了。

陈寅恪发爱情五等论时，是1919年，当时还是未婚年轻人。其时，他与吴宓、梅光迪在哈佛的一次聊天中提及这个论调。当时正是新文化思潮风起云涌之时，三位中国留学生的对话被吴宓记入了日记中。

那天晚上，三人聚在一起从新文化运动谈起，也说到了婚姻自主。陈寅恪列举西方社会上层与下层人士的婚姻，得出的结论是：“天下本无自由婚姻一物，而国内竟以此为风气，是一流弊。”大致来看，他对婚姻自由是持反对态度的。

陈寅恪夫人名唐筼，亦出身世家。乃祖唐景崧，为官多年，中法战争时慷慨请缨，因功擢升，后任台湾巡抚。1895 年中日战争后中国被迫签订《马关条约》将台湾割让日本，当地爱国人士决定自行抗日，成立“台湾民主国”，推唐景崧为“大总统”。唐致电清廷：“台湾臣民，义不臣倭，虽为岛国，永戴圣清。”但清廷仍将台湾交给日本，唐被迫逃回大陆。唐筼自小读书，就读于天津师范、上海体专等，后辗转任教于一些学校。

关于他们的相识，陈寅恪自己有一段记述：

……乃至清华，同事中偶语及：见一女教师壁悬一诗幅，末署“南注生”。寅恪惊曰：“此人必灌阳唐公景崧之孙女也。”盖寅恪曾读唐公《请缨日记》，又亲友当马关中日和约割台湾与日本时，多在台佐唐公独立，故其家世，知之尤稔。因冒昧造访。未几，遂定偕老之约。

陆健东在《陈寅恪的最后 20 年》中为此感叹：“俭朴的‘惊叹’二字，道尽了很多时候，生命原是为了等候……在这里，我们似乎看到了冥冥之中早有安排的‘天作之合’……但真正联结生命之缘的，还是生与俱来的世家流韵。”

从此二人携手共度人生。唐筼不仅是陈寅恪的生活伴侣，更是他的精神依托。很多人觉得私生活对一个陈寅格式的学者来说无足轻重，似乎大学者可以舍弃一切琐事而专注于学问，其实，对于一个学者尤其是对于一个像陈寅恪这样一生负气半世凄凉又衰残眼枯的人来说，这也许是他平安地活下来的重要条件，一个思想上极端理性化而心灵中极端感情化的人常常不能自我调节情绪，因而心底郁积的情怀往往成为一个解不开的死疙瘩，这时身边的妻子就成了他平衡心理的重要因素。1951 年陈寅恪因高血压服安眠药而卧床时写下这样一首诗：“刀风解体旧参禅，一榻昏昏任化迁。病起更惊春意尽，绿荫成幕听鸣蝉。”内中尽是伤春兼自伤之意，而唐则和诗为他排解道：“排愁却病且参禅，景物将随四序迁。寂寞三春且苦雨，一朝炎夏又闻蝉。”

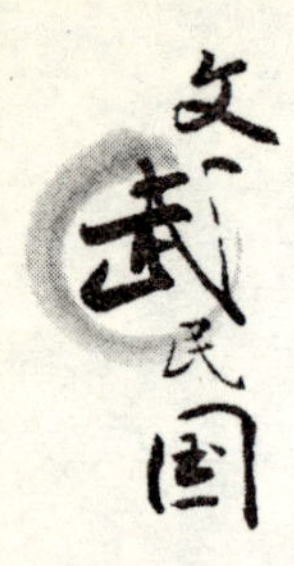

比起陈寅恪诗来多了一分随遇而安。这是唐的过人之处。早年陈寅恪发牢骚云："人间从古伤离别，真信人间不自由"，她便化解道："秋星若解兴亡意，应解人间不自由"似乎平和得多；晚年陈寅恪怀念燕都旧居不免伤感："数椽卅载空回首，忍话燕云劫后尘"，她又劝慰道："仙家韵事宁能及，何处青山不染尘"，大有退一步天地宽的意味，这种顺其自然的人生态度也许并不是唐的本心，但它或许能时时平息陈寅恪心头始终纠缠的紧张。

而他们的两个女儿用朴实而真情的笔调在他们的身后写道：

……母亲不仅是父亲感情笃深的生活伴侣，而且是他志同道合的精神支柱与业务帮手。她在生活上无微不至地体贴与照顾父亲，在父亲失明后当某位助手突然离去时，母亲当即顶替其职，使父亲能照常上课、著述。有不少唱和、吟咏的诗篇，反映出他们的思想共鸣……当他们在"文革"中遭迫害自知不能久存时，父亲预先给母亲写下了挽联："涕泣对牛衣，廿载都成肠断史。废残难豹隐，九泉稍待眼枯人。"如果没有母亲，很难想象体弱、多病、目盲、晚年又膑足，能有如许丰硕的教学与研究成果。

晚年"体弱、多病、目盲、膑足"的陈寅恪，把《隋唐制度渊源论稿》、《唐代政治史述论稿》、《元白诗笺证稿》以外的旧文，编为《寒柳堂集》、《金明馆丛稿》，并写有85万字巨著《柳如是别传》，最后撰《寒柳堂记梦》。他的助手黄萱曾感慨地说："寅师以失明的晚年，不惮辛苦、经之营之，钩稽沉隐，以成此稿（即《柳如是别传》）。其坚毅之精神，真有惊天地、泣鬼神的气概。"在感慨和景仰之后，我们也依稀看到了唐筼平凡而伟大的身影。

蔡元培：学界泰斗，人世楷模

蔡元培，字鹤卿，又字孑民，乳名阿培，浙江绍兴人。革命家、教育家、政治家。中华民国首任教育总长，1916 年至 1927 年任北京大学校长，革新北大，开“学术”与“自由”之风；数度赴德国和法国留学、考察，研究哲学、文学、美学、心理学和文化史，为他致力于改革封建教育奠定了思想理论基础。他为发展中国新文化教育事业，建立中国资产阶级民主制度做出了重大贡献，堪称“学界泰斗、人世楷模”。

思想自由，兼容并包

1916 年 9 月 1 日，蔡先生在法国收到北京教育总长来电，说“我请公担任北京大学校长一席，务祈鉴允”。他立即在 10 月 2 日离开欧洲归国。

1916 年 12 月 26 日蔡元培被正式任命为北京大学的校长，1917 年 1 月 4 日蔡元培在北大正式就职，开始了一生最具建树的高教改革。他把多年在国内办教育的经验，以及两次游学德、法所取得的认识，有机地给合起来，从北大的实践出发，从根本上推行了多方面改革。顾颉刚回忆说：“1917 年初，蔡元培先生来北大，逐步使北大发生了巨大的、质的变化”，并“着手采用西方资本主义国家大学的教育方针和制度，来代替北京大学那一套封建主义的腐朽东西”。

在蔡元培任北大校长前，他的许多知心朋友都劝他别去担任此职务，当时的北大太腐朽，如治理不好会毁掉他的名声，但孙中山却认为："北方当有革命思想的传播，像蔡元培这样的老同志，应当去那历代帝王和官僚气氛笼罩下的北京，主持全国性教育。"最终蔡元培还是进了北大。

上任伊始，蔡元培就强调在学校内重学术研究。蔡先生第一次向全校师生演说，即指明："大学学生当以研究学术为天职，不当以大学为升官发财的阶梯。"他要求学生"抱定宗旨，为求学而来，入法科者，非为做官；入商科者，非为致富。宗旨既定，自趋正轨"。他倡导教育救国论，号召学生们踏踏实实地研究学问，不要追求当官。在学校内，他则大力扶植各种学术政治社团，培养学术研究、思想辩论的风气。此外，在学校领导体制、学制及课程上也进行了卓有成效的改革。这些使北大向现代化迈出了最坚实有力的一大步。

为贯彻教育救国方针，蔡元培首先"广延积学与热心的教员，认真教授，以提起学生研究学问的兴趣"。由于旧北大文科顽固守旧者较多，故整顿工作先从文科入手。他被任命为北大校长后，迅即访晤陈独秀，请其出任文科学长。随即聘任胡适、刘半农、周作人等为教授。他们和原在北大的钱玄同、沈尹默、沈兼士一起，致力于文科的革新，"文学革命，思想自由的风气，遂大流行"。除上述数人外，文科尚有陶孟和、顾孟余、陈大齐、杨荫庆、钱秣陵、杨昌济等教授，也热心于哲学、英文、德文诸门的改革。理科教授，也都是饱学之士。法科方面，虽尚无人讲授比较法之类的课程，但已有马寅初、高一涵等专任的教授。他们绝大多数，都在30岁左右。其中，胡适、刘半农年仅27岁，最小的年仅24岁。

蔡元培凭借这批英年才俊为骨干，依靠他们带动全校，共同努力把腐朽的"官僚养成所"朝向昌明学术的最高学府推进。蔡先生说："我对于各家学说，依各国大学通例，循思想自由原则，兼容并包。无论何种学派，苟其言之成理，持之有故，尚未达自然淘汰之命运，即使彼此相反，也听他们自由发展。"在兼容并包原则下，对于确有真才实学而学术观点、政治倾向不同的守旧学者，仍延为教授，展其所长，对他们一视同仁，绝不歧视。例如辜鸿铭，留学欧洲多年，辛亥革命后，仍留长辫，表示效忠清室，但他精通英、法、德及希腊文，于英国文学深有研究，仍请他讲授《英诗》。又如刘师培，曾参与反清革命，后变节为清探，又为袁世凯称帝效力，但刘于国学造诣极深，故仍聘他讲授《中国中古文学史》。

蔡先生还不拘一格选拔与培养人才，24 岁的梁漱溟，中学毕业后自修哲学，蔡先生看到他所撰《究元决疑论》一文，认为是一家之言，即聘为北大讲师，讲授《印度哲学》。和梁同龄的毛泽东，刚毕业于湖南第一师范，到北京襄办留法勤工俭学，急需就业，蔡先生就通知图书馆主任李大钊，让他当上图书馆助理员，得以博览北大藏书，“迅速地朝着马克思主义的方向发展”。对于学术水平低下、教学态度恶劣的原有中、外教员，一律按约解聘。一个被辞退的法国教员向法庭控告，但有合同为凭，他的无理要求全遭驳斥。英国教员克德莱等被黜退后，鼓动英国驻华公使朱尔典亲自到校，要求续聘，也遭拒绝。

北大原是文、理、法、商、工五科并立，没有重点，蔡元培大胆改革北大学制。他根据教育部关于大学专设文、理两科，法、医、农、工、商等科分别成为独立的大学之新规定，对北大各科做了整顿，例如扩充文、理两科专业，工科并入北洋大学、商科并入法科等。

蔡元培认为：大学者，囊括大典网罗众家之学府也。他所说的“囊括大典”就是大学是包括各种学问的机关，无论何种学派，苟其言之成理，持之有故，尚不达自然淘汰之命运，即使彼此相反，也听他们自由发展。他的这种做法使新思想、新文化冲进北大，在与原来的旧思想、旧文化的较量中壮大，并得以传播。当时的北大成为一批激进的资产阶级民主派活动的舞台，成为新文化运动的中心，思想上各派并存，形成百家争鸣的局面，学术思想空前的繁荣，白话文与文言文、唯物主义与唯心主义等争论不停，在守旧派与革新派的论战中，蔡元培支持革新派，表现了他鲜明的立场。

1917 年 11 月俄国十月革命的胜利，马克思列宁主义传入了中国，社会

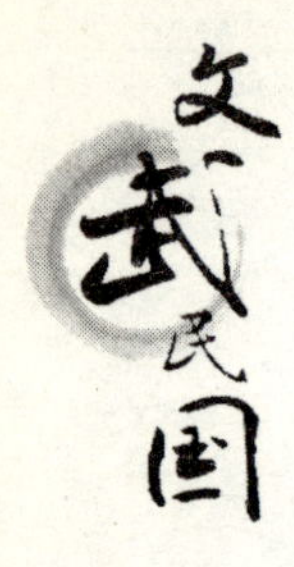

主义也成了当时世界一股强大的社会思潮，被聘为北大图书馆馆长的李大钊在中国最早接受和传播马克思主义。1920 年 3 月，在蔡元培的支持下，北大又成立了马克思学说研究会，随后马克思主义在全国广泛传播。北大在中国革命的历史上产生了不可磨灭的影响，诚如后来曾担任北大校长的周培源所说："这些均与蔡先生作校长分不开，要是没有蔡先生这样民主，对待革命事业、对待新思想这样竭尽全力支持的校长，那么北大也就不会有这么大的贡献。"著名的哲学家冯友兰说："蔡先生是中国近代的大教育家，这是人们所公认的。我在大字上又加了一个最字，因为一直到现在我还没有看见第二个像蔡先生那样的大教育家。"

蔡元培先生主持北大期间，胡适称之为"北京大学的蔡元培时代"。正如吴玉章所说："蔡先生被任为北京大学校长……罗致进步人士为北大教授，如我党出色人物李大钊同志及主张白话文、大倡文学革命的胡适等，起了新文化运动的革命作用。一时新思潮勃兴，学术思想为之大变，尤其是我半殖民地半封建的国家，受了十月革命的影响。社会主义的思潮，汹涌于一般人士、特别是青年脑筋中，使中国苦闷而没有出路的革命知识分子得到了新生命，获得了新武器，因而就有冲破旧桎梏而创造新文学、新文化的勇气，因而就有反帝反封建轰轰烈烈的五四运动。这就为中国历史开一新纪元。虽然这是时代所产生的必然的结果，而蔡先生领导之功，自不可没。"

读书不忘救国、救国不忘读书

"五四"运动之前，尽管封建礼教已受到了很大冲击，但"男女授受不亲"、"男女七岁不同席"等旧传统仍根深蒂固。虽然有专为女子设立的高等学校如北京协和女大、南京金陵女大、福州华南女大、北京女高师等，但是大学男女同校，接受平等教育的事还未曾有过。

蔡元培对这一现实极为不满。1919 年 3 月 15 日，他在北京青年会作了《贫民院与贫儿教育关系》的讲演，认为：男女社交公开，尊重女权已是世界潮流，“我们国里还能严守从前男女的界限，逆这世界大潮流么？”此次讲演中他产生了试验大学男女同校的想法。

蔡元培在北大期间，学生运动开始萌芽。蔡元培本人并不支持学生运动，从一开始，他就对群众运动的负面作用有清醒的认识，对过度参与政治活动伤害学术研究和大学独立有清醒的认识。

当时的一名北大学生曹建对“五四”时蔡元培的言行有生动的回忆：学生被捕之后，大家聚集在三院礼堂里，束手无策。突然听见脚步声从外面传来，众人仰首张望，原来是蔡元培校长。学生害怕受到蔡元培的斥责，另一些学生则欢呼，有些甚至放声大哭。蔡元培从容走上讲台，温和地对大家说：“你们今天所做的事情我全知道了。我寄以相当的同情”。还没有说完，全场呼声雷动。蔡元培接着说：“我是全校之主，我自当尽营救学生之责。关于善后处理事宜也由我办理，只希望你们听我一句话就好了”。这句话就是“从明天起照常上课”。

蔡元培反复向学生强调：“五四”运动，同学唤醒民众救国觉悟，热情可嘉；然而青年救国不可仅凭一时热情，主要应靠学识才力，要“读书不忘救国、救国不忘读书”才行。这次运动同学们不得以牺牲学业为代价，今后应发扬自主精神，蔡元培认为学生应“以研究学问为第一责任”。

蔡元培在《我在北京大学的经历》中写道：“我对于学生运动，素有一种成见，以为学生在学校里面，应以求学为第一目的，不应有何等政治的组织。其年有在20岁以上者，对于组织有特殊兴趣者，可以个人资格参加政治团体，不必牵涉学校。所以民国七年夏间，北京各校学生，曾为外交问题，结队游行，向总统府请愿。当北大学生出发时，我曾阻止他们，他们一定要参与。我因此引咎辞职，经慰留而罢”。

“五四”运动使蔡元培及北大的学生看到了发动民众的重要性。因此运动后同学们以比从前更大的热情举办平民夜校、星期日演讲会，出版通俗刊物等。蔡元培不仅赞许此举，而且还以学校名义予以财力、物力上的支持。

教育部在一年前给北大公函中即称，“国立大学校为社会视听所系，所

有女生旁听办法，务须格外慎重，以免发生弊端”。

欲开女禁的蔡元培公开表示：大学之开女禁问题，则予以为不必有所表示。因教育部所定规程，对于大学学生，本无限于男女之规定，如选举法中之选举权者。且稽诸欧美各国，无不男女并收，故予以为无开女禁与否之问题。即如北京大学明年招生时，倘有程度相适之女学生，尽可报考，如程度及格，亦可录取也。

《中国新报》在1920年元旦的新年号上刊登了这段话。蔡元培实际上已巧妙地绕开教育部的制约，作了破女禁的宣言。

1920年1月18日，北大平民夜校开学，共招男女合班生350人。蔡元培亲临法科礼堂参加开学典礼并发表演说，称这一天是“北京大学准许平民进去的第一日”。他说：从前这个地方是不许人进去的，现在这个地方人人都可以进去。从前马神庙北京大学挂着一块牌，写着“学堂重地，闲人免入”，以为全国最高的学府，只有大学学生同教员可以去，旁人是不能进去的。这种思想，在北京大学附近的人尤其如此。现在这块牌已经没有了。许多旁听生可以堂而皇之地涌入北大课堂听课了，北大呈现出一派自由、开放的现代大学景象。

1920年2月，江苏籍女生王兰提出入学请求，因已过考期，遂入校旁听，成为北大第一位女学生。随后又有奚浈、查晓园入学旁听，至3月11日，北大《日刊》“本校女生”栏介绍已有九人旁听。1920年秋季，北大则正式招收了九名本科女生。

首开女禁引起了当局的极度不安。1920年4月，教育部致函北大，老调重弹：“国立学校为社会视听所系，所有女生旁听办法，务须格外慎重”，为此向蔡元培提出了“告诫”。

社会上的封建余孽则对蔡元培恨之入骨。1920年9月15日《时事新报》一则花边新闻曾披露了他们磨刀霍霍的情绪，该则新闻正题为《曹（指曹锟）、张（张作霖）宴客时之趣语》，副题为《忽谈“姓蔡的”》：“曹、张两使濒行之日，特于中央公园宴请各部总次长及军警长官。席间，张使猝然问曰：‘姓蔡的既然如此，老弟何不看管他起来？’王未答……席间竟有相顾失色者”。

地位崇高，仁厚济困

1917年1月4日，隆冬的北京，大雪纷飞，一辆四轮马车驶进北大的校门，这时，早有两排工友恭恭敬敬地站在两侧，向这位刚刚被任命为北大校长的蔡元培鞠躬致敬。他缓缓地走下马车，摘下礼帽，向这些工友们鞠躬回礼。在场的人都惊呆了：这在北大是前所未有过的事情。北大是一所等级森严的官办大学，校长是内阁大臣的待遇，从来就不把工友放在眼里。今天的新校长怎么了？

像蔡元培这样地位崇高的人向身份卑微的工友行礼，在当时的北大乃至中国都是罕见的现象。这不是一件小事，北大的新生便由此细微处开始。蔡元培希望通过这一行为开风气之先，使得这所古板的国立大学焕发生机。以后，他每天进学校时，都要向站在大门旁边的工友们鞠躬致敬。久而久之，这成了他的习惯。他的这一行为，是对北大官气的一个挑战，他以自己的言行树起了一面如何做人的旗帜。

蔡元培将北大当作自己的孩子来看待，北大是他生命的一部分，北大是他的一个辉煌的文化理想。

1927年2月革命军攻下浙江，蔡元培等从上海到杭州。

这时一般青年要从军从政的，都来见蔡元培，从早到晚络绎不绝，蔡元培一一接见。有求写介绍信的，则有求必应，请在客厅稍坐，立刻就写，毫不推诿。他写信很快，两三分钟就写好一封，而且都是亲笔，从不假手于人。

替他代笔的，只是偶尔有人请他吃饭、讲演，因时间冲突不能去，他在帖子上批个“致谢”二字。而那些请蔡元培写介绍信的也不一定是北大毕业的。

有一天晚上，十点多钟了，有一青年画家求见。身边的人禀告蔡元培说有人想见他，是否请来人明天再来。蔡元培说，请他进来好了。那人带了几张他自己画的人物花卉之类，给他看，请蔡元培为他介绍工作。蔡元培问他

能否画宣传品，他说可以。于是蔡元培就替他写信介绍给白崇禧的东路军前敌总指挥总政治主任潘宜之，请求录用。过了几天，蔡元培还问年轻人怎么样了，蔡元培为人写介绍信，不是敷衍了事，而是诚心诚意地关怀。

刘开渠是我国著名的雕刻家，曾任中央美院副院长、中国美术馆馆长。他与蔡元培非亲非故，他能学上雕塑，完全靠的是蔡元培的培养。可以这样说，没有蔡元培的帮助，他不仅不能搞上雕塑，很可能连美术这个专业都失掉。他在北京美术学校学习了十年，毕业后找不到工作，无以为生，在朋友的帮助下，辗转到南京，在大学院谋到了一个职业，当书记员，一天到晚就是抄抄写写，完全丢掉了自己的专业。

有一次在大学院里，他向蔡元培提出了一个要求，希望他能帮助自己到法国去学习雕塑。蔡元培微笑着说："想到法国去学雕塑是好事情，我们中国还没有派过专人去学，我记着这件事。"

刘开渠是1927年11月向蔡元培提出要求的。这月底，林风眠等人由北京来到南京，蔡元培为他们成立了艺术教育委员会。林风眠让刘开渠到委员会做办事员。刘开渠事情不多，经常出去画画。林风眠想办个美术学校，找到蔡元培，蔡元培听了非常高兴，他说："西湖是个风景优美的地方，去看看那里有没有房子，如有，就在那里办。"林风眠看好了房子，美术学校很快就办起来了。1928年4月开学，刘开渠任助教。开学典礼上，蔡元培讲了话。刘开渠找了个机会，又向他提起想去法国学雕塑的事，蔡元培笑着说："你的事，我一直记着，有机会就让你去！"

到5月，刘开渠就接到了委任书，委任为驻外"著作员"，委任书上还清楚写明：月薪80元。刘开渠喜出望外。蔡元培地位那样高，可他对自己的事一直挂在心上，并能很快给他解决，对此刘开渠万分感激。可他马上又想到另外一个困难，到法国去很远，一个穷学生，哪里有钱买船票？刘开渠到南京找到蔡元培，蔡元培又笑一笑说："我已经给你想好了，你先提前支半年的工资，接着再预支半年的工资，是一年的了。我还可以给你写封信给中法联谊会，转请法国轮船公司，票价可以打个折扣，这不就解决了？"蔡元培非常忙，仍然为刘开渠想得如此周到，使刘开渠大为感动。

到了法国，蔡元培仍不忘对他进行关照，不时给他写信。有一次信里说：“我不在大学院了，你的工资我已嘱大学院照寄。”有时，他太忙的话，就让许寿裳（蔡先生好友兼秘书）给他写信。

蔡元培总是这样，你有什么要求，他总会想法满足你，体现了他仁厚济困的一面。

节约经费，讲义收钱

当时北大学费相当低廉，每人每学期仅为10元，不到私立大学的五分之一，且学生还享受补贴，因此办学经费基本靠财政拨款，计每年75万元。而那时军阀混战，财税来源无保障，到1922年9月，办学经费已被拖欠5个月，蔡元培联合其他大学校长向政府屡次交涉，并以辞职相威胁，好不容易索来两个半月的经费。

这个时候，为了节约经费，校评议会（与教授会并立的权力机构）成员联合向校长蔡元培提出：学校每年耗费在印刷讲义上的费用高达一万多元，而在购买图书上的开支却捉襟见肘；如果把花在讲义上的这笔钱向学生收取，节约下讲义费来补充图书，对学校、对学生都有好处。

蔡元培对此很有同感，他还考虑到：因为学校将讲义印好下发到学生手中，学生上课就不用功，到考试时再“恶补”讲义内容，成了一大弊端。于是他当即决定：以后收取讲义费充做图书经费；购买讲义与否，由学生自行决定，如上课能认真听讲做笔记，讲义尽可不购。

这个决定应该说是很厚道，但“讲义要收钱啦”的消息传出，一贯免费享有的东西现在要出钱，顿时在学生中激起了强烈反响。

这是个有“造反”传统的大学，三年前的“五四”运动这样的大事且不说，就在五个月前，学校规定不缴费不准考试，就有学生对代总务长沈士远进行围攻，学校建筑墙上贴满谩骂沈士远的条子，更有人高呼：“打倒沈士

远！”幸亏刚刚担任北大教务长15天的胡适出面表示，未缴费者准他们先考，但到月底还不缴费，则成绩无效，才把事态平息下去。

1922年10月17日下午，为抗议讲义收费，数十名学生闯进会计室，对职员大肆谩骂恫吓；10月18日早晨，又有数十名学生群拥至校长室，要求蔡元培废除讲义费。蔡元培将收费决定详细解释，并说三日内不收费；但学生寸步不让，双方越谈越僵，而且校长室外走廊上迅速聚集了几百学生，呐喊起哄，局面一片混乱。

蔡元培又急又怒，一下站起身来，捋起袖口，向学生吼道："我跟你们决斗！"然后满脸青筋地步步进逼。包围着他的学生害了怕，步步后退，逐渐散去。蔡元培对这场风潮深感恼火和痛心，他当天就写下辞职呈文离开北大，文中说："……该生等威迫狂号，秩序荡然。此种越轨举动，出于全国最高学府学生，殊可惋惜。废置讲义费事小，而破坏学校纪律之事实大。涓涓之水，将成江河，风气所至，恐使全国学校共受其祸……"

蔡元培辞职后，北大总务长蒋梦麟、庶务部主任沈士远、图书馆主任李大钊、出版部主任李辛白、数学系主任冯祖荀分别刊登启事，宣布"随同蔡校长辞职，即日离校"；北大全体职员也发布《暂时停止职务宣言》，《北京大学日刊》也于当日宣告"自明日起停止出版"。大家都与蔡校长共进退。

为了挽留蔡元培，北大召开了教务会议和评议会紧急会议，教育部次长马叙伦也对蔡元培面劝。最后，蔡元培收回辞呈，讲义费则暂缓收取。

这场风潮并不是以蔡元培完全让步平息的，他坚持要处分带头闹事的学生。

事发时现场混乱，赶来喧闹的学生其实是出于自发，没有什么带头人物；挽留蔡元培时，校评议会开会就抛出了个替罪羊——一个叫冯省三的山东学生，评议会说就是这个冯省三带的头，决定予以开除！

了解冯省三的师生都知道，他性格单纯、直率，学习用功，只是心直口快，时常说话欠考虑。冯省三之所以被称为"头目"，是因为他在学生围攻会计室时喊了"大家到会计科去把讲义券烧了"，又在蔡元培和学生谈判时在校长室外说“我们打进去，把他们围起来，把这件事解决了”。

这几句话在学校查惩祸首以挽留蔡元培时被人报告，就成了他“带头”的“铁证”。其实，就是跟蔡元培谈判的学生在风潮中起的作用也比他大，他纯粹就是个看热闹瞎起哄的。

然而，蔡元培收回辞呈一返校，就根据评议会决定把冯省三开除了。

这个飞来横祸让冯省三傻了眼。他根本没有组织这次风潮，却先被同学出卖，后被校方严惩，现在只好去找原本熟识的教务长胡适求情。

对冯省三受冤，胡适最清楚不过，因为报告冯省三“带头”的几个学生干部在胡家看见冯省三本人时，竟根本不认识他！开除他，就是为了给这次事件找个负责任者，以给尊严受到侵犯的蔡元培找回面子：说白了，就是拿冯省三做替罪羊。

现在冯省三来诉冤求情，胡适就跟他打哈哈：“你既已做了英雄，就英雄到底嘛！”拒绝为他说话。

那么，蔡元培自己是否认真调查过带头者呢？也没有。他开除冯省三后，也听到“其实不是冯省三带头”这样的话，但他一点没有查清真相的意思。如上所述，他就是要严厉处分一个跟讲义风潮有关的学生，一为严肃纪律，杀鸡儆猴；二为自己受学生围攻挽回颜面。

一定要开除一个不该对讲义风潮负责的冯省三，蔡元培后来一句话近乎赤裸裸——“纸老虎哪能戳一个洞！”

他承认他这个校长，在那时朝气蓬勃、斗争精神极强的青年学生面前只能算“纸老虎”，要管理好这帮人，威严就不能受冒犯，受了冒犯必须加倍找回来，否则以后说什么也不灵。为了维护权威，就拿一个弱势学生做了牺牲品。开除学籍，对学生来说就失去了读书的机会，这种做法，难说不是“草菅人命”。

中国有句俗话，叫做“做人就不要做事，做事就不要做人”。意思是，要保持一个完美的道德形象，就不能沾染现实事务，因为在处理现实事务中，必然会有与道德相冲突的时候；如果完全按道德要求办事，那什么事都办不

成。另一句老话“慈不将兵，义不掌财”，说的也是这个道理。

蔡元培作为一所大学的最高管理者，当然是要“做事”的人，无法每件事都宽仁厚道地处理。他认为在讲义风潮中不开除个学生，就做不好校长这份事，于是可怜的冯省三就被踢出了北大。

在对待冯省三这件事上，我们看到了一位大师在社会现实前不能免俗、让需要偶像者心情复杂的一面。

冯省三被开除，校纪有了威严，蔡元培有了面子，闹事学生有了替罪羊，教职员留住了校长，皆大欢喜。至于这件事在道德上的说法，除了冯省三自己，就只有当时兼任北大讲师的鲁迅著文讨论了。

三次婚姻，两登启示

蔡元培从小接受的是旧式的文人教育。光绪年间，他先中了举人，后点了翰林。1889 年，也就是中举人的这一年，他奉父母之命媒妁之言，迎娶了第一位夫人王昭。当时的婚礼完全是按照中国传统的旧式结婚礼仪进行的。和大多数人一样，蔡元培在婚礼之前，从未与王昭见过面。

王昭是浙江会稽人，大蔡元培一岁，婚后两人的生活，并非如鼓琴之瑟，相敬如宾。由于王昭素有洁癖，什么都要弄得干干净净，凡坐席、食器、衣巾等都禁止人触摸。每次睡觉前必须要求先脱去外衣，然后脱去衣裙之类，再用毛巾擦拭头发等，王昭花钱也极为节省；而作为丈夫的蔡元培却生性豪放、不拘小节，他非常讨厌王昭的一切繁琐之事，因此两人婚后经常会为一些很琐碎的小事而发生口角。

在最初的几年里，蔡元培似乎难以接受自己的妻子，就更别提爱她了，婚姻的契约只让他义务性地待在妻子身边。就这样一晃过了七个年头，直到王昭为他陆续生下两个儿子，他们才慢慢找到了夫妻生活的感觉。

王昭是旧社会的妇女，在蔡元培面前，总是恭敬地称他为“老爷”。为此，参与百日维新的蔡元培还时不时地嗔怪她：“你以后可不要再叫我什么‘老爷'，也不要再称自己什么'奴家'了，听了多别扭啊？”而王昭总是很温顺地说：“唉，奴家都叫习惯了，总是改不过来呢。”

1900年前后，西方民主与科学思潮开始越来越多地渗入古老中国的血脉中。这促使身在文化前沿的蔡元培开始对婚姻和家庭进行反思。也正是在这一年，他结合自身经历写出了奠定其后来女权思想基础的《夫妻公约》，详细地说明男女关系分目交、体交与心交，特重心交。所谓心交，指夫妇同心，两情融合。蔡元培决定重新调整与妻子王昭的关系，修复情感裂痕，让人更和睦地生活在一起。

蔡元培与王昭也维持过一段幸福的婚姻，蔡元培还告诉好友：“伉俪之爱，视新婚有加焉。”可惜好景不长，由于奔波劳碌，身体虚弱的王昭在这一年因病离开了人世。刚刚尝到幸福婚姻的夫妻自此阴阳两隔。蔡元培悲痛不已，作联哀挽：“自由主义君始与闻，而未能免俗，天足将完，鬼车渐破，俄焉属纩，不堪遗恨竟终身。”“天足将完，鬼车渐破”，指王夫人理解《公约》后，开始解放缠脚，破除鬼神迷信，不料却遽然去世，使蔡先生不胜哀恸。

王昭去世时，蔡元培刚满32岁。这时的蔡元培在江浙一带的知识界已颇有名气了，故王昭去世以后，前来给他说亲的人络绎不绝。蔡元培虽与王昭不甚和谐，但故人已去，夫妻之恩却不敢点滴忘怀。为防媒人扰其清净，面对纷至沓来的媒人，他磨浓墨、铺素笺、挥羊毫，写下了一份奇特的征婚启事，张贴于自家的墙壁之上：

第一，是不缠足的（女性），天足；第二，是识字的；第三，是男子不得娶妾，不能娶姨太太；第四，丈夫死了，妻子可以改嫁；第五，意见不合，可以离婚。

“天足、改嫁、离婚”，这些骇世惊俗的字眼竟出自翰林之手。消息传开，一时间闹得沸沸扬扬。他这种离经叛道、混淆纲常的做法无异于在向封建陋俗开战，昔日的媒人们一个个吓得退避三舍。蔡元培的这份“征婚启事”无疑是向社会表示他要为自己做主，求得一个如意自由的婚姻。

1901年，蔡元培只身离开绍兴，到余杭办学，受友人之邀，去叶君府上做客。在叶君的撮合下，蔡元培结识了黄仲玉，并大胆追求，两人你情我愿，

结婚的事情自然提上了日程。蔡元培要结婚的消息不胫而走，一下子忙坏了远近的亲朋好友。但蔡元培与黄仲玉商定，不在婚事上铺张，而且一定要免俗。

1901年11月22日，蔡元培与黄仲玉在杭州西子湖畔举行了他一生中的第二次婚礼。这次婚礼中西合璧，蔡元培用红幛缀成“孔子”二字，代替悬挂三星画轴的传统，并且一扫以往的繁琐仪式，只举行了个小型的演说会来代替闹洞房。

蔡元培的这种做法，实际上就是从“我”做起，以“我”为例，改革社会风气，冲破封建的陋俗，提倡男女平权，打破中国传统在婚姻问题上对妇女的束缚。而且这种做法不仅标志着蔡元培思想上的进步，也反映出当时中国中西文化碰撞下的新思想和新思潮的兴起。

1904年，蔡元培组织成立了反清革命团体“光复会”。1905年，他又加入了孙中山成立的“同盟会”。1907年，已近不惑之年的蔡元培开始了他四年海外留学的生活。期间，他编著了《中国伦理学史》，书中主张男女平等、婚姻自由。蔡元培从最初具有大男子主义思想的翰林学士转变成为寻求妇女平等权利的斗士，他的第二位夫人黄仲玉可谓功不可没。1920年底，蔡元培由北京大学派遣去欧洲考察。在他出发之前，黄仲玉已经有病，但她力劝丈夫如期出发。可就在蔡元培到达瑞士的时候，传来了夫人去世的噩耗。蔡元培悲痛欲绝，含着满腔的泪水，写下了那篇不朽的祭文《祭亡妻黄仲玉》：“呜呼仲玉，竟舍我而先逝耶！自汝与我结婚以来，才二十年，累汝以儿女，累汝以家计，累汝以国内、国外之奔走，累汝以贫困，累汝以忧患，使汝善书、善画、善为美术之天才，竟不能无限之发展，而且积劳成疾，以不能尽汝之天年。呜呼，我之负汝何如耶……”

正当蔡元培忍着丧偶的悲痛，孤寂地在欧洲大陆考察教育时，国内的政治局势开始发生变化。1921年蔡元培考察归来，一踏入上海，各界名流纷纷前来拜访，但蔡元培却无心涉入这混乱的政局，并做好再度留洋、潜心治学的打算。此时，昔日故友浙江兴业银行的总经理徐新六致电邀请他赴宴，蔡元培欣然前往。

徐新六设宴，却只有他们两个人。蔡元培觉得甚是奇怪，想这徐先生定有别事。酒过三巡之后，徐新六终于直奔主题。他笑问："黄夫人仙逝之后，威廉（蔡元培的女儿）亦将另有生活，而夫人所留两个公子一定无人照料，不知先生清寂几年之后可有续娶之意？"蔡元培有些惊讶，继而伤感地笑了一下说道，他已至暮年，何谈嫁娶！人生早算是灰冷过了，只盼过一段隐居的生活，远离红尘才好。

徐新六还待再说，蔡元培忙举手拦住说，好意心领，就不劳烦费心了。却不想这徐新六也是个倔强之人。一是他敬重蔡元培的为人，二是同情他的生活清苦，再者，提亲之事乃是受人之托，成人之美亦是善举。几日之后，徐新六再约蔡元培，谈的还是老话题。蔡元培也非常感激其的仁义之心，便应了他的要求，但同时提出了三个条件："一是本人要具备相当的文化素养；二是年龄略大；三是是熟谙英语而能成为研究助手者。"

蔡元培心想这下可以把他唬回去了。没想到徐新六满口答应下来："没问题，没问题，并且我还可以给您增补几个条件：第四是贤惠且极富爱心；第五相貌可人，亲切，勤勉；第六……"徐新六的这几个条件还没说完，蔡元培一下子就想起了近日一直伺候在身边的自己的女学生周峻，此时他的思绪仿佛又回到无尽的往事之中。周峻虽是自己的学生，却也是个女子，三十好几的人了，一直待字闺中，倒不知她究竟是怎样的心思？看她的眼神形态，对自己颇是有意的，但言语之间从未表露，或恐是羞于启齿吧；儿女们若能得到周峻照料，也算是一种福分；这周小姐不仅聪明贤惠，而且更是才貌双佳之人，且等一等再说吧…… 蔡元培的心情非常复杂，但还是欣然接受下来。

1923 年 7 月 10 日，蔡元培和周峻最终走进了简朴而新式的婚礼，这也是蔡元培的第三次婚礼。

这次婚礼完全是现代文明式的。当时蔡元培到周峻下榻的宾馆迎接周峻，之后两人一起到苏州留园，拍摄了结婚照片。当时蔡元培西装革履，周峻身披白色婚纱。在婚礼的宴席上，蔡元培还向大家讲述了他和周峻的恋爱经过。

忘年新结闺中契，劝学将为海外游。

蝶泳鹈飞常互且，相期各自有千秋。

蔡元培就是用这样的文字，记下了他的第三次新婚。

婚后十天，蔡元培携周峻及子女离沪奔赴比利时首都布鲁塞尔，夫人和女儿都进了国立美术学院，而他则开始潜心编写《哲学纲要》。每临黄昏，布鲁塞尔的林间小道上，总能见到一对老夫少妻结伴而游，吟诗赏月。名震海内、叱咤风云的蔡元培，终于过上了恬静祥和的家庭生活。

1940 年 3 月 5 日，也就是周峻 50 岁生日的前两天，蔡元培在香港因病逝世。一代宗师就这样静静地魂息香港。周峻把对蔡元培的一生之爱倾于一尊作品——《蔡元培半身像》中，其上刻有蔡元培所题之诗：

唯卿第一能知我，

留取心痕永不磨。

胡适：青年导师，运动领袖

胡适，安徽绩溪人。原名嗣穈，学名洪骍，字希疆，后改名胡适，字适之，笔名天风、藏晖等，其中，适与适之之名与字，乃取自当时盛行的达尔文学说"物竞天择适者生存"。现代著名学者、诗人、历史学家、文学家、哲学家。因提倡文学革命而成为新文化运动的领袖之一。

提携后进，延聘教授

1928年3月，上海吴淞海边的中国公学发生风潮，至4月底尚未解决，校长何鲁辞职。校董会推胡适继任，希望他能出面维持，平息风潮。胡适因母校的关系，慨然允诺，于4月30日就任中公校长，并很快平息了学生风潮。

在任大学校长期间，胡适非常重视学生智能的培养。他在中公设立了奖学金，奖励学生读书；并积极提倡写作及各种学术研究会、演讲会等活动。胡适认为，这些活动可以引起学生读书的兴趣，帮助他们形成自己的思想，并有益于日后从事的学问。他曾说："我们相信，文字的记录可以帮助思想学问，可以使思想渐渐成条理，可以使知识循序渐进……商家的账簿上往往写着'勤笔免思'；其实勤笔不是免我思想，正是助我思想。"

在胡适的提倡与鼓励之下，学校创办了《吴淞月刊》，学生中也办起了《野

马》等许多刊物，出现了一种自由、主动、活泼的读书风气。

胡适也相当重视体育，曾亲自为全校运动会写了一首短歌：

健儿们大家上前。
只一人第一，要个个争先。
胜固然可喜，败亦欣然。
健儿们大家上前。
健儿们大家齐来。
全体的光荣，要我们担戴。
要光荣的胜，光荣的败。
健儿们大家齐来。

他所看重的不仅是学生体格的锻炼，而且重视运动场上对学生品格的培养，希望青年们养成一种堂堂正正的运动员风度。

对于学校中成绩突出的青年学生，胡适非常热心培养扶持，甚至有些偏爱，却也相当严格。在他看来，后进之辈皆可提携。当时文理学院的学生罗尔纲，平时一点也不活跃，在学校中默默无闻。但他成绩优秀，得过学校首届奖学金，文化史的论文也作得不错，很得胡校长的赏识。1930年夏，罗尔纲要毕业了。毕业前夕，他给胡适写了一封信，请求他介绍工作。胡适便约请罗尔纲做家庭教师，并收他做“徒弟”。罗氏在胡家先后五年，除指导祖望、思杜兄弟俩读书外，又帮助抄录整理胡铁花先生的遗集，并在胡适的指导下研究史学。后来，罗尔纲写了一本《师门辱教记》的自传，记述这五年跟胡适做“徒弟”的生活，颇为亲切生动。其中写道：“我一入师门，适之师就将‘不苟且’三字教训我，我以前谨遵师教。到了妻儿来北平后，为了要卖稿补助生活，一大部分文章不得不粗制滥作了……至今想起来还是一件痛心的事。”“我十分惭愧，又十分感激，当我每次发表这种文章的时候，就得到适之师给我严切的教训。”

胡适对罗尔纲的几次批评的确是很严厉的，但严厉之中却也能给人以启迪；而对罗氏的成绩，胡适也多有称许和鼓励。罗尔纲后来研究史学颇有成就，尤为太平天国史的著名学者，他自己认为，跟胡适的指导与严格要求是分不开的。

吴晗，当年名春晗，也在中国公学念书，亦是胡适的一个得意门生。在胡适讲授中国文化史课程时，吴晗得到胡适的指导和帮助，写出了他的第一篇学术论文《西汉的经济状况》，也得到胡校长的赏识。后来，胡适被迫离开中公，吴晗也离校北上，考入了清华大学历史系。胡适又介绍他在学校谋得“工读生”的机会，解决了经济困难，又亲书一副对联送给他：

大处着眼，小处着手；
多谈问题，少谈主义。

胡适还写信勉励吴晗，要他“训练自己作一个能整理明代史料的学者”；并在《大公报》上撰文，希望大学生们以吴晗为榜样，“埋头读书，不问政治”。吴晗那时确实深受胡适的影响，不仅把胡适送的对联挂在自己的房间里，也给胡适办的《独立评论》写文章，并且按照胡适的指导和要求，成了专治明史的著名学者。但是，作为热血青年的吴晗，看到黑暗腐败的现实，他又怎么安心坐在图书馆而无动于衷呢？他给胡适写信说：“处在现今的时局中，党国领袖卖国，政府卖国，封疆大吏卖国……翻开任何国任何朝代的史来看，找不出这样一个卑鄙无耻、丧心病狂的政府，也很难找到这样一个麻木不仁、浑浑噩噩的国民。”

他这些痛苦，不敢“向有党籍的人吐露”，因此只能向胡适倾诉，说自己“过去备受先生的训诲指导”，也希这时能给他“指示一条应走的路”。而此时的胡适却难以为力。后来吴晗思想转变，走上了与胡适相反的道路，成为一位坚强的民主斗士。

当时中国公学的学生中，还有一位吴健雄女士。后来她留学美国，胡适对她仍经常关心指导。她终于成了名满天下的物理学家，胡适常常以有这样的学生而自豪。吴健雄呢，对胡适的教导也终生不忘。1985 年，她应邀回祖国参加母校南京大学校庆纪念，对青年后生谈治学经验时，还说到胡适先

生对她的教导和关心，是她后来积极进取的动力。

为了培养学生，大学最重要的是要聘请好的教授。胡适接掌中公以后，虽受各方面条件的限制，还是努力延聘，罗致了一批英美留学生到校任教，使人文科学和社会科学方面的教授较为齐整。他聘请教授，有蔡元培的作风，不限资格，不分派系。如中国文学系，有王运闿的弟子马宗霍教先秦文学与《说文》，有左派作家白薇教戏剧，有陆侃如、冯沅君教古典诗词考释，有郑振铎、梁实秋教西洋文学等等。胡适又聘请高一涵任社会科学院院长，胡适自兼文理学院院长，还兼授“文化史”一门课程。他每周除了来校上课、洽商校务及主持各种会议和活动之外，大部分时间仍住在沪西极司斐尔路寓所，从事学术研究和写作。在任中公校长的两年间，出版了《白话文学史》上卷，《庐山游记》、《人权论集》，编校了《神会和尚遗集》，还写了收在《胡适文存三集》里的许多文章。这样一位饱学而勤奋的校长，在研究和写作方面有这许多成果，对教员，对学生，对学校的学风，影响深远。

胡适不拘资历，破格延聘沈从文来校任教，在中国公学曾传为美谈。

沈从文是湖南凤凰人，只念过小学，大兵出身。后来刻苦自修，创作小说，多发表在《现代评论》和《晨报副刊》上，成了《现代评论》的台柱子，颇得读者的喜爱。1928年春天，沈从文来到上海，与丁玲、胡也频夫妇合办《红黑》杂志和红黑出版社。他们三人有很深的友谊。后来胡也频被国民党政府逮捕杀害，沈从文曾多方奔走，协助丁玲设法营救。

沈从文因为一贯与新月社、现代评论派有些友谊，所以他始终有些羡慕绅士阶级，他已经不甘于一个清苦的作家的生活，也不大满足于一个作家的地位，他很想做一个教授。

那时候，教授的社会地位远比作家高，因为自学可以当作家、搞创作，却很难成学问家，当教授。沈从文也想当教授，但他没有学历，小说虽然写得好，却不能算学问，因此难进大学的门槛。

胡适原来就很器重沈从文，出任中公校长后，便聘请他来校教“小说习作”，破格提拔他当了教授。沈从文讷于言辞，小时候读书也很不认真，但教书却很认真。

为了给学生作习题举例，他随时用不同的艺术手法，写了表现不同生活题材的许多作品，在艺术上做了多方面的探求。这些作品，大多发表在《新月》杂志和《小说月报》上，是他在中公教书的一项相当大的收获。

沈从文在中公的最大收获，是找到了他的终身伴侣——夫人张兆和女士。据说这事也与胡适校长有些关系，得到过胡适的帮助。当时中公已实行男女同校，但女同学为数不多。张兆和女士心地善良，性格淳朴、沉静，又擅长球类运动，富于健康美，被公认为中公的“校花”。许多男同学争相追求，都被她一概拒绝。唯有教师沈从文锲而不舍，写了许多情书给张。她起初也不理睬，后来被缠不过，便去极司斐尔路找胡校长。进门时，张女士腋下夹着一个包裹，胡适见了，笑着说：“你何必送东西呢？”她打开包裹送到校长面前，说：“不是礼物，是沈先生寄来的一大堆信。请校长你看看。”显然，张女士此行的目的，是求校长干预，回绝沈先生；并且说：“他是老师，不能对学生这样！”胡适知道了张女士的来意，便笑着说：“师生恋爱并不犯法，在外国亦是常事，校长是不能干涉的。”谈了半晌，张兆和起身告辞，胡适送她到门口，将那包信退还给她，并劝说道：“你不妨回他一封信，以后仔细观察，如认为他并无恶意，做个朋友也好。否则，婚姻是不能勉强的。”胡校长侃侃一席话，无意中做了月下老，后来沈张恋爱居然修成正果，于 1933 年 9 月 9 日结婚了。

担任大使，步入政界

胡适赴欧洲游学期间，蒋介石和国民政府连续致电胡适，敦请他出任驻美大使。胡适颇有些踌躇。他曾经打定主意 20 年不谈政治，20 年不入政界。他的夫人江冬秀也总是劝他不要走到政治的路上去。这一年（1938 年）恰恰是他们结婚 20 年。这 20 年中，胡适早谈政治了；政界虽然也沾些边，却始终不曾正式出山做官。现在出山，觉得对不住妻子；但是国难当头，眼见民族危机，炎黄子孙能不勉力奔走吗？经过反复考虑之后，胡适最终复电政

府，答应出任驻美大使。

1938年9月17日，国民政府发文特任胡适为中华民国驻美利坚特命全权大使。10月5日，胡适赴华盛顿就任。这是他平生第一次当官，是在国家民族最困难的时期，当最困难的官。他曾作白话小诗一首，其词云：

偶有几茎白发，心情微近中年。
做了过河卒子，只能拼命向前。

1938年10月21日广州沦陷，25日武汉失守，胡适可谓是“受命于败军之际，奉命于危难之时”。10月23日，胡适勉励使馆人员“不要灰心”，他说：“我们是最远的一支军队，是国家的最后希望，绝不可放弃责守。我是明知国家危急才来的。国家越倒霉，越用得着我们。我们到国家太平时，才可以歇手。”

胡适作为学者任驻美大使，全无政客的深沉和韬略，而是以“诚实和公开”的态度，赢得别人的理解和信任，所以，人们赞誉他为“学者大使”。对于胡适使美的业绩，时人就有不同评价。王世杰认为胡适的“人格与信望”使他在驻美任上“较任何人为有效”；胡适的学生吴健雄说，她的美国朋友告诉她，“华盛顿政府上下人员”对胡适“都是崇敬备至”。王世杰也说，他亲见罗斯福给蒋介石的信上写有“于适之信赖备至”的赞语。日本政界听到胡适任驻美大使的消息后也给予了异常的关注，代表日本官方的《日本评论》曾发表评论说，日本需派出三个人一同出使，才可能抵抗得住胡适。那三个人是鹤见佑辅、石井菊次郎和松冈洋石，分别是文学的、经济的和雄辩的专家。而与上述观点相反的是孔祥熙：“适之不如儒堂”；宋子文则斥胡适之讲演为“空文宣传”，且隐喻其非“外交长才”。胡适出任驻美大使，颇有几分无奈。出于知识分子的良知和责任感，他才临危受命。由于外交是讲究利害关系的，没有纯粹的道义，它是一种务实的艺术，不是宣播道义的表演。而胡适毕竟只是个书生，因而他在大使任中便不免带有几分书生气。

珍珠港事变前，北平图书馆将数百部善本书运至华盛顿托美国国会图书馆代为保存。后者认为这是件文化大事，所以当该批书籍在国会图书馆开箱时，美国国务卿和该馆馆长特地敦请中国大使胡适，并派大员相陪，同往书库查看。谁知这位胡大使是个书迷，他一进书库，便如入宝山，情不自禁地席地而坐，旁若无人地看起书来。胡适一看就是个把钟头，把那些陪他前来而与善本无缘的外交大员和图书馆馆长冷落在幽暗的书库走廊。最后胡大使才从书堆里提着上衣笑嘻嘻地走了出来，和这批要员们大谈其善本的经纬。这件小事，在他们所谓外交使节的圈子里都被认为是有失身份的事，但是胡适我行我素而不自觉。当然也有人认为他是位学者大使，因而他的怪行反而传为佳话了。真所谓“真名士而自风流”！

事实上，胡适在美引人注目且发生较大影响的并非其外交活动，而是作为文化使节和一位杰出的演说家所从事的活动，即所谓的“行万里路，讲百次演”。1942 年上半年，美国《华盛顿邮报》载：“中国驻美大使胡适，最近 6 个月来遍游美国各地，行程达三万五千里，造成外国使节在美旅行之最高纪录。胡大使接受名誉学位之多，超过罗斯福总统；其发表演说次数之多，则超过罗斯福总统夫人；其被邀出席公共演说之纪录，亦为外交团所有人员所不及。”胡适做大使时也每向好友倾吐他行万里路、讲百次演的苦差事：“今年体质稍弱，又旅行一万六千英里，演讲百余次，颇感疲倦。我在此三年，不曾有过一个周末，不曾有一个暑假。”据他自己回忆：“本人在美任大使数年，赴全美各地演讲四百次之多。”胡适把讲演看成自己作为一个学者从事外交的最佳手段。应该说，中国抗战的决心和意义能被美国所了解并得到普遍的同情和支持，胡适的演讲是功不可没的，但一位处于关键职位的驻美大使却仅仅将演讲作为自己的主要工作，这里多少也体现出胡适大使的书生气。胡适热衷于演讲也被时人所诟病，宋子文就曾在公开场合对胡适的演讲表示不满，他对胡适说：“你莫怪我直言。国内很有人说你讲演太多，太不管事了，你还是多管管正事吧！”而更显胡适书生气的是，当他作行程三万五千公里的旅行，到处发表演说并传播中国的良好愿望和理想时，国民政府给了他三万美元作宣传费用，他将此款全部奉还并解释说，我的演说就是足够的

宣传，不需要任何宣传费用。

胡适在驻美大使任内，另一为时人所诟病的话柄是“只好个人名誉，到处领学位”。这也不无根由。胡适任大使以后，美国的一些大学慕名而来，纷纷赠以荣誉博士学位。据统计，胡适四年大使期间竟领得二十七个荣誉博士学位。当然，如若此事是在和平时期，或者胡适只是一个单纯的学者，各大学赠以荣誉博士之学位，胡博士欣然受之，本也无可厚非，或许也是一段佳话。但作为战时的驻美大使，百务缠身，却花费如此多的时间和精力来接受学位，怎么说也有不务正业之嫌。正如他的学生傅斯年婉言批评的那样：“此自非坏事，但此等事亦可稍省精力，然后在大事上精力充足也。”对于荣誉博士学位，胡适自己也知道并无多大实际价值，“这些玩意儿，毫无用处，不过好玩罢了”。但胡适博士对此却依然乐此不疲，我行我素。胡适如此行事，却也不脱书生本色，单纯得可爱。又据时人传言，胡适主持大使馆馆务，用的是无为而治的办法，让各部门的人各司其职，自己向来不亲细事。傅斯年曾写信提醒胡适注意此事：“当时熟人中之传说，有可注意的几点：馆中staff（职员班子）始终未曾组织好，凡事自办，故efficiency（效率）难说……又言馆中纪律亦缺乏……此事似值得考虑也。”此事也显出胡适大使的书生气。

1942年8月15日，胡适收到免去他大使职务的电报。他本来无心做官，是为国家民族的危难才勉力出来任事的；太平洋战争爆发以后，他便想寻一个机会，决心求去。收到免职电报的当天晚上，即复电中枢，表示感谢。9月8日，便交卸了差事，18日便离开双橡园使馆，告别华盛顿，移居纽约，重新开始他的学术生涯。

一介书生，被选“总统”

1947年12月中旬，蒋介石为了搞好同美国的关系，力劝时任北京大学校长的胡适，再次出任驻美大使。美国则基于对蒋介石的不满，便想在华扶植“第三势力”，希望国民党政府能够容纳“自由主义分子”。为此，美国驻华大使司徒雷登便借国民党“行宪”之机，极力怂恿胡适出来竞选总统。1948 年 1 月中旬，同样得到美国支持并准备参加副总统竞选的李宗仁也致信胡适，劝其“参加大总统的竞选”。但胡适却表示：“我从没有作竞选总统的打算和考虑”，并主张“总统应由政党的代表产生出来”。

3 月 29 日，“行宪”国大开幕后，蒋介石为应付来自美国的压力，将计就计，表示准备请胡适出任总统，自己出任行政院长。为此，3 月 30 日下午，总统府秘书长王世杰受命向胡适传达了蒋介石的意见，但胡适一直摇摆不定。

蒋介石见胡适犹豫不决，决定于 4 月 3 日夜亲自找胡适谈话。这使胡适受宠若惊，终于上了圈套，答应了蒋的请求。

4 月 4 日，国民党举行临时中央执行委员会全体会议，讨论总统提名人选问题。会议一致推举蒋介石为总统候选人，但蒋介石却拒不接受，并明确表示，第一任总统应具有下述之条件：①了解宪法，认识宪政，确保宪政制度；②富有民主精神及民主思想，且为一爱国之民族主义者，根据宪法，实现三民主义，建立民有、民享、民治之中国；③忠于戡乱建国之基本政策；④深熟我国历史、文化及民族传统；⑤对当前之国际情势与当代文化有深切之认识，借而促进天下一家理想之实现，并使中国成为独立自尊的国家，处于国际大家庭中之适当地位。为此，蒋介石建议：“吾人可提一具有此种条件之党外人士出任总统候选人，并支持其当选。我愿担任政府中除正副总统外之任何职责，协助总统以实现宪法中之民主原则。为国家人民利益之故，我深信我不应竞选总统。此不仅为谦让之故，而是诚恳之信心。总而言之，我建议我党提出一卓越之党外人士为总统候选人。”

蒋介石之所以“谦让”，并非真的要让胡适当总统，而是其惯用的以退为进的一种手段。他在推举胡适的同时，就曾明确表示：“中正身为本党领袖，为本党当然之总统候选人。”但按照 1946 年底“制宪”国大通过的《中华民国宪法》规定，总统权力要受到诸多限制，这是一直习惯于大权独揽的蒋介石所不满意的。因此，他才表示宁愿屈就有“实权”的行政院长，也不愿当“有

职无权”的总统。但是国民党的大多数党员已长期习惯于以党的领袖与总统置于同等地位，把总统与控制政府置于同等地位了。因此，蒋委员长的提议极遭反对，理由是国民党对政府的控制将因而削弱，而且目前的危机是要使国家有一个有力的舵手。

既然国民党人认为总统非蒋莫属，而蒋介石又不愿当“有职无权”的总统，这就需要找出一个解决办法。当然，最简单直接的办法就是修宪，扩大总统职权。但“宪法甫见施行，如即予以修正，亦多不妥之处”，而且“尤为少数党所不愿”，怎么办？程思远回忆，在4月5日上午的国民党中常会上，张群表示：“总裁并不是不想当总统，而是依据宪法的规定，总统并没有任何实际权力，它只是国家元首，而不是行政首长，他自然不愿任此有名无实的职位。如果常会能想出一种办法，赋予总统以一种特权，则总裁还是愿意当总统候选人的。”于是，中常会随即推举张群、陈布雷、陈立夫三人去见蒋介石，当面征询意见，得到首肯。下午，王宠惠据此在中常会上提出：“我们可以避开宪法条文的规定，在国民大会中通过一项临时条款，赋予总统在特定时期得为紧急处分的权力。”随后，国民党中常会做出决议：“总裁力辞出任总统候选人，但经常会研究结果，认为国家当前的局势，正迫切需要总裁的继续领导，所以仍请总裁出任总统，以慰人民喁喁之望。常会并建议在本届国民大会中，通过宪法增加‘戡乱时期临时条款’，规定总统在戡乱时期，得为紧急处分。”这样，蒋介石在经过一番“谦让”，得到“紧急处分”之权的保证后，终于答应出任总统候选人，而胡适的总统梦则由此迅速破灭。

蒋介石的目的达到以后，随即让王世杰转告胡适，说自己的计划因国民党中委们的反对而无法实现，从而安抚空欢喜一场的胡适，尽快了结这一骗局。于是，王世杰再次奉命来看胡适，“代蒋公说明他的歉意”。

4月8日晚，蒋介石约胡适到官邸吃饭，当面向胡适表示歉意。

4月18日，国民大会正式通过《动员戡乱时期临时条款》，授予蒋介石超越宪法之外的“紧急处分”之权。19日，国民大会又以2430票的绝对多数选举蒋介石为中华民国第一任总统。这样，蒋介石终于如愿以偿地通过“民主”方式当上了“合法”的实权总统。5月20日，蒋介石宣誓就职后，随即开始行使总统职权，提名行政院长组织政府。当时，国民党中常委黄宇人曾就此发言道：“何以不提胡适之？”蒋介石听后面色一沉说：“书生不能办事。”此言可谓一语中的，真正表露了蒋介石的真实想法。由此可见，胡适在蒋介石眼中不过一介书生，根本“不能办事”，哪能做什么总统呢!

“哄堂听胡说，酒醉上海滩”

1917年7月，26岁的胡适完成七年的留美学业，于9月10日就任北京大学英文学、英文修辞学和中国古代哲学三科教授。

胡适就任教授后，把自己苦学奋进得来的深厚的英文和中国古代哲学之基础，运用于教学实践，特别是以他的博士论文《中国古代哲学方法之进化史》为主线，充实提高，自编讲义，打破了大学教坛的习惯教法，并在1919年2月出版了他的《中国哲学史大纲》(上卷)，闻名全国，大受称赞。

胡适一完成留美学业，即就任北大教授，是由北大文学院长陈独秀和校长蔡元培鼎力提携而破格聘用的。蔡元培和陈独秀两人同岁，都是1879年出生，按中国生肖属相为属兔。而后生胡适，是生于1891年12月，刚好少于他俩12岁，也属兔。当时有人戏称:“北大添个年青人，玉兔常伴月照明。”北大是我国首屈一指的名牌大学，年轻胡适初露头角，是治理北大的“三大台柱之一”。

胡适就任北大教授，以最好的“教书匠”著称，但他更能“快友”交谈，加上个能说会道的嘴巴，讲得比写得更好。胡适当年在北京大学红楼内外，聚天下英才而讲之。讲台之下，笑声四起，掌声如雷。有时“说瘾”大发，对学生讲起课来，与朋友吹起牛来，天花乱坠，南腔北调，天空海阔，文白齐鸣，白话口语，之乎者也，也全然不顾了。有一次，胡适应邀到某大学讲演，他引用孔子、孟子、孙中山先生的话，在黑板上写:“孔说”、“孟说”、“孙说”，越说越来瘾，最后他发表自己的意见时，竟在黑板上写了“胡说”，引

起一场“哄堂听胡说”的大笑话来。

胡适曾有“酒醉上海滩”的历史。1910年3月22日夜，他在上海一家堂子里喝醉了酒，回家途中与巡捕厮打，被带进捕房，关了一夜，罚款五元，心里百分懊悔，想起“天生我材必有用”的诗句，发誓从此改过。此后闭门读书，7月考取第二期“庚款”留美官费生。但他的嗜酒习惯仍时有发作，胡适有一句口头禅：“宁要大碗酒，不要小碗茶。”因为古老徽州，他家乡绩溪好客礼貌，喜迎贵宾，先要泡上一碗“碗头茶”，是用一种高级的景德镇瓷碗配有瓷盖、瓷托或金黄铜托，小巧玲珑，一派古雅。胡适在北大任教之余，曾作“旧瓶新酒”一词的考据，他说“旧瓶新酒”是西洋古谚，其出处在《马可福音》第二章，犹太人用羊皮装新酒，而不是用玻璃瓶装酒，是翻译错了的缘故。据此可见胡适之喜酒了。1930年12月，胡适40岁生日，又恰逢北大建校32周年，举行了庆祝。据当时报载，在胡适的寓所宴会上，其妻江冬秀赠夫“止酒”戒指一枚，力劝戒酒。被称为“两代学人，一对挚友”的张元济先生，大了胡适24岁，张在上海读到报纸后，特制联语一副补赠胡适之先生四十大庆。其联语云：

我劝先生长看蓄贤间戒指从今少喝些老酒，

你做阿哥好带了小弟北大享个无限的遐龄。

胡适一生获得多少博士及荣誉博士学位，大陆与台湾学者说法不一。大陆见于报章杂志的文字也不一致。据说台湾学者认为胡适有三十九个博士学位，大陆有三十六个博士学位的异言。

胡适的别号、笔号、绰号有多少个，少见于报端。已知有四十余个，多于他的博士学位。以下几个则鲜为人知。

一为“子供”。1906年夏，胡适考入中国公学，时年只14岁，而中国公学第一期中，他的年纪最小，个子矮，多数同学都比他大，使他得了一个日本人的绰号“子供”，即小孩的意思。

二为“大书箱”。胡适5岁时开始念“四书”、“五经”、《孝经》、“小学”

和《百家姓》、《千字文》。8 岁就能懂《资治通鉴》。在二三十年代，海内外学者和留学生，都认为书读得最多的，数不出几个，如果严格地讲，胡适首屈一指，所以当时胡适得了一个“大书箱”的绰号。

三为“黄蝴蝶”。1916 年 8 月，胡适写了一首“窗上有所见口占”的“尝试”白话诗。开头两句是“两只黄蝴蝶，双双飞上天”。当时写白话诗，有大逆不道之嫌，常为人攻击与讥讽。古董文人黄侃在《文心雕龙札记》中，大骂白话诗为“驴鸣狗吠”，直呼胡适为“黄蝴蝶”。

四为“著作监”。1917 年胡适留美回国，即受聘北京大学任教，时年 26 岁，是最年轻的教授，颇有点名气，又因他积极提倡白话文，早在 1916 年写过《读章太炎〈驳中国用万国新语说〉后》一文。章太炎时为赫赫有名的国学大师，一生重视国学，最反对胡适所提倡的“白话文”。认为白话文虽然浅显易懂，但将来就没有“文人”了。章、胡同在北大任教，就更有“文人相轻”之意，曾有“以适之为大帝，绩溪为上京”的非议。章太炎不但在教师、文人圈内外，一有机会就要贬胡适，且语言尖酸刻薄。有时在学生中，也戏称胡适是“著作监”。学生不懂什么意思，就请教老师。章太炎即说：“著作者，写书著书也；监者，太监也！太监者，下面没有也！胡适著作《中国哲学史大纲》上册，而下册没有也，故曰著作监也！”一时在北大校园内外“著作监”的绰号也不胫而走。

五为“候博士”。胡适于 1917 年 4 月在美国哥伦比亚大学完成《中国古代哲学方法之进化史》的博士论文。5 月 22 日，进行了博士学位的最后考试——口试，其实未得正式的博士证书。回国后胡适博士的名声在外，就这样胡适博士的荣名提前用了十年。哥大于 1927 年才正式补发博士学位证书。在 1939 至 1941 年胡适任美国大使期间，穿梭如织地来往于外交礼节和公共场所。据说外国人对胡适的名字发音难于确切，就被喊作“候博士”、“候大使”了。胡适自己也大大方方地默认和答应，于是又有一个“候博士”的绰号。

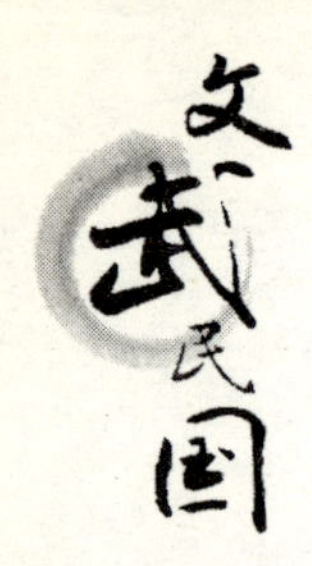

新“三从四德”，始作俑者

胡适13岁时，由母亲做主与大他一岁的乡下姑娘江冬秀订婚。之后，胡适赴美学习，前后14年不曾见面，直到1917年，学成归国方才回家乡完婚。婚后，胡适回到北京大学教书，江冬秀在家照顾母亲，直到隔年夫妻才团圆。自此以后，江冬秀总是伴随着胡适，胡适亦对她不离不弃，以至友人曾戏言：“胡适大名垂宇宙，小脚夫人亦随之。”这对学识和个性天差地别的夫妻，从吵吵闹闹到认命厮守，有趣的故事实在不少。

江冬秀出身于安徽绩溪邻县旌德江村书香世家。她的父亲是“瘾君子”。她的母亲吕贤音出身（旌德）庙首官宦世家，其祖父吕朝瑞是一科一甲探花，其父（江冬秀的外公）吕佩芬，进士出身，任翰林院编修，光绪末年，曾筹划安徽铁路有限公司。江冬秀的外公本家吕凤岐、吕碧城父女文才名传一时，尤其是碧城女士一代巾帼，是秋瑾好友、女权运动先驱、慈善家……传统的世家名门、杰出人物的熏陶，使自幼就缠了小脚的江冬秀在待人处世作风上倒是恢弘大度，不乏大家风范。

胡适与江冬秀联姻，纯粹是“父母之命、媒妁之言”式的封建包办婚姻。在胡适13岁那年，胡母冯顺弟与江母吕贤音在一次乡间庙会上认识了，各自说起了自己即将成年的孩子，然后由塾师说媒，再由算命先生神乎其神地推算“八字”，然后到灶神爷前求签，一桩旧式婚姻就这么给定了下来。

胡适聪明活泼，相貌端正。江冬秀相貌平平，短腿，小脚，眼有翳子。但江家经济上比胡家优越。

订婚后的一个月，胡适走出皖南大山，到上海求学，继而留学美国，一直到14年后，也就是1917年12月30日结婚的时候，才与未婚妻第一次谋面。

14个春花秋月轮回，是何等漫长！在胡适去美国读书期间，江冬秀每年不定时到上庄村去伴婆婆，像童养媳似的，早上起得很早，在天井里扫地。一位亲戚觉得很奇怪，问她为什么要自己扫地。她眼泪掉下来了，说：“这

里全家大小都做事，我怎么好意思不做事？”后来江家知道了，买了个丫头送来，但冯氏仍要她做事。1911 年 5 月 21 日，胡适留美的第二年，在康奈尔大学农学院给江冬秀写了第一封信。

冬秀贤姊如见：

此吾第一次寄姊书也。屡得吾母书，俱言姊时来吾家，为吾母分任家事。闻之深感令堂及姊之盛意，出门游子可以无内顾之忧矣……前曾于吾母处得见姊所作字，字迹亦娟好可喜。惟似不甚能达意，想是不多读书之过。姊现尚有工夫读书否？甚愿有工夫时能温习旧日所读之书。如来吾家时，可取聪侄所读之书温习一二。如有不能明白之处，即令侄辈为一讲解。虽不能有大益，然终胜于不读书，令荒疏也……

之后，胡适还好几次给他的未婚妻写信，写得文质彬彬，温存体贴，并且循循善诱地要求她“读书”与“放足”。

远在美国的胡适一度坠入与韦莲司的精神之恋网。消息离奇地传到深山小村上庄，说什么胡适与洋女子结婚，生了小孩……冯氏赶紧去信询问。胡适十分认真地给母亲写了封长信表明：“儿久已认江氏之婚约为不可毁，为不必毁，为不当毁……”他在美国毕业前夕，将毕业照直接寄给了江冬秀，以表心迹。

梁实秋曾说：“‘五四’以来，社会上有很多知名人士视糟糠如敝屣，而胡适先生没有走上这条路。”

45 年夫妻生活在动荡的岁月里，是一个漫长但也是一个有趣的、耐人寻味的人性磨合过程。江冬秀给胡适的“见面礼”便是对“西湖烟霞洞事件”的反击。结婚泯灭不了胡适多情的本性。胡适年方而立，风度翩翩，是一颗多情的种子。1923 年，胡适与在杭州师范读书的同乡、当年婚礼上的伴娘曹诚英，在西湖烟霞洞演了一出荡气回肠的恋情话剧，随着时光的流逝，此事被新月诗人徐志摩（在北大讲学，住在胡适家）讲出去了。当年跟在胡适身边养病的侄儿思聪也一不小心露了口。

这时的主妇江冬秀已经老练了，得知这个“飞来横祸”，她不号啕大哭，也不作河东狮吼，只见她操起一把菜刀，一手搂住只有2岁的小儿子思杜，一手拖住大儿子祖望，顷间将刀勒向自己的脖子，对胡适声泪俱下叫道：“你好！你好！你要那个狐狸精，要和我离婚！好！好！我先杀掉你两个儿子！再杀我自己！我们娘儿仨都死在你面前……”

这恐怖凌厉的场面把胡适镇住了，他既不敢开口提半个“离”字，也不敢同曹家妹子公开来往，安心与江冬秀琴瑟相调过日子。

有时江冬秀发脾气，嗓门高了，要面子的胡适就躲进卫生间，借漱口故意把牙刷搁进口杯里，将声音弄得很响，以作“掩耳”。

其实胡适的脾气是最好不过的，除了从母亲那里继承来的“忍耐”之外，还大度量地为他人着想，何况是自己的太太，“情愿不自由，便是自由了”。由此，衍生了他的家庭哲学“三从四德（得）”。

“三从”者，一谓“太太出门要跟从”；二谓“太太命令要服从”；三谓“太太说错了要盲从”。“四德（得）”者，一曰“太太化妆要等得”；二曰“太太生日要记得”；三曰“太太打骂要忍得”；四曰“太太花钱要舍得”。

胡适的怕老婆并非猥琐、可怜，而是富有情味、颇有乐趣的。不仅如此，他还积极付诸行动——在世界范围内收集“怕老婆的故事”。胡适自己说过，在他赴美做大使任上，有位记者来采访他，说他是个“收藏家”，一是收藏“洋火盒”（火花），二是收藏荣誉学位（名誉博士），云云。其实他真正的收藏，是全世界各国怕老婆的故事。这个很少有人知道。这个很有用，的确可以说是他极丰富的收藏。在收藏过程中，胡适还悟出了一点儿道理——“在这个（怕老婆的故事）收集中，我有一个发现，在全世界国家里……凡是有怕老婆故事的国家都是自由、民主的国家；反之，凡是没有怕老婆故事的国家，都是独裁的或者极权的国家。”

胡适收藏“怕老婆的故事”的同时，还收藏“PTT”（“怕太太”）铜币。此举缘起一位朋友从巴黎寄给他十几枚法国钱币，币面铭有“PTT”字样，胡适一下联想起“怕太太”三个字的拼音首字母，于是就发起成立“PTT”

协会，会员证章就是这枚“PTT”钱币。胡适晚年还在热衷此事。1961 年，他的朋友李先生在巴黎收集到了十几枚“PTT”币，托叶先生带给在台北的胡适。胡适同时买了六七本意大利怕老婆的故事书，连同“PTT”币交董显光转给华盛顿“PTT”俱乐部会长。他给他的秘书胡颂平还讲了抗倭名将戚继光怕老婆的故事。

江冬秀真是那么个“悍妇”吗？非也。抗战之初江冬秀还不到 50 岁，五短身材，体形发福，讲话一口京腔，穿着朴素，看上去总是很整洁，脸上常常带着慈祥的笑容，又很讲礼貌，雍容大方，有点贵妇人的气派。

旁人都爱议论的，是江冬秀那双小脚。她的小脚只是肥了一点，小脚上总是穿一双有后跟底的很小号的皮鞋——穿那种皮鞋，鞋头要塞一些棉花才合脚。在 20 世纪 30 年代，缠小脚的老太太还很普遍，流行的是穿平底绣花鞋。大概穿皮鞋她才觉得有点时髦。

胡适手指上有枚“止酉”戒，那是在他 40 岁生日时，他太太专门定制，给他戴上去的。因为胡适患有心脏病，江冬秀苦心孤诣想出了这一招。

江冬秀文化不高，老写白（别）字。不写白字，不是满口熟练的京片儿，那就不是江冬秀了。这里有一封这位“大名垂宇宙”的博士太太 1938 年 12 月 8 日，从上海写给在美国大使任上丈夫的一封家书（白字或病句括号内做了更正）：

xing（　）：

今早报上说你因身体不适，进某医院疗养，我看（了后）吓我一大跳！盼望不是大病。但是你要（是）没有几分病，不会住医院，是（使）我很不放心。盼望老天爷开眼,就（让）病好了罢。是不是牙痛病见（现）痛凶了？我只有靠天福保佑你，祝你康健。我实在不能回想（忆）了。你（以前生）一两次的病,大半我都在（你）身边多（“多”字应删去）。回（否）则在国内，信电都方便，现在心想打（发）个电报都不敢（能）。可怜到我们这个地步，做人太难过了。

开门见山，直白自己的感情，女性特有的爱怨五味俱下，比起那个时代

套用典故，文绉绉的尺牍，不知高明多少了。怪不得胡适曾说：“病中得她书，不满八行纸。全无紧要话，颇使我欢喜。”就在这封慰问信中，江冬秀还老实不客气地直奔另一个主题：“你的脾气好胜，我一晚不睡觉，望你平身（心）气和，修养修养罢。你的师姐师妹要把我们全全（全家）送掉，也是前世遭击（造孽），现世出这一班宝贝。想开点罢！干（甘、安）心完了。”

江冬秀丝毫没有忘记当年胡适康奈尔大学时期的“师姐”韦莲司、哥伦比亚大学时期的“师妹”莎菲以及曹诚英“这一班宝贝”。接着笔调又一转，回归正题，江冬秀始终主张胡适教书做学问，反对胡适出去做官，她直白道：“你现在好比他们叫你进虎口，就要说假话，他们就爱这一套。你在大会上说老实话，你就是坏人了。我劝你早日下台罢，免受他们这一班没有信用的（小人）加你的罪，何苦呢……你看了我这封信，又要怪我瞎听来的，望你不要见怪我吧。我对与（于）你，至少没有骗过你呀。”

江冬秀有个异于胡适的特殊爱好，就是搓麻将。江冬秀的搓麻将是出了名的。她做了胡适太太后，除露一手烧徽州菜、指挥保姆干活外，就无限制地战“围城”，从北京搓到战时上海，战后又搓到北平，再搓到纽约，战线绵延她的大半生。战绩嘛，她可以说战无不胜。

如果说胡适和江冬秀的婚姻有秘诀，那就是一个“怕”字。对于胡适来讲，有时怕，有时不怕，有所怕，有所不怕，这分寸拿捏得恰到好处。这其中滋味，如鱼饮水，冷暖自知。

梅贻琦：维护“斯文”，尊重学术

梅贻琦，字月涵，为梅曾臣长子。自1914年由美国学成归国，即到清华担任教授。1931年，他出任清华校长，自此后一直到他在台湾去世，一直服务于清华，因此被誉为清华的“终身校长”。在他的领导下，清华才得以在十年之间从一所颇有名气但无学术地位的学校一跃而跻身于国内名牌大学之列。

教授治校，无为而治

20年代末至30年代初，清华校长屡屡更迭，任期都很短。很大程度上是由于这些校长往往挟政治势力而来，与清华历来盛行的学术独立于政治潮流之外的自由主义传统相悖，如罗家伦、吴南轩等校长是带着国民党的“政治任务”来改造清华的，乔万选任校长则是阎锡山的势力介入清华的结果。这些校长接连被师生们驱赶，甚至被拒绝进门。对于清华教授治校的“土制度”，他们都有点不太情愿。1930年罗家伦辞职后，清华经历过11个月没有校长的时期，这一时期，由校务会议代理处理校务。鉴于文学院院长与理学院院长相继因事离校，教务长与秘书长又因校长被驱逐而先后辞职，原校务会议实际上出于瘫痪状态，教授会趁机向教育部争取到选择院长、代理教务长与代理秘书长的临时权力。这样，教授会在这种特殊的条件下实际权力骤然扩大，一跃而为全校的最高权力机关。校务会议与评议会的全体成员，均由教授会选举

产生，并对其负责，校务会议与评议会就成了教授会的常设机构。教授治校的局面，至此得以形成。

清华校长“虚悬”，各方一时提出了许多人选。最让清华人期盼的，大约还得是与本校有长期关系，深入了解本校校风，并能将其发扬光大的人物。就这样，经过反反复复，一再物色，经教育部部长李书华引荐，梅贻琦终于浮出水面。

梅贻琦恂恂儒雅，为人谦和，处事有条不紊。更重要的是，在感情上和对教育的基本观点上，他与清华的广大教师是一致的。在校多年任教，并在教务长任上表现出了较强的学术行政能力，使他得到了清华师生的认同。梅贻琦尊重清华“教授治校”的民主传统。他常称自己“无为而治”、“吾从众”。这并不是他没有主见，而是充分尊重教授们的治校意见，他往往在大家热烈的讨论中折中定夺，让大家都能满意。这也就是梅贻琦治校成就卓著的一大秘诀。因此他才能连任校长多年，使清华日渐发达。

梅贻琦出任校长的时候，国内情势风雨飘摇，学潮起荡，尤以北大清华为甚。以清华来说，驱逐校长的运动可以说是此起彼伏，但是无论什么时候，清华的学生们的口号都是“反对 ×××，拥护梅校长”。梅贻琦为人重实干，时人称之为“寡言君子”，有一句话可以作为佐证，他说：为政不在多言，顾力行何如耳。

梅贻琦从 1931 年起担任清华大学校长，在他任校长之前，清华师生赶校长、赶教授是家常便饭，校长在任时间都不长。有人问梅贻琦有何秘诀，梅说：“大家倒这个，倒那个，就没有人愿意倒梅（霉）！”

据冯友兰回忆，当时有一个中心的思想，就是大学的主要工作是传授和研究学术，有大师才能其为大学，没有大师就不成其为大学。梅贻琦曾说：“一个学校，有先生上课，学生听课，这是主要的。为了上课听课，就必须有些教具以及桌椅之类。因此也需要有人管这些方面的事。一个学校的校长就是管这些事的人。”

1940 年 9 月，在昆明的清华师生为梅贻琦服务母校 25 周年举行了一次

公祝会。梅贻琦在答辞中有一段很中肯又很有趣的话，形象地说明了他作为校长的地位："清华这几十年的进展，不是而亦不能是某人的缘故。是因为清华有这许多老同事，同心协力地去做，才有今日……现在给诸位说一个比喻，诸位大概也喜欢看京戏，京戏里有一种角色叫'王帽'，他每出场总是王冠整齐，仪仗森严，文武百官，前呼后拥，煞有介事。其实会看戏的，绝不注意者正中端坐的'王帽'，因为好戏通常是并不由他唱的，他只是因为运气好，搭在一个好班子里，那么人家对这台戏叫好时，他亦觉着'与有荣焉'而已……"作为校长，他认为自己不是什么掌握了多大权力的"官"，而是在学术的传授和研究上负有创造条件、改善条件职责的一人。晚年梅贻琦在台湾接任"教育部"部长时致词中提醒同仁：希望多注意"教育"，而少关心"部"。前后几十年，他的态度是一贯的，那就是教育机构要多做些推动教育、推动学术发展的事情，千万不能演变成一个官僚衙门。

1931 年 12 月，梅贻琦正式到校视事。在全校集会上发表就职演说，提出他办学的至理名言：一所大学办得好不好，主要看有没有好教授。"所谓大学者，非谓有大楼之谓也，有大师之谓也"更成为广为流传的名句。他认为好教授不是肯花钱就能请到的，好教授也不只是学问优长的学者。他说："我们的智识，固有赖于教授的指导指点，就是我们的精神修养，亦全赖有教授的 inspiration。但是这样的好教授，绝不是一朝一夕所可罗致的。我们只有随时随地留意延揽而已。同时对于在校的教授，我们应该尊敬，这也是招致的一法。"他还说："凡一校精神所在，不仅仅在建筑设备方面之增加，而实在教授之得人。本校得有请好教授之机会，故能多聘好教授来校。这是我们非常可幸的事。从前我曾改易《四书》中两语：'所谓大学者，非谓有大楼之谓也，有大师之谓也。'现在吾还是这样想，因为吾认为教授责任不尽在指导学生如何读书，如何研究学问。凡能领学生做学问的教授，必能指导学生如何做人，因为求学与做人是两相关联的。凡能真诚努力做学问的，他们做人亦必不取巧，不偷懒，不作伪，故其学问事业终有成就。"

梅贻琦理想中的教授，是德才兼备的；梅贻琦理解的"教育"，并不是

单纯的知识灌输，而是包含知识、情感、意志等因素全面发展的全人格教育。今天，我们在大学教育中，延揽人才者无算，有几人考虑到了梅贻琦人格教育的这一层？

梅贻琦上任后，将延揽一流师资看作“努力奔赴第一事”。一方面他充分尊重原教授队伍并充分发挥其作用，另一方面又多方礼聘。据黄延复教授统计，从1932至1937年，先后聘来校的国内外名师（包括一些当时即已崭露头角的新秀）达百数十人，其中包括不少外籍学者，加上罗家伦校长集中聘请的那一批教授，20世纪30年代清华园内名师荟萃，极一时之盛。

清华的文、理两学院历史悠久，基础很好，而工学院则是后起之秀，这与梅贻琦的大力建设紧密相关。梅贻琦在原有土木工程系的基础上添设机械、电机两系，组成清华工学院，自兼院长。后由顾毓琇任院长。从1934年起，清华与资源委员会合作开设航空讲座，进行航空实验，建立亚洲最大的航空实验风洞等，这是清华航空系的前身，又是旧中国航空的开端。这一时期，为清华以后的工科发展打下了坚实的基础。到1936年时，清华工学院的学生已占全校总人数的1/3强。

那时候的风气是工科至上。政府一再明令发展理工，抑制文法，学生们为了出路好，也乐于往工学院挤。梅贻琦虽然花了很大力气建设清华的工学院，但他并不轻视文法。1933年，他在秋季开学典礼上说：“理工为实用学科，固宜重视，但同时文法课程，亦不宜过于偏废。就本校说，最初办理较有成绩的理科之外，文法数科亦并不弱。现在本校工院初创，理工方面固应亟谋发展，但于文法各系也要使它有适当的进展。这一点外人不免忽视。”同年秋，清华开始实行文法学院大一不分院系，工学院大一分院不分系的措施。这种制度旨在加强学生的基础，拓宽学生的视野，避免过早进入专门研究的弊端。学生在这种制度下可以较多地照顾到个人兴趣，转系也不难。这是对清华的通才教育传统一个重大发展。事实证明是合情合理的，清华以后名家辈出，与这种“底子厚，后劲大”的制度息息相关。这一时期，清华还开创了与国外进行学术交流的先河。1933年，首先与德国约定互派研究生，设置科学讲座等制度，先后约请哈达玛、维纳、华敦德等国外第一流学者来校作长期或短期讲学。

总之，从1931年到任至抗日战争爆发起，在不到6年的时间里，而且是在华北局势动荡不安的情况下，梅贻琦在校政、教学、学术研究、学风、人才等诸多方面擘画精详，成绩卓著，开创了清华历史上的第一个“黄金时代”。

联大八年，患难深情

自1937年“七七事变”起，平津各大学不能开学。当时北京大学、清华大学和南开大学三校校长均在南京，遂决定在长沙设临时大学，由三校校长和教育部派代表组成委员会领导校务，使三校师生先行上课。1938年2月学校迁到昆明，改称西南联合大学。由三校校长任常务委员，校务由常委共同负责。联大设有理、文、法、工、师范五个学院。下分各系，大致仍用三校旧制，稍加合并，如地质、地理、气象合为一系，历史、社会合为一系。联大成立后，三校不再招生。三校学生均为联大学生，联大学生均为三校校友。三校教授由三校自聘，通知联大加聘、排课、发薪。联大这种体制一直维持到抗战胜利的第二年——1946年，前后共8年。

联大成立之初，南开大学校长张伯苓对北大校长蒋梦麟说：“我的表你戴着。”这是天津俗语“你做我代表”的意思。蒋梦麟对梅贻琦校长说：“联大校务还请月涵先生多负责。”三位校长以梅贻琦先生最为年轻，他毅然担负起这一重任，有时教务长或总务长缺员，他就自己暂兼，认真负责，受到尊敬。蒋梦麟常说，在联大我不管就是管。这是实话，从而奠定了三校在联大八年合作的基础。

北大、清华和南开三校都是著名专家学者荟萃的地方。各校有各校的光荣历史，各校有各校的校风，也各有其不同的经济条件。经过长沙临时大学5个月共赴国难的考验和3500里步行入滇的艰苦卓绝锻炼，树立了联大的

新气象，人人怀有牺牲个人、维持合作的思想。联大每一个人都是互相尊重，互相关怀，谁也不干涉谁，谁也不打谁的主意。学术上、思想上、政治上、经济上、校风上，莫不如此。后期，外界虽有压力，谣言不时流布，校内始终是团结的。抗战胜利后，还在昆明上课一年，这也是了不起的。在联大八年患难的岁月里，梅校长始终与大家艰苦与共，是大家经常提到的。

1941 年 4 月，清华大学在昆明拓东路联大工学院举行 30 周年校庆，张伯苓校长自重庆告诉南开办事处的黄子坚说，清华和南开是“通家之好”，于是黄子坚在会上大作“通家”的解释，指出清华的梅校长是南开第一班的高才生。接着，冯友兰上台说要是叙起“通家之好”来，北大和清华的通家关系也不落后，北大文学院院长（指胡适）是清华人，我是清华文学院院长，出身北大，此外还有其他很多人。两人发言之后，会场异常活跃，纷纷举出三校出身人物相互支援的情形。但是几乎所有的人都感到联大的三校团结，远远超过了三校通家关系之上。

在联大成立前，三校就有过协作。除了互相兼课和学术上协作之外，行政上也有协作。那时大学都是单独招生，考生一般要投考几个大学，异常疲劳。就在 1937 年暑假，清华和北大共同宣布联合招考新生，共同出题，共同考试，分别录取。考场设在故宫，考试桌椅都已运进去，社会上传为“殿试”，后因卢沟桥炮响给冲垮了。这是校际协作的先声。

抗战期间，物价上涨，供应短缺，联大同人生活极为清苦。梅校长在常委会建议一定要保证全校师生不断粮，按月每户需有一石六斗米的实物，租车派人到邻近各县购运，工作是份非常艰苦和危险。幸而不久得到在行政部门工作的三校校友的支援，一直维持到抗战胜利。这又是一桩大协作。

在昆明生活极端困难的时候，清华大学利用工学院暂时不需用的设备设立清华服务社，从事生产，用它的盈余补助清华同人生活。这事本与外校无关。梅校长顾念北大、南开同仁同在贫困，年终送给大家相当于一个月工资的馈赠。

梅贻琦校长生活朴素，他的那件深灰色的长袍在四季皆春的昆明，是大

家天天看得见的。1941年7月，梅贻琦和郑天挺、罗常培两先生在成都准备转重庆回昆明，梅校长联系机票，恰好又得到搭乘邮政汽车的机会。邮车是当时成渝公路上最可靠的交通工具。梅校长觉得邮车只比飞机晚到一天，既可以三个人不分散，还可以为公家节约200多元，于是坚决退了飞机票。

1939年10月，吴文藻、谢冰心两位先生为了躲避空袭，移住呈贡小山上，他们伉俪都是"朋友第一"的人，一次约梅校长、杨振声和郑天挺，还有其他几位到呈贡作了三天短期休假。1941年5月，梅贻琦和罗常培到叙永联大分校和李庄北大文科研究分所看望，并参观武大、川大。归程中饱尝抗战后方轰炸、水灾和旅途中意想不到的困扰，耽搁了三个月。途中罗有一次大发雷霆，虽然不是大事，但若处理不好，彼此易发生隔阂，不但影响友谊，也会波及一些方面的关系。梅先生等罗火性发过，慢条斯理地说："我倒想过跟你一起（发火），但那也无济于事啊。"语词神情与诚恳的态度，使得罗气全消了。

梅贻琦先生不喜多说话，但偶一发言，总是简单扼要、条理分明，而且风趣。他谈过1900年八国联军侵入天津时市民的情况，也谈过京剧演员的表演艺术，也谈过满族服装和健康的关系。这些都是在他专业以外不常接触的事物，反映出他对社会观察的精细和敏锐。

在昆明梅贻琦先生住在西仓坡清华办事处楼上左厢，和梅祖彦（梅贻琦之子）同屋。一晚有同事接他出去开会，正好没有电。临出，梅先生把煤油灯移在外屋桌上，将灯芯捻到极小，并把火柴盒放在灯旁，怕灯灭了祖彦回来找不到。从这一小事看出他对下一代多么关心，做事多么细致有条理。

梅校长喜欢饮绍兴酒，但很有节制。偶尔过量，就用右肘支着头，倚在桌边，闭目养一下神，然后再饮，从来不醉。朋友们都称赞他的酒德，这正是他的修养的表现。

当时，昆明是与国外交通的唯一通道，许多朋友经过总要到联大看看。梅校长有时也要用家庭便饭招待。记得每当聚餐快要终了的时候，梅夫人——韩咏华女士总是笑吟吟地亲捧一大盘甜食进来，上面有鲜艳的花纹环绕四个红字——"一定胜利"，殷勤地说："请再尝尝得胜糕，我们一定胜利。"这

时大家一齐站起来致谢，齐称“一定胜利！一定胜利”。这正是联大师生当时一致的信念，也是联大事业的象征。

坚持原则，毫不客气

清华当时有一个规定，就是如果某个学生部分学分不及格，那么就得退学。有一年，一个四年级的学生选修了12个学分，竟然有6个学分不及格，按照规定，他应该接受退学的处分，但他想通融一下，保留学籍，就跟班主任软磨硬泡。班主任当然做不了主，他就找到主管部门；主管部门也做不了主，他就直接去找校长梅贻琦。梅贻琦平素给人的感觉十分谦和、好说话，该生想，只要好好和梅校长说一下，梅校长应该能答应留下他的。他进校长办公室时，梅贻琦正忙着写材料，于是站在那里先是检讨一番，然后就求梅校长网开一面。梅贻琦一直没有抬头，听他讲完了，对他说：“你自己把12用2除一下，看看你有多少分不及格了。”那位同学碰了一鼻子灰，只好悻悻离去，接受了退学的处分。

梅贻琦不但对别的学生坚持原则，就是对待自己的亲属，也丝毫不客气。他的侄子梅祖武曾经报考清华大学，但成绩不够，梅贻琦没有动用自己的权力为侄子走后门，侄子无奈地去了北洋大学；几年后，他的小女儿梅祖芬也报考清华大学，成绩同样不合格，梅贻琦依然坚持原则，梅祖芬去了燕京大学。

1937年全面抗战爆发后，北大、清华、南开3所大学迁到长沙，组成长沙临时大学，次年又南迁至昆明，组成西南联合大学。当时的云南省政府主席是龙云，作为权高位重的封疆大吏，龙云对西南联大在人力、物力、财力等各方面给予了很大支持，作校长的梅贻琦很是感激。龙云的孩子当时报考了联大附中，但没有考上，他就想找梅贻琦走走后门，让梅贻琦关照一下破格录取。有一天，他特地登门拜访梅贻琦，请求梅贻琦对孩子给予关照。梅贻琦没有马上表态，而是留龙云在家里吃饭，并请联大教务长潘光旦作陪。在酒席上，梅贻琦请潘光旦派老师晚上为龙主席的孩子辅导功课，以便孩子明年再考，并言明老师的家教费由龙云出。龙云一看梅贻琦这样坚持原则，也不好再说什么，就爽快地答应了。

在清华的历任校长中，梅贻琦是最受尊敬的一位。清华学生经常驱逐校长，但梅贻琦从来没被驱逐过，而且学生经常在集会上高喊“拥护梅校长”的口号。之所以能构建如此完美的人格平台，是由于他拥有着崇高的人格操守，而不徇私情、坚持原则的意识，则是其人格操守的一种体现。

梅贻琦特别廉洁，使用公款非常节省。刘宜庆《绝代风流》一书介绍：抗战之初，梅贻琦刚到昆明，就退掉司机，将个人使用的小汽车拿来公用。他外出有公务，近则步行，远则搭蒋梦麟或别人的车。

梅贻琦非常鄙夷化公为私的行为，宁可委屈自己，也决不占公家半点便宜。20 世纪 30 年代初，梅贻琦刚出任清华大学校长，就主动放弃前任校长享受的免交电话费、免费雇家庭帮工、免费拉两吨煤等几项“特权”。1939 年以后，昆明物价飞涨，师生基本生活极难维持，梅贻琦向国民政府教育部申请了一些补助金，有给老师的，有给学生的。梅贻琦的四个子女都在联大读书，他却不让妻子领取补助金。其实，梅贻琦一家也过得非常清苦，他一个月的工资只能维持一家人半个月的生活，其妻子不得不做些糕点寄卖以补家用。1942 年，美国驻华大使特别助理费正清来昆明，拜访联大的金岳霖、张奚若、钱端升等人，梅贻琦请其吃饭，本来完全可以用公款报销，他却为费正清举办家宴，一顿饭花了不下 1000 元，而他当时的月薪不足 600 元。1962 年，梅贻琦在台湾去世，身边的人打开他病中一直携带的一个箱子，里面全是清华基金的数目，一笔一笔，分毫不爽。

终身校长，有口皆碑

早年在敬业学堂念书时，梅贻琦的成绩就非常优秀，颇受张伯苓的赏识。1909 年，他以第六名的优异成绩，考取第一批庚款留学生赴美国深造，专攻电机专业。1915 年梅贻琦学成归来，应周寄梅校长的聘请，到清华学校

物理系任教。半年后，他利用假期回天津看望张伯苓，表示对教书没有兴趣，想换一个工作。张先生听了以后有些生气，带着教训的口气说："你才教了半年书就不愿意干了，怎么知道没有兴趣？青年人要能忍耐，回去教书！"没想到这短短几句话，不仅决定了梅贻琦一生的命运，也对清华的前途产生了至关重要的影响。这时梅贻琦 26 岁，张伯苓 49 岁。

随后，梅贻琦便遵照老师的指示，又回到清华园继续教书。1925 年，清华增设大学部，梅贻琦担任物理系首席教授。第二年 4 月，他被全体教授推选为教务长。南京国民政府成立后，1928 年清华正式改为国立大学，罗家伦出任校长。1930 年中原大战之后，由于局势动荡不定，致使清华大学校长连续换人。直到 1931 年梅贻琦担任校长之后，才改变这种局面，并开创了清华大学的黄金时代。

梅贻琦对清华大学的贡献早已有口皆碑，但是张伯苓当年对他的教训却鲜为人知。直到 1982 年，也就是梅先生逝世 20 年以后，梅夫人才把这件事公之于众。

抗战初期的一天，清华大学校长梅贻琦一行来到冰心家。闲谈中，冰心当场创作了一首宝塔诗。这是女诗人一生创作的唯一一首谐趣诗。诗曰：

马
香丁
羽毛纱
样样都差
傻姑爷到家
说起真是笑话
教育原来在清华

梅校长看罢不知何意，冰心作了解释。原来，这是冰心丈夫吴文藻先生的笑话集锦。"马"是说小孩子们把点心萨其马简称为"马"，一次，冰心让吴文藻上街买萨其马，吴文藻到点心铺里说要买"马"，结果闹了笑话。"香丁"是指有一天冰心在树下观赏丁香花，吴文藻从书房来到丁香树下，应酬性地问妻子：“这是什么花？”冰心答：“丁香花。”吴文藻点头说：“噢，是香丁花。”惹得众人大笑。“羽毛纱”是说一次，冰心让吴文藻为岳父买件双丝葛的夹袍面子，吴文藻到了布店说要买多羽毛纱。店小二听不懂，电话打到冰心家里，才知道吴文藻又闹了个大笑话。“傻姑爷”因此得名。最后一句则是冰心同梅校长开了玩笑——吴文藻这个书呆子是清华大学培养出来的。

梅校长一听也笑得前仰后合。最后校长以进为退，当场续诗两句，使冰心连连感叹“作法自毙”。梅校长的诗是这样的：

马
香丁
羽毛纱
样样都差
傻姑爷到家
说起真是笑话
教育原来在清华
冰心女士眼力不佳
书呆子怎配得交际花

到了1942年，校长梅贻琦家里有时连青菜汤都喝不起了，只能用辣椒拌饭吃。这天，云南省主席龙云的夫人顾映秋心血来潮，向梅贻琦夫人韩咏华提出，要到她家尝尝梅夫人的拿手菜。这时梅贻琦早已囊中空空，为准备那顿饭，韩咏华把孩子们小时候穿的衣服，以及亲友们送给孩子的玩具和工艺品都从箱底翻出来，在大西门摆了个小地摊，亲自在那里叫卖。这些旧物一个星期才卖完，夫妇两人如愿以偿地请省主席夫人光顾寒舍，吃了一顿在顾映秋看来很简单的便饭。

韩咏华想找份工作，但作为当时中国第一校长的梅贻琦，不肯利用职权为妻子谋利。教务长潘光旦的夫人给她出了个主意：“咏华，你做的米糕，我们家大人孩子都喜欢吃。我看你不如到大西门卖米糕算了。”袁复礼教授的夫人也点头赞成。韩咏华沉默了半晌说：“如果不是为了抗战，我们何苦

受这份罪。这糕叫定胜糕，这是个吉祥的名字。我们再在糕上写点字吧。”梅夫人的定胜糕是跟一位上海老太太学的。这种糕点七成大米，三成糯米，再加上白糖、豆沙，用一个银锭状的木模，把调配好的米粉装进去，蒸几分钟即可。

三人真的做起了卖米糕的生意。袁复礼夫人总有办法搞到当时紧俏的廉价碎米，由潘光旦夫人把碎米磨成米粉，把赤豆做成豆沙，再由梅贻琦夫人亲手调制蒸熟，用红糖浆写上“一定胜利”四个字。最初她们做的米糕由西南联大总务处一位姓赵的庶务介绍，到城南的冠生园寄卖。后来为了多赚点钱，夫人们便自己提着篮子到街上去叫卖。定胜糕在昆明街头销路很好。开始的时候，韩咏华不愿别人知道她是西南联大校长的夫人，每次上街都摘掉眼镜，脱下旗袍，换上从农民手里买来的蓝布装。可白皙的皮肤，鼻梁两侧深陷下去的眼镜凹印，还有那明显带有北方口音的昆明话，都瞒不了人。久而久之，不仅联大校园里的人，而且昆明街市上的市民，都知道了这位走街串巷卖米糕的女人正是大学校长的夫人。而定胜糕的名称也就此传开了。

吴宓：治学严谨，做人耿介

吴宓，陕西省泾阳县人。字雨僧、雨生，笔名余生，中国现代著名西洋文学家、国学大师、诗人。清华大学国学院创办人之一，学贯中西，融通古今，被称为中国比较文学之父。与陈寅恪、汤用彤并称“哈佛三杰”。

认真备课，一丝不苟

吴宓教授备课，颇有特色。西南联大南迁之时，文学院在南岳衡山山腰圣经书院旧址上课，一度宿舍紧张。吴宓教授与钱穆、闻一多、沉有鼎四人合居一室。

时当抗战初期，办学条件简陋，而他从容自若，依然一丝不苟认真备课，让人肃然起敬。钱穆《八十忆双亲师友杂忆》中有文章回忆此事，写道：“室中一长桌，入夜，一多自燃一灯置其座位前。时一多方勤读《诗经》、《楚辞》，遇新见解，分撰成篇。一多在灯下默坐撰写。雨生（吴宓）则为预备明日上课抄笔记写纲要，逐条书之，又有合并，有增加，写成则于逐条下加以红笔勾勒。雨生在清华教书至少已逾十年，在此流寓中上课，其严谨不苟有如此。沉有鼎则喃喃自语：‘如此良夜，尽可闲谈，各自埋头，

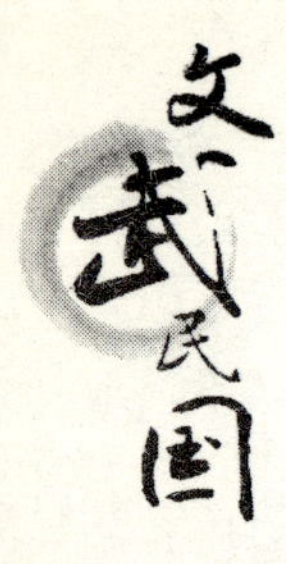

所为何来？’雨生加以申斥：‘汝喜闲谈，不妨去别室自找谈友。否则早自上床，可勿在此妨碍人。’有鼎只得默然。雨生又言：‘限十时熄灯，勿得逾时，妨他人之睡眠。’翌晨，雨生先起，一人独自出门，在室外晨曦微露中，出其昨夜所写各条，反复循诵。俟诸人尽起，始重返室中。余与雨生相交有年，亦时闻他人道其平日之言行，然至是乃始深识其人，诚有卓绝处。非日常相处，则亦不易知也。”

讲课的工夫来自备课的工夫。其实，吴宓教授从走上讲台那一天开始，备课认真就很有名。去清华之前，吴宓教授曾在南京东南大学任教三年，讲授《欧洲文学史》等课程，一时声誉鹊起。

1923 年，《清华周刊》有文章专述“东南大学学风之美，师饱学而尽职，生好读而勤业”。其中述及吴宓授课：预先写大纲于黑板，待到开讲，则不看书本、笔记，滔滔不绝，井井有条。文章最后大发感慨曰：“吴先生亦是清华毕业游美同学，而母校未能罗致其来此，宁非憾事者！”一位教授上课能够做到“……不看书本、笔记，滔滔不绝，井井有条”，可以想见其备课时曾经下过多少工夫。

温源宁在《吴宓先生》一书中则说：“作为老师，除了缺乏感染力之处，吴先生可说是十全十美。他严守时刻，像一座钟，讲课勤勤恳恳，像个苦力。别人有所引证，总是打开书本念原文，他呢，不管引文多么长，老是背诵。无论讲解什么问题，他跟练兵中士一样，讲得有条有理，第一点这样，第二点那样。枯燥，容或有之，但绝非不得要领。有些老师无所不谈，却不发任何议论，吴先生则直抒己见，言之有物；也可能说错了，然而，至少并非虚夸。他概不模棱两可，总是斩钉截铁。换句话说，他不怕直言对自己有什么牵累。在事实根据方面，尤其是见于各种百科全书和参考书的事实，他是无可指摘的，只在解释和鉴赏的问题上你还可以跟他争论。”

什么叫对学生负责，看看吴宓教授这个“苦力”吧！但他却一以贯之，毫不以为苦。

吴宓教授这种认真负责的作风不仅表现在自己备课上。刘兆吉《我所知

道的吴宓先生》提及一件发生在昆明的“小事”。有一次，“一位青年教师丢了上课用的教科书，问吴宓先生是否有此书，想借用一下，没想到引起了吴先生的严厉批评：‘教师怎能丢失教科书呢！一定要找到，上课前必须找到！’晚上宿舍已熄灯睡觉了，听到后楼敲门声，听到吴先生高声问：‘教科书找到没有？’也听到不耐烦的回答声：‘找到了！吴先生，请放心吧，我已经睡了，就不开门了。’听到吴先生说：‘那就好，教师不能丢教科书，下次再不能丢！’后来听那位青年教师说，‘其实当时并未找到，怕得罪吴先生再发神经，撒了个谎’。现在想来，这件小事反映了吴先生对教育事业的认真负责，而且终生不渝。”

吴宓教授在清华讲《中西诗比较》，写过一个教学说明：“本学程选取中西文古今诗及论诗之文若干篇，诵读讲论，比较参证。教师将以其平昔读诗作诗所得之经验及方法，贡献于学生。且教师采取及融贯之功夫，区区一得，亦愿述说，共资讨论，以期造成真确之理想及精美之赏鉴，而解决文学人生切要之问题。本学程不究诗学历史，不事文学考据，惟望每一学生皆好读诗，又喜作诗，终成为完美深厚之人而已。”

赤子之心，尽在斯矣。明白这一点，对于他备课何以如此认真，再做别的什么解释，也许就全是多余的话了。

学贯中西，治学严谨

吴宓是一个诗人气质很浓的人，在清华上课时，主讲英国浪漫诗人和希腊罗马古典文学。“雨僧先生讲课时也洋溢着热情，有时眉飞色舞。”“雨僧先生讲授英诗，提倡背诵。特别是有名的篇章或诗行，他都鼓励学生尽量读熟背诵。”因此他的课对20多岁的青年学生很有吸引力，很受欢迎。20世纪30年代中叶，清华外文系培养了一批著名学者作家，如钱锺书、曹禺、李健吾、张骏祥、季羡林等。

1937年“七七”卢沟桥事变后，抗战全面爆发，清华奉命南迁。11月

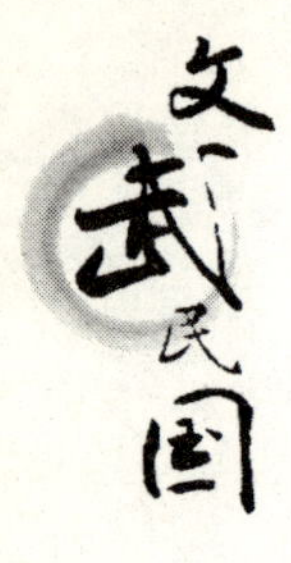

7日，吴宓与毛子水等清华师生离开北京，经天津、青岛、汉口、长沙，于1938年3月抵达昆明西南联大。在西南联大外文系，吴宓主要讲授世界文学史、欧洲文学史、古代希腊、罗马文学史、新人文主义、文学与人生、翻译课、中西诗之比较等。吴宓同时还给研究生上课，主要课程有：雪莱研究、西方文学批评、比较文学等。

吴宓精通多种外国语，学贯中西，又没有一般教授的学究味，所以在西南联大时很受学生欢迎。一时兴起，他还会在课堂上朗诵自己的诗作，甚至他写给毛彦文的情诗，课堂气氛是相当活泼轻松的。他的上课风格也很特别，很有些欧美之风。“先生讲课从不照本宣科，而常是漫谈性质的，只指定些参考书，要我们自己阅读，提出看法，并多写读书报告。课上先生有时讲些文人轶事，风趣横生，使我们忍俊不禁。”

虽然吴宓作风很民主，诗人气质很浓，但治学却十分严谨。“吴宓先生在西南联大讲授‘欧洲文学史’时，除继续采用翟孟生这部教科书外，主要根据他自己多年的研究和独到的见解，把这门功课讲得非常生动有趣，娓娓道来，十分吸引学生，每堂课都济济一堂，挤满了本系的和外系的同学。这是当时文学院最‘叫座’的课程之一。每次上课书里都夹着许多写得密密麻麻的纸条。吴宓先生记忆惊人，许多文学史大事，甚至作家生卒年代他都脱口而出，毫无差错。吴先生还为翟孟生的《欧洲文学简史》作了许多补充，并修订了某些谬误的地方。他每次上课总带着这本厚书，里面夹了很多写得密密麻麻的端端正正的纸条，或者把纸条贴在空白的地方。每次上课铃声一响，他就走进来了，非常准时。有时，同学未到齐，他早已捧着一包书站在教室门口。他开始讲课时，总是笑眯眯的，先看看同学，有时也点点名。上课主要用英语，有时也说中文，清清楚楚，自然得很，容易理解。”

弟子李赋宁也有类似的回忆：“先生写汉字，从不写简笔字，字体总是正楷，端庄方正，一丝不苟。这种严谨的学风熏陶了我，使我终生受益匪浅。先生讲课内容充实，条理清楚，从无一句废话。先生对教学极端认真负责，每堂课必早到教室十分钟，擦好黑板，做好上课的准备。先生上课从不缺课，也从不早退。先生每问必答，热情、严肃对待学生的问题，耐心解答，循循善诱，启发学生自己解答问题。先生批改学生的作业更是细心、认真，圈点学生写的好句子和精彩的地方，并写出具体的评语，帮助学生改正错误，不断进步。”

吴宓是一个双重性格的人，这一点许多人都有同感：“……先生不善料理家务琐事。但他给我们修改文章时，总常用毛笔蘸红墨水书写，字迹工整。涂改一字，必涂很四方满格，免被误认。他那种治学的严谨与生活的散漫形成了鲜明的对比。”

“西南联大外文系里有五位老师给我的印象最深……那就是吴宓、叶公超、柳无忌、吴达元和燕卡荪这五位先生。其中吴宓先生可说是最有意思、最可爱、最可敬、最生动、最富于感染力和潜移默化力量，也是内心最充满矛盾、最痛苦的一位了。吴先生外表似是古典派，心里面却是个浪漫派；他有时是阿波罗式的，有时是狄俄尼索斯式的；他有时是哈姆雷特型的，有时却是堂·吉诃德型的：或者是两种类型、两种风格的有机结合。”

鉴于吴宓的突出成就，1942 年 8 月，国民政府教育部聘他为英国文学部聘教授，与陈寅恪（历史）、汤用彤（哲学）同时获得“部聘教授”殊荣，后又被聘为教育部学术审议委员会审议委员。这是对吴宓学术成就的一种肯定。能与他所景仰的陈、汤二人一起获此殊荣，吴宓感到十分光荣，所以虽然有人建议他拒绝这一荣誉，他还是接受了。

1944 年秋，吴宓离开求学执教三十年的清华大学，与系主任陈福田之间的矛盾是他离开的原因之一，据说这多少与钱锺书有关。有一种说法，吴宓与钱锺书的父亲钱基博私交很深，当年吴宓曾让钱锺书在清华旁听一年，还亲自辅导他外语，后钱考人清华。吴对钱锺书十分欣赏，专门写诗称赞钱的才华：“才情学识谁兼具？新旧中西子竟通。大器能成由早慧，人谋有补赖天工。源深顾（亭林）赵（瓯北）传家业，气胜苏（东坡）黄（山谷）振国风。悲剧终场吾事了，交期两世许心同。”从中可以看出，吴宓对钱锺书的学识是十分赏识的，钱学成归国时，吴宓与清华说好，拟聘请他为清华外

文系教授，清华当时也基本同意了。可钱到联大时，学校却只肯聘为副教授，年轻气盛的钱锺书自然很是不快，对陈福田和清华更是不满，甚至怪罪吴宓，并发泄到小说《围城》中。吴宓对清华的变卦自然很是不悦，只好劝钱去了湖南兰田师范学校做教授。这件事加深了吴宓与陈福田的矛盾，吴宓最终离开清华去了燕京大学，他在清华的生活从此也画上了句号。

即颂成章，过目不忘

吴宓在外形上并没有什么特别吸引人之处。对他比较熟悉的清华教授温源宁曾对他有比较生动的描写："世上只有一个吴雨生，叫你一见不能忘……但是雨生的脸倒是一种天生禀赋，恢奇的像一幅讽刺画。脑袋形似一颗炸弹，而一样的有爆发性，面是瘦黄，胡须几有随时蔓延全局之势，但是每晨刮得整整齐齐，面容险峻，颧骨高起，两颊瘦削，一对眼睛亮晶晶的像两粒炙光的煤炭——这些都装在一个太长的脖子上及一副像支铜棍那样结实的身材上。"但就是这样一位大名鼎鼎的教授，却是一个爱情至上主义者。"他立论上是人文主义者，雅典主义者，但是性癖上却是彻头彻尾的一个浪漫主义者。"

吴宓幼时，读书刻苦，每餐必由家人送至书房。一晚，家人送饼一只，油泼辣椒一碟，吴宓读书入神，误用饼子蘸墨大啖，连曰："香，香，香。"

吴有即颂成章，过目不忘之才。1955年回安吴老家，于迎祥宫碑前小站片刻，只将碑文口诵一遍，即能一字不漏默写而出。

陈寅恪一到哈佛，就主张大购、多购、全购书籍。正是感于陈氏的购书之多，吴宓才心旌摇动，欲加以仿效。据说他一时头脑冲动，也为了与陈寅恪、俞大维争胜，吴宓竟咬紧牙关，不惜血本花费60美元，当时官费生每月的生活费100美元，他把摆在书店连当地人都不敢问津的《莎士比亚全集》各家注释汇编本共19巨册拖出来，一路喘着粗气扛回宿舍。后来随着抗日战争爆发，吴氏携带此书历尽千山万水，每次搬迁居所，既费力又费钱，同时又无合适的存放之地，竟成为一件劳心耗力的累赘。

1933年，钱锺书即将从清华外文系毕业，冯友兰亲自告诉他，将破格录取他留校继续攻读西洋文学研究硕士学位。钱锺书却一口拒绝，并狂妄地说："整个清华，叶公超太懒，吴宓太笨，陈福田太俗！没有一个教授有资格充当钱某人的导师！"（也有说这段话是在西南联大时所说，但据钱锺书夫人杨绛说，钱锺书不曾说过此话，吴宓日记中亦无记载，成为文坛一疑案。）不久，"长舌"的周榆瑞将这话告诉吴宓。吴宓一笑，平静地说："Mr. Qian的狂，并非孔雀亮屏般的个体炫耀，只是文人骨子里的一种高尚的傲慢。这没啥。"

吴性刚直，一贯克己守公，从不占人丝毫便宜。

1944年，他去宝鸡访友，购得三等车票，上车无座位，只好站过道。其时，恰遇妹夫王俊生，该王持有免费乘车证，遂将他带至二等车厢，找一空座，吴不知情，待查票时，列车员说："三等车票，不能坐二等车厢。"王即出示证件，说明身份关系，查票员亦谦笑允准，但吴却生气异常，愤然返回三等车厢，依旧站于过道，直至宝鸡。

吴对《红楼梦》研究，造诣极深，饮誉中外，凡听吴宓红学演讲之人，无不屏息凝神，如醉似痴。末了辄发深叹："那不是听报告，简直是看演出。"

吴一人将林、王、薛、贾演得活灵活现，惟妙惟肖。四十年代，西南古城即刮"吴宓风"，时人赞誉："郭沫若与吴宓的报告，倘能一字不误记录下来，便是第一等绝妙好文。"1947年，吴宓来西安讲学，知识界奔走相告，盛况空前。

一日，陕西"三青团"一帮政客故作风雅，约请吴讲《红楼》，吴素鄙此等人物，遂婉辞拒谢。谁知，这帮人搬出吴父建常先生极力通融。吴宓无奈，便胡诌一通，待其走后，吴父诘之："何故未讲？"吴答："彼等似庙中之神，泥塑木雕，对之若谈红楼，犹对牛马奉琴耳。"

吴宓心善，乐于助人，因此也常受人之骗。他戴的进口手表，被两个无赖以仅值六元的小闹钟哄骗而去。又有张姓之人对吴言说，吴一学生因病就医，急需二百元住院费，吴不疑，即刻凑钱交付。嗣后，此张又来，言称那学生开刀治疗，又急需费用若干，吴此时手头已空，正筹思之际，此骗子以

为吴有疑虑，便拿出一封“求援信”，高声朗读，恰逢保姆进来，惊见客人正念白纸一张。于是保姆唤人，将骗子扭送公安机关。吴对此不胜感慨，又对保姆的精明称赞不已。

李俊清当过蒋经国 20 年英文秘书，他是早期吴宓的学生之一。每每回忆起吴宓，都会不由自主地想起他的狗两进教室的故事。那是一只毛色黄褐的大狗，大耳大眼，非常漂亮。这狗本非他家所养，是他从几个大汉追打下救出来的，正要把它捉去杀了吃。也许是感激李俊清的救命之恩吧，同他特别要好，跟前跟后，上学也去。大狗每次来校，总是卧在教室门外，或在周围空地上跑来跑去，可是也有两次意外——

一次是外文系主任陈福田担任的英文作文课，他照例先在黑板上写出题目，用大约十分钟时间说明重点，就回系办公室，下课时由助教来收学生的作文卷子。那天陈教授讲解完了，正将走出教室，经过李俊清的座位时，忽然听得一声狗叫，原来大狗不知何时溜了进来，趴在主人椅子底下，陈福田走过，踩了它的尾巴。全班同学都停下笔来朝李俊清看，他吓得要命，心想这下完了。没料到洋派十足的陈福田不但没发脾气，反而蹲下去摸摸大狗，连声“Sorry”。

再一次是上吴宓的《中西诗比较》课，原在教室外等候的大狗，竟偷偷溜进教室蹲坐在角落里。吴宓这时正在黑板上抄写诗句，没有注意到这位不速之客，待他写完，转过身来，发现竟有一只狗也在听他讲课，急忙走下讲台，对大狗说：“目前我尚不能使顽石点头，不是你该来的时候，你还是先出去吧！”说罢挥一挥手，大狗似乎听懂了吴先生的话，立刻低头垂尾悄悄走出去了，一面走一面看看坐在头排的李俊清，像是犯了大错。

张元济：掌舵商务，为中华文明“续命”

张元济，浙江海盐人，出生于名门望族、书香世家。清末中进士，入翰林院任庶吉士，后在总理事务衙门任章京。1902年，张元济进入商务印书馆，历任编译所所长、经理、监理、董事长等职。新中国成立后，担任上海文史馆馆长，继任商务印书馆董事长。

走进商务，“出版”救国

1898年发生的戊戌百日维新，是晚清王朝最后一次自救的努力，也是最后一次革新的机会。但是，它失败了。参加、支持和同情戊戌变法的，被杀的被杀，革职的革职。当时的翰林院里，张謇去办实业了，蔡元培回老家教书了，原本等着坐牢杀头的张元济，因李鸿章相助而幸免。李鸿章将他推荐给盛宣怀，于是他来到了盛宣怀创办的南洋公学当了译书院院长，后来还当了南洋公学的校长。

19世纪末的上海是中国的新学枢纽之所在，新式学堂、学会、报刊、出版印刷机构不断地从这里辐射全国。这对于主张以西学开启国民心灵的翰林张元济，无疑是巨大的吸引。南洋公学是当时中国少有的设备最完善、人才最鼎盛的高等学府。到南洋公学任职，可以说是张元济理想的延续。

在张元济的主持下，译书院出版了严复翻译的《原富》。这是英国学者

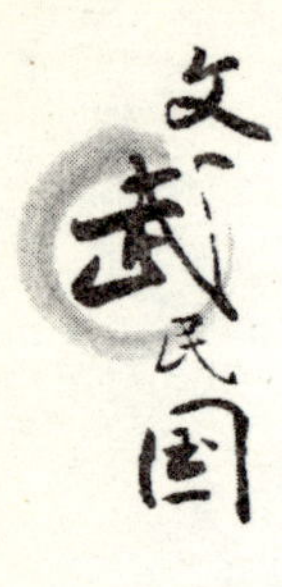

亚当·斯密的著作。在100年后的今天，这本书仍然是经济学的经典著作。

当时，张元济看重的是英才的培养。他和蔡元培等很多先贤一样，以培养人才为首要任务，他们痛感变法维新之所以失败是没有人才的结果。所以，张元济在南洋公学期间，创办了南洋公学特班，这个“特班”，按盛宣怀的说法，就是为中国的将来培养“大才”。特班只有一届学生，却出了邵力子、李叔同、谢无量等人。

然而时过三年，张元济却做出了一个令人惊讶的决定：辞去南洋公学的所有职务，加盟商务印书馆。

当年的商务印书馆只是一个手工作坊式的印刷工场，由排字工人夏瑞芳创办。张元济放弃了在南洋公学显赫的地位，到一个弄堂的小厂里，跟一个小业主合作，这样的转身，时人多有猜测和不解。

直到半个世纪后，因为中风已卧床数年的张元济用颤抖的手写了一首诗，告别商务同仁：“昌明教育平生愿，故向书林努力来，此是良田好耕植，有秋收获仗群才。”从诗中，人们读到了他平生的理想，也读到这样一个事实：他是自觉地把商务印书馆与中国教育的现代性变革连接起来的。

张元济走进商务的这一年，清政府颁布了倡导兴学的《学堂章程》，后来，科举也废除了，这是中国数千年前所未有的大变革。成百上千的与传统私塾、书院不同的新式学堂在全国各地纷纷成立。

当时中国不是没有教科书，但是都编得不好，一类是教会的教科书，从西方引过来的，对中国的国情不适合；另一类是读古书出身的老夫子编的，写得太艰深，也不符合教育学的规律。张元济认为，教科书的影响关系到一代乃至几代中国人的知识结构、思维方式的改变，他决定自己来编一套国文教科书。

张元济编课本的方法很独特，不是一个人单打独斗，而是大家围坐一起，就像今天开策划会一样，每个人都可以说出想法和主张，倘若是被大家公认为有价值的，则详细讨论。讨论者从儿童启蒙的特点入手，由简入繁、循序渐进。往往因为一个字，大家会争论得面红耳赤。每一个点都要讨论到所有参与者都没有异议为止。每完成一篇课文，大家再“轮流阅读，或加润色，或竟改作，相互为之，毫无成见。”

1904年，商务版《最新初等小学国文教科书》出版，被全国各地的学堂广泛采用。商务印书馆的发行所挤满了争购的人群。教科书在晚清时候的发行总量占到了全国的百分之八十，像最新国文教科书曾经翻印过30多次，印刷总量达到一亿册，成为那个时代教科书的范本。其他出版机构争相效仿，再不能粗制滥造而牟利。书肆风气，为之一变。

在张元济的擘划下，商务印书馆编写了从小学、中学到大学的全套教科书，组织翻译出版大批外国学术和文学名著，其中严复翻译的西学名著和林纾翻译的欧美小说影响尤为广泛。编辑出版中国第一部新式辞书《辞源》，开创了中国现代工具书出版的先河。同时出版发行了《东方杂志》、《小说月报》、《教育杂志》等刊物。

当年知识分子走上“文化救国”道路的不在少数，唯有张元济选择了出版，他站到了幕后，在商务这个现代商业企业中书写了他的文化理想。在上世纪初的文化巨变中，商务印书馆完成了从印刷工厂到出版巨子的蜕变，成为晚清以来，普及、传播新知新学的文化重镇。到1910年，商务已是晚清仅有的15家资产超过百万元的企业之一。商务在张元济的手中实实在在地推动了中国文明的进步。

《新青年》的创刊，标志着新文化运动的开始，然而在这个新文化运动勃兴的年代，商务印书馆却显得落伍了。陈独秀、罗家仑等新文化的干将在报刊上点名批评商务的保守，商务的业绩日见衰退，1919年积压和滞销的书刊多达60万册。而对张元济来说，他考虑更多的是，曾经引以为豪的商务还能否担当起传播新学新知的责任。

当时商务的老人很多，用的都是文言文，于是张元济主持了“大换血”计划，主张用新人，办新事，首先从受新文化界猛烈抨击的刊物开始。1920年，茅盾走进了著名的《小说月报》。他起草了《改革宣言》，阐明不仅译述西洋名家小说，介绍世界文学的潮流，更要创造中国的新文艺。

革新后的《小说月报》一改过去刊载男女情爱、闲适生活的格调，倡导“为人生的文学”，迅速成为新文化运动中最有影响的刊物之一。著名的老舍、巴金、丁玲都是通过《小说月报》走上文坛的。

张元济以一种开明开放、兼容并包、海纳百川的胸怀和学术情趣广集人才。据《商务印书馆大事记》记载：1920 年到 1922 年间，陆续进馆的就有陈布雷、谢六逸、郑振铎、周予同、李石岑、王云五、竺可桢、任鸿隽、陶孟和、顾颉刚等，他们中的很多人后来都成为中国文化科学领域的一代宗师。商务印书馆也因此和五四时期蔡元培主持下的北京大学一样，成为“各方知识分子汇集的中心”。

到 1926 年，商务印书馆已经是远东最大的出版商。分馆不仅遍及中国各地，而且开到了南洋。在上海的宝山路，建起了规模宏大的商务印书总馆，涵芬楼也扩建成东方图书馆，向公众开放。

在商言商，与时俱进

张元济作为商务印书馆的掌门人，既是文化人又是商人。所谓“在商言商”，他为了商务的事业始终趋时而进，这种进不是一味的冒进，而是无论时事政治是前进还是倒退，都与其步调保持一致。

1911 年辛亥革命成功，商务也为亚洲第一共和国做了很多热情的广告，不光《东方杂志》刊登武昌起义大事记，另外还出版了 13 册照片和图片，并发行了 300 多张明信片。

在 1912 年商务推出的那套教科书上，相应地题写上“共和国教科书”，并在《东方杂志》上庄严宣告：“民国成立，政体共和，教育方针，随之变动……教育部第七条通令先将小学各种教科书分别修订，凡共和国民应具之知识与夫，此次革命之原委皆详叙入，以养成完全共和国民。”

然而，革命虽然推翻了满清专制王朝，民主共和体制却如镜中之月。1915 年夏秋之季“洪宪帝制”似乎呼之欲出。此时商务刚发完秋季课本，正筹划春季使用教材。张元济为此大费周章，因为当时商务版课本名《共和国教科书》，一旦洪宪帝制成功，那就与国体不符；如果继续观望，春季时又无教材供应。几经权衡后，张元济决定将课本中平等、自由这些与帝制相左的词语删掉，书名也改成《普通教科书》印刷出售。要知道商务这一举动比袁世凯下令“接受拥戴”还要早上20天。

张元济在教科书上如此“迎合”帝制，不是说明他心底真正拥护袁世凯，而是为了商务生存所需的权宜之计。当1916年3月22日，袁世凯在全国一致讨伐声中黯然下台时，张元济立即指示各分馆撤去《普通教科书》，应迅速推广《共和国教科书》。

说他见风使舵也好，说他没有立场也罢，但这招确是“在商言商”的生存智慧。商务出版准则向来是——避免与政治抵触，无论如何不出版与现政权相抵触的书，以免被人抓住把柄而不容。

张元济对身份敏感者的著作也一律不出版、不代销。比如张氏本人与康有为虽私交不错，而且曾在戊戌变法中并肩作战过，但当康某提出的要商务代售其《不忍》杂志和出版攻击民国的《共和平议》时，张氏不留情面地婉言拒绝了，延宕两年后才勉强应允。要知道康某进入民国以来思想仍旧泥古不化，张元济当然不想让人感觉商务也在拉历史倒车。

张元济甚至拒绝过孙中山的书稿《孙文学说》。1918年孙中山在广州的国民军政府改组中受排挤，愤而宣布辞去大元帅职务。他反思民国以来革命不断挫败，其原因是思想错误造成，提出“知之非艰，行之惟艰”学说。于是亲自操刀，直到1919年4月初这本《孙文学说》才脱稿。

孙中山托人把稿子送到商务印书馆时，没想到却遭到了张元济的拒稿。因为张元济反复权衡，觉得此时正值南北和谈僵局之际，孙中山依然是敏感人物，这本书几乎等同于烫手山芋。

孙中山吃了闭门羹，他一气之下想要发文来告白天下，以昭示商务乃保守反动之机构。这让孙中山一直耿耿于怀，直到1920年初孙中山在《致海外国民党同志函》中，仍以极其严厉的措辞批评了商务印书馆负责人为“保

皇党余孽”。

连孙中山的书稿都敢拒绝，何况其他无名之辈呢？被张元济拒之门外的书稿还有陈独秀的。1928年在国民党狱中的陈独秀寄来《中国拼音文字草案》，张元济宁愿赠他几千元稿费，也不愿意给商务带来任何风险。

有道是一朝被蛇咬，十年怕井绳，张元济吃过政治的亏，自戊戌那年后他就与政治绝缘。当年和他一起参与变法的“同党”梁启超、熊希龄等善变之人在民国又东山再起，而他却看破宦海沉浮的险恶。1913年时为北洋内阁总理的熊希龄邀请张元济任教育总长，张氏自言“自维庸劣，终不敢误我良友、误我国家，并误我可畏之后生”，委婉地谢绝入仕。

抗战期间，商务印书馆内迁，而张元济留居上海孤岛，拒绝与日本人和汪伪政府合作。生活窘迫之际，宁可卖字为生。有次汪精卫政府高官送来一幅画卷请他题字，并附有支票。他退回支票，修书一封曰：“是君为浙省长，祸浙甚深……以是未敢从命。”民族气节与对政治的警觉避免了张元济陷于不义。

自诩为“戊戌孑遗”的张元济，见过了自晚清以来几乎所有的改革与挫败、维新与复辟、欣喜与悲痛。所以，他能把商务的事业与现实政治活动拉开一段距离，维护着一个文化机构的相对独立。当然他并没有完全超脱现实来进行自己的事业，更没有对变革呈现出保守或抵制的心态，而是与时俱进，在选择中创新。

参加世博，颇受好评

1910年3月17日，中国近代出版业的开拓者、商务印书馆掌门人张元济登上了从上海开往欧洲的轮船，开始长达半年的环球考察。这次出行，他将访问欧洲和美国，抵达比利时的时间被特意安排在1910年7月，因为比利时布鲁塞尔世博会就在此时举办。

1910年夏天，尽管此时的比利时凉爽舒适、气候宜人，但身处他乡的

张元济却心情无比压抑，万般不快犹如郁结的乌云一般。

一幅幅家乡的画面在张元济脑海中浮现：囚犯戴着镣铐枷锁血肉模糊；顶着大辫子的男人歪躺着手捧烟枪；小脚女人步履蹒跚……这就是20世纪初的大清国。然而，令张元济更为痛心的是，刑具、烟枪、缠足鞋……这些竟然堂而皇之地走上了世博会。

“凡人未有不自炫其长而欲人之夸誉者，亦未有故暴其所短而欲人之耻笑者，而吾国独及是，何以见之，见于出洋之赛会。”在亲历世博会之后，张元济愤怒地写下了这段话。

那一届世博会，张元济亲见了法德等国展馆的广大、展品的繁多，也看清了大清国的黯然失色：展览会场狭小，就连“世界至小之摩纳哥”都远不及；展地偏僻，展品虽有瓷器、绸缎、扇、画、刺绣、漆器，但都粗陋下等、凌乱琐杂，甚至比不上苏杭、广州的杂货店。中国参展仅耗银2万两，尚不及慈禧太后一天的日常开销。

同时，他还从留学生的口中得知了许多与世博会有关的事件：在1905年举办的比利时列日世博会上，中国的展品中竟有刑具、鸦片、缠足鞋等物，留学生们奋起抗议，展品才撤去。

这一届世博会，张元济先后前往不下六七次，在中国展区中，他看到前来参观的西方人寥寥无几，不少西方人面对中国展品皱着眉头、频频摇头，只看了一会儿便疾步离去，其鄙夷不屑之态如利剑，刺伤了张元济的心：难道我们花钱参展就是为了换购欧美人对中国鄙夷不屑的念头吗？望着东方，张元济心情格外沉重，他害怕，西方国家会专门摘取中国国民的短处、中国国力的衰弱，以此为借口，张扬其殖民东移的气焰。

仅在张元济访问西方各国后的一年，中国就发生了一场翻天覆地的变化：1911年辛亥革命爆发，2000多年的封建帝制随之瓦解。

与当时的许多人见解一致，张元济也认为“开启民智”是中国现代化的必由之路。“开启民智”的理念引领张元济和商务印书馆走进世博，而世博更坚定了张元济培养人才、普及国民教育、“扶助教育为己任”的信念。

1910年比利时世博之行对于张元济的触动不可谓不大，他特地为此写下了一篇《中国出洋赛会预备法议》寄回国内，发表在当时影响最大的《申报》和《东方杂志》上，并提出了“吾中国欲侧足与世界，不可不以赛会为之先导”的观点。

在文章中，张元济阐述了中国应该如何参加世博会等一系列理念。比如他认为世博会不仅仅是一个振兴商业的平台，它与军事、教育等都有着密不可分的关系。我们一方面可以在世博会中展示自己，改变西方人认为中国落后的印象，同时也可以看看别人是怎么发展的，引以为鉴。此外，张元济还提出要为参加世博会精心挑选展品、培养人才，不可以恶俗粗劣之物充数，也不可用不学无术之人。

张元济回国之后，亲自领导商务印书馆尽可能多地去参与世博会。1910年之后商务印书馆至少参与了1911年都灵、1915年旧金山、1926年费城三届世博会。展品中包括商务印书馆自己出版的书籍和教科书、教具模型、理化仪器等，并先后取得了不少奖项。1926年，在美国费城世博会上，商务印书馆更是展出了当时世界上唯一的中文打字机，颇受好评。

值得一提的是，商务印书馆的展品也是中国当时送展世博会少有的具有现代色彩的展品。除了世博会外，商务印书馆还参加了当时中国举办的几乎所有国内博览会，并出版了大量有关世博会的书籍。可以说，张元济是中国近代文人中最早认识到世博会重要性的人物之一，商务印书馆也是中国近代企业中最热心参与世博会的一家。

钱穆：一代儒宗，自学成才

钱穆，字宾四，笔名公沙、梁隐等，江苏无锡人，国学大师。历任燕京、北大、清华、西南联大等大学教授。1960年，耶鲁大学把人文学名誉博士学位授予了钱穆，他们这样评价说："你是一个古老文化的代表者和监护人，你把东方的智慧带出了樊笼，来充实自由世界。"然而就是这样一位被人称为当代最后一个大儒的人，却没有任何文凭，连中学都没有毕业，完全是靠自学成才的。

及时反省，不迷信权威

钱穆读书常学习古人的治学与为人，并及时反省自己。一次，读《曾国藩家书》，曾说自己每读一书必认真从头读到尾。钱穆从此要求自己每本书都必须认真阅读，不遗一字，读完后再换一本。他从古人身上总结出一条行之有效的经验，便身体力行，规定自己早上读经子，晚上读史，中间读闲书，充分提高读书的效率。钱穆小时候身体一直很弱，每年秋天都生病，祖父、父亲都英年早逝，他一直为自己的健康担忧，一次从一本日本书上看到讲究卫生对健康长寿的重要性，便警醒自己，从此每天

起居有恒，坚持静坐散步，记日记，以此督促自己。晚年他把自己长寿的秘诀都归功于有规律的生活。

从1912年起，在十年半时间内，钱穆辗转四所小学，读书之余完成了第一部学术著作《论语文解》，并陆续在报刊上发表文章，渐渐崭露头角。时为上海圣约翰大学教授的钱基博读到钱穆的一篇文章，大加赏识。1923年，在钱基博推荐下，钱穆转入他兼职的无锡省立第三师范任教，从此两人结下厚谊。钱穆对钱基博的友情一直念念不忘，晚年回忆说："同事逾百人，最敬事者，首推子泉。生平相交，治学之勤，待人之厚，亦首推子泉。"

十年努力，钱穆终于找到自己的治学门径，专治儒学和史学，自称"其得力最深者莫如宋明儒"。(《宋明理学概述·序》) 钱穆之所以选择中国传统文化作为自己的研究对象，有着深层的社会原因。当时国人包括相当一部分知识分子对中国历史文化缺乏信心，对儒家文化更是主张全盘否定。钱穆对此完全有不同的看法，"当我幼年，在前清时代，就听有人说，'中国不亡，是无天理'。在我幼小的心灵里，不禁起了一番反抗之心。"这种反抗之心便成了他后来治学的动力，"莫非因国难之鼓励，爱国之指导。"(《中国文化精神·序》) 在无锡三师时，钱穆已经完成《国学概论》，并开始撰写其代表作《先秦诸子系年》。一个偶然的机会，著名学者蒙文通看到他的文章，慕名前来造访，打开"系年"手稿便被吸引了，在回南京的车上迫不及待地读了起来，认为该书"体大精深，乾嘉以来，少有匹矣"。

钱穆认为中国传统文化的精髓就在儒学。《论语》、《孟子》不仅是儒学正统，也是中国传统文化的结晶。

钱穆虽然自学出身，却从不迷信权威。当时学术界正流行康有为《新学伪经考》的观点，顾颉刚也是康的拥护者。钱穆对此十分怀疑，他没有因为顾颉刚于己有恩就放弃己见，而是力排众议撰写了《刘向歆父子年谱》，用事实证明康有为的观点是错误的。顾颉刚对此毫不介意，不仅将此文在《燕京学报》发表，还推荐他到燕京任教。钱穆称，"此等胸怀，万为余特所欣赏"。钱穆的文章影响极大，一扫刘歆遍造群经说，在经学史上另辟了以史治经的新路子，对经学史研究具有划时代的贡献，其观点也逐渐为学术界普遍接受。“北平各大学经学史及经学通论课，原俱主康说，亦即在秋后停开，开大学教学史之先例。”（罗义俊）

钱穆后来到北大任教，胡适起到了关键的作用，但钱穆并不因此而在学术上苟同他，他的许多观点都与胡适不一致，胡适认为孔子早于老子，他却认为老子早于孔子。学生知道他们之间学术观点不一致，故意拿胡适的观点来诘问，他也毫不掩饰，经常在课堂上批判胡适。据他的学生回忆，他常当众说：“这一点，胡先生又考证错了！”并指出哪里哪里错了。当时胡适声誉日隆，敢于这样批评他的在北大也仅钱穆一人而已。

一次，商务印书馆想请胡适编一本中学国文教材，胡适认为钱穆有多年中学教书经验，希望他与自己合作主编。能与胡适一起编书，是许多人梦寐以求的事，钱穆却婉言谢绝了，认为两人对中国文学观点大相径庭，一起编不合适，最好各人编一本，让读者比较阅读。胡适没想到他会拒绝，气得拂袖而去，从此两人渐行渐远。

1930年，《刘向歆父子年谱》发表，开拓了一条以史治经的新路子，胡适盛赞说：“钱谱为一大著作，见解与体例都好。”《大公报》也称之为“学术界上大快事”。1935年，经过多年努力，洋洋三十万言的《先秦诸子系年》出版，学术界更是轰动一时，被公认为中国史学界释古派的扛鼎之作和“划时代的巨著”。连一向很少佩服人的国学大家陈寅恪都认为此书“心得极多，至可佩服”。据说当时圈内有一种说法，称光是这部书的自序就足“可以让昔日的北大、清华的任何一位史学研究生细读两天”，而其中任意十行文字都可以“叫世界上随便哪一个有地位的研究汉学的专家，把眼镜戴上了又摘下，摘下又戴上，既惊炫于他的渊博，又赞叹于他的精密”。

钱穆治学讲究有大视野，从大处入手，由博而精。“先从大处着手，心胸识趣较可盘旋，庶使活泼不落狭小。”他从自己十年苦读中领悟到，求速成找捷径是做学问的大忌，治学者应该“厚积薄发”。认为“中国学问主通不主专，中国学术界贵通人不贵专家”。他虽然是治史专家，却披阅广泛，发现学生手中有好书就借来一读。20世纪40年代在西南联大时，钱穆见学

生李埏有一本克鲁泡特金的《我的自传》，也颇有兴趣，并据此写了《道家与安那其主义》一文，发表后引起了读者极大兴趣。他主张多读书勤思考，触类旁通，认为中国治学与西方不同，西方学问分门别类，互不相关，中国学问分门不别类。经史子集四部，是治学的四个门径，入门后，触类旁通，最后融而为一。认为“读书当仔细细辨精粗”，“读书当求识书背后之作者”。而且要抱着谦虚的态度，对任何作者都要先存礼敬之心，这样才能有所得。

积极治学，不忘济世

“一生为故国招魂”，这是钱穆最得意的弟子余英时在他去世时所作的挽联中的一句话，这句话用来评价钱一生治学的目的最为允当。

钱穆早年从事乡村教育时，就立志要研究中国文化，以唤起国人对传统文化的信心和民族自尊心，他是抱着“路漫漫其修远兮，吾将上下而求索”的精神从事传统文化研究的。可以说，他走的是一条积极济世的治学道路。他自称十年苦读，“莫非因国难之鼓励，爱国之指导”。在《历史与文化论丛》中，他谈到当年治学的目的，就是“要为我们国家民族自觉自强发出些正义的呼声”。他的一生都贯穿了这条红线。

“九·一八”事变后，国人抗日激情高涨，南京政府要求全国高校把中国通史作为必修课。北大教授们在爱国热情鼓舞下，决定编写一部中国通史，以唤醒国人民族意识。考虑到通史量大面广，拟请十五个教授共同讲授。钱穆认为，每人讲一段，中间不易贯通，各人研究也不一样，容易产生矛盾，不如一人从头讲到尾。大家觉得有道理，主张由他与陈寅恪合讲，这样相对轻松一些。但他毛遂自荐，认为他一个人完全可以胜任，最后就由他一个人主讲中国通史。这门课1933年开讲，在北大讲了四年，后因日本侵占华北，北大南迁，又在西南联大讲了四年，前后一共讲了八年，才陆续讲完，也是他最有影响的一门课。

讲授中国通史时，正值日寇大肆侵华，钱穆上课时时常历史与现实结合串讲，激励学生的爱国之情，上课时每每座无虚席。当时刚南迁至西南联大不久，大家因时局不利情绪低落，在上历史课时，钱穆经常联系中国历史，充满信心地说，统一和光明是中国历史的主流，分裂和黑暗是暂时的，是中国历史的逆流，胜利一定会到来，给师生很大的鼓舞。

当时正值抗战最艰苦的时期，同事陈梦家建议他根据讲义，撰写一本《国史大纲》，振奋民族精神。书生报国惟有笔，钱穆当即接受建议，决定撰写一部新的《国史大纲》，为全民抗战尽自己的一份力量。他把自己关在远离昆明七十公里的宜良县岩泉寺里，每天笔耕不辍，用了一年时间才大致完成书稿，并于 1940 年出版。《国史大纲·引论》中指出，“惟藉过去乃可认识现在，亦惟对现实有真实之认识，乃能对现在有真实之改进。”“故欲其国民对国家有浓厚之爱情，必先须使其国民对国家已经之历史有深厚之认识。”“此种新通史，其最主要之任务，尤在将国史真态传播于国人之前，使晓然了解于我先民对于国家民族所已尽之责任，而油然生其慨想，奋发爱惜保护之挚意也。”这正是他撰写此书的真实动机与目的。该书出版后广受欢迎，成为大学中最通用的一本历史教科书。这是他书生报国的一个典型事例。

钱穆并不完全是一个躲在象牙塔里的教授。1935 年，日本阴谋“华北自治”，10 月，有感于爱国之情与民族大义，钱穆与姚从吾、顾颉刚、钱玄同、胡适、孟森等百余名大学教授发起一项抗日活动，联名反对日本干涉内政，敦促国民党政府早定抗日大计。鉴于钱穆的抗日态度和学术影响，1942 年秋，蒋介石在成都两次召见钱穆，请他到重庆机关讲中国历史，谈宋明理学。作为学人，钱穆对当政者始终保持了一种知识分子的独立精神。一次，蒋在报上看到钱穆的一篇讲话，很赏识，又打电话又是写信约他相见，钱穆以距离太远借故推脱了。后来见面时，他甚至当面劝蒋为了全体国人利益于抗战胜利后功成身退。这些都表现了钱穆的书生意气。

1944 年 10 月，应有关部门要求，钱穆专门撰写了一篇《中国历史上青年从军先例》，号召青年从军，在青年学生中产生了积极的影响。

钱穆对国家和传统文化的认识是一贯的，即使到了晚年，他仍然主张国

家应该统一。1986年2月，他以92岁高龄发表《丙寅新春看时局》一文，认为“和平统一是国家的出路”，而“历史传统和文化精神的民族性，是中国统一的基础”。显示了其史家之卓识。

特立独行，人品颇好

1930年，钱穆应聘到燕京大学任教，次年便正式应聘到北大担任教授，从此正式登上大学讲台。

钱穆个子虽小，但十分自信，两眼炯炯有神。平时虽不苟言笑，说话时却十分风趣健谈。在北大当时穿长袍的教授极少，陈寅恪是个坚定的长袍主义者，钱穆对陈寅恪的学问十分佩服，看到陈寅恪穿长袍，他也改穿长袍，这一习惯他后来长期保持着。

钱穆不仅长于著述，也长于讲课。在北大，钱穆主要讲中国上古史、中国近三百年学术史、中国通史和中国政治制度史等课，每堂课讲两小时。钱穆通常准点进教室，上堂就讲，没有废话，中间也不休息。由于博闻强记，上课时常常旁征博引，把历史与现实结合起来，借古讽今，时出新见，很快声名大振，听课的人越来越多。大约因为在家乡执教太久，乡音不改，上课时始终不脱一口无锡腔，开始学生听了很不习惯，但他的课讲得实在精彩，谁也舍不得离开，时间一久，大家也就熟悉了，反而觉得很有味道。他自已从不觉得无锡话有什么不好，20世纪50年代在新亚学院演讲时，香港学生反映听不太清楚，有人问他要不要提供翻译，意思是译成粤语，他很不高兴地反问道，要译成英语吗，中国人怎么会听不懂中国话呢？

钱穆最受学生欢迎的是中国通史，这堂课先后上了八年之久。中国通史课每周两堂，每堂两小时。多安排在下午一点到三点，这时通常是学生最疲倦的时候，他却能把枯燥的历史课讲得生动迷人，成了最吸引人的课，除了北大学生，其他高校学生也慕名前来旁听。人一多不得不从小教室换到大教室，“每一堂将近三百人，坐立皆满。”有的人一听就是四年。其中有一个姓张的学生从北大一直听到西南联大，总共听了六年之久，可见其吸引人的程度。钱穆也被学生评为北大最叫座的教授之一，有人把他与胡适并提，时称“北胡（适）南钱（穆）”。

北大学术空气自由，学生可任意选听，教授的观点也常常互相矛盾，大家自由辩论。钱穆坚持己见，从不隐瞒自己观点。一次讲上古史时，有人告诉他主张疑古的北大名教授钱玄同的公子就在班上，让他讲课时注意一点，别引起麻烦，但他并不回避，仍当众声称“若言疑古，将无可言”。当年在北大有三个教授在学生中十分有名，被人称为“岁寒三友”，“所谓三友，就是指钱穆、汤用彤和蒙文通三位先生。钱先生的高明，汤先生的沉潜，蒙先生的汪洋恣肆，都是了不起的大学问家。”

钱穆做事特立独行。刚到燕大时，他对学生要求十分严格，批学生试卷时给分十分吝啬，八十五分以上极少，通常只批八十分，大部分在八十分以下，一个班总有几个六十分以下的。他原以为那几个学生可以通过补考过关，不料燕大规定一次不及格就开除，不许补考，从无例外。听说几个学生因为他批的分数过低将要失学，他立刻找到学校，申说理由，要求重批试卷，学校一开始以向无先例加以拒绝，经他力争，终于破例让他重判了试卷，让那几个学生留了下来。此后阅卷，他给分也就大方多了。

受美国文化的影响，燕大当年发通知多用英文。有一次钱穆接到一份水电费缴费通知，上面全是英文。当时水电费须按月缴，因他英语不好，接到英文通知很气愤，干脆不缴，年底学校来人问他收到通知没有，他说收到了。来人又问：为何不按月缴费？钱穆愤然回答：吾乃国文教师，不必识英文，何以在中国学校发英文通知？对方一时哑然。

还有一件事也很能见钱穆的性格。胡适对钱一向十分欣赏，有人向他请教先秦诸子的有关问题，胡适便让他们找钱穆，说你们不要找我，钱穆是这方面专家，你们找他去。见胡适这样推崇钱穆，大家对钱穆也另眼相看。一次胡适生病，许多人争先前去拜访，乘机联络感情，钱穆偏偏无动于衷。朋友知道后，对钱穆大加责备，认为他太寡情，辜负了胡适对他的一片好意。

钱穆不以为然地说，这是两回事，怎能混为一谈？如果他帮助过我，说过我好话我就去看他，那叫我今后怎么做人？钱穆的性格由此可见一斑。

在北大教授中，钱穆除了学问好，人品亦佳，在师生中有口皆碑。他平时不苟言笑，埋头治学，惜时如金，但绝不是一个酸夫子，而是一个很有生活情趣、也很懂生活的人。他毕生有两大爱好，一是昆曲，一是旅游。他在常州中学时受老师影响爱上昆曲，自谓“余自嗜昆曲，亦好平剧，兼好各处地方戏，如河南梆子、苏州滩簧、绍兴戏、凤阳花鼓、大鼓书——兼好”。因为爱昆曲，由此喜欢上吹箫，终生乐此不疲。长兄好笙与琵琶，他喜欢箫笛，当年在乡教时，兄弟二人课余常常合奏《梅花三弄》，成为早年一大乐事。

钱穆特别欣赏朱子的“出则有山水之兴，居则有卜筑之趣”的生活方式，也自觉实践。他读书治学都尽可能选择环境清幽、景色绝佳的地方。初到北大时一段时间，他借住在朋友汤用彤家。汤家位于南池子边，紧靠太庙，四周广布古柏草坪，“景色幽茜”。在西南联大写《国史大纲》时居住的宜良县岩泉寺山明水秀，更是人间仙境。其后借读的苏州耦园还读我书楼，三面环水，“有池林之胜，幽静怡神”。晚年栖居的台北外双溪素书楼，依山面溪，是台湾有名的风景名胜地。仁者乐山，智者乐水。这话用来形容钱穆再合适不过。钱穆治学之余，每到一处，总要遍访名胜游山玩水。在北大几年，几乎年年出游，“余在北大凡七年，又曾屡次出游”。几乎遍及山东、山西、江西、河南、湖北等周边地区。即使在西南联大那样艰苦的条件下，也照样游兴不减，许多当地人没有去过的地方，他都游到了。在遵义浙大执教时，适逢学生李埏也来任教，于是拉着他一起遍游遵义山水，李埏已精疲力竭了，他仍兴致勃勃。李埏原以为老师这样的人一定终日埋头读书，不想他长日出游，大为感叹：“不意先生之好游，乃更为我辈所不及。今日始识先生生活之又一面。”对他的诧异，钱穆自有一番解释：“读书当一意在书，游山水当一意在山水。乘兴所至，心无旁及……读书游山，用功皆在一心。”这才是钱穆。

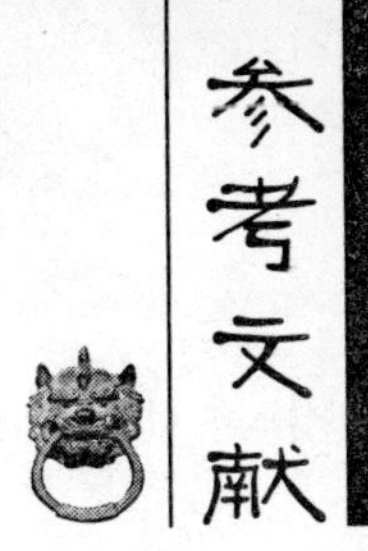

参考文献

[1] 苏飞．袁世凯 [M]. 呼和浩特：内蒙古人民出版社，2009：20–25.

[2] 文斐．我所知道的北洋三杰 [M]. 北京：中国文史出版社，2004：147–293.

[3] 王晓华，张庆军．民国十大军阀大结局 [M]. 济南：山东文艺出版社，2004：102–155.

[4] 杨树标，何王芳，李灵革．李宗仁家事 [M]. 南昌：江西人民出版社，2007：213–235.

[5] 周俊旗．段祺瑞 [M]. 石家庄：河北教育出版社，2006：282–316.

[6] 田建群．冯国璋 [M]. 呼和浩特：内蒙古人民出版社，2009:67–89.

[7] 田建群．曹锟传 [M]. 呼和浩特：内蒙古人民出版社，2009：116–192.

[8] 郭剑林．吴佩孚传 [M]. 北京：北京图书馆出版社，2006:125–163.

[9] 杜沿侠．乱世枭雄张作霖 [M]. 北京：中国社会出版社，2008:63–73.

[10] 钟海涛．冯玉祥 [M]. 石家庄：河北教育出版社，2006：78–95.

[11] 王树森．山西王阎锡山 [M]. 上海：上海人民出版社，2010:69–73.

[12] 邢汉良．十大军阀的最后结局 [M]. 北京：中共党史出版社，2007：227–354.

[13] 文斐．我所知道的张作霖 [M]. 北京：中国文史出版社，2004:220–

259.

[14] 汪修荣．民国教授往事 [M]. 郑州：河南文艺出版社，2008：51—53，84—90，93—97.

[15] 高伟强，余启勇，何卓恩．民国著名大学校长 [M]. 武汉：湖北人民出版社，2007：25—28.

[16] 黄延复．清华的大师们 [M]. 北京：中国经济出版社，2005：127—128.

[17] 张建安．文化名人的最后时光 [M]. 北京:中央编译出版社,2007:8—10，14—16.

[18] 朱思敬，倪佩森，朱斌．文化名人逸事录 [M]. 上海：学林出版社，2009：328—329.

[19] 谢逸群．民国多少事 [M]. 北京：九州出版社，2007：148—151.

[20] 民国文林．细说民国大文人 [M]. 北京：现代出版社，2010：194—198.

[21] 民国文林．风流总被雨打风吹去 [M]. 北京：现代出版社，2010：45—49.

[22] 藏东．民国教授 [M]. 北京：中国妇女出版社，2008：114—118.

[23] 张昌华．民国风景 [M]. 北京：东方出版社，2009：4—7.

[24] 王凯．民国的背影 [M]. 北京：电子工业出版社，2010：125—127.

[25] 汪修荣．民国风流 [M]. 南昌：21 世纪出版社，2010：136—169，144—146.

[26] 杜涌涛．民国旧事 [M]. 福州：福建教育出版社，2009：65—72，131—132.

[27] 国家历史杂志社．《民国风云人物》[M]. 北京：新华出版社，2010：32—13，78—80.

[28] 沧浪云．大漠荒芜 [M]. 呼和浩特：内蒙古人民出版社，2008：4—16，21—27，63—66.